Policyforschung

von

Prof. Dr. Winand Gellner
Universität Passau

und

Eva-Maria Hammer, M.A.
Universität Passau

Oldenbourg Verlag München

Bibliografische Information der Deutschen Nationalbibliothek

Die Deutsche Nationalbibliothek verzeichnet diese Publikation in der Deutschen
Nationalbibliografie; detaillierte bibliografische Daten sind im Internet über
<http://dnb.d-nb.de> abrufbar.

© 2010 Oldenbourg Wissenschaftsverlag GmbH
Rosenheimer Straße 145, D-81671 München
Telefon: (089) 45051-0
oldenbourg.de

Lektorat: Kristin Beck
Herstellung: Anna Grosser
Coverentwurf: Kochan & Partner, München
Cover-Illustration: Hyde & Hyde, München
Gedruckt auf säure- und chlorfreiem Papier
Gesamtherstellung: Grafik + Druck GmbH, München

ISBN 978-3-486-58674-9

Vorwort

Noch ein Buch zur Policy Forschung? Kaum ein Teilbereich der Politikwissenschaft hat einen derartigen Boom zu verzeichnen und Einführungs- sowie Überblicksliteratur ist reichlich vorhanden. Trotzdem haben wir uns entschlossen, eine weitere Einführung in die Policy Forschung zu schreiben, weil unseres Erachtens eine spezifische Perspektive in der jetzigen verfügbaren Literatur fehlt: ‚People are Policy' – und diese Menschen, die Politik machen, sind keine rationalen Planer oder Administratoren, sondern sie verfügen über jeweils für wahr gehaltene Vorstellungen von der ‚richtigen' Politik.

Wir haben uns daher entschlossen, die vorhandenen theoretischen Ansätze zur Policy Forschung mit einem politisch-kulturell geprägten Politics Aspekt zu verbinden. Man könnte auch sagen: Unser Thema sind ‚The Politics of Policy'. Oder: Eine umfassende Policy Einführung muss die drei ‚I' berücksichtigen: Institutionen, Interessen und Ideen. Neben dem klassischen Policy Cycle, den wir eher der Vollständigkeit halber erwähnen, haben wir mehrere Ansätze ausgewählt, die sich um eine breit angelegte Analyse des Policy Prozesses bemühen und dabei die jeweils handelnden institutionell eingebundenen Akteure mit ihren Ideen und Interessen – jeweils unterschiedlich fokussiert – berücksichtigen.

Insoweit verstehen wir unseren Text als Ergänzung zu den oftmals sehr ausführlichen und stark soziologisch bzw. verwaltungswissenschaftlich inspirierten Einführungstexten. Diese wollen und können wir nicht ersetzen. Wir legen allerdings Wert darauf, dass unser spezifischer Zugang Grund genug ist, einen neuen Text vorzulegen. Das Urteil darüber, ob uns dies gelungen ist, überlassen wir den Lesern.

Besonderer Dank gilt Sybille Maier für ihre Unterstützung und Zuverlässigkeit sowie Anna Meller und Philipp Liesenhoff, die an der Texterstellung beteiligt waren. Ebenfalls danken möchten wir Sebastian Kaiser und Torben Hennigs für ihre Hilfe bei der Textformatierung und der Erstellung der Verzeichnisse.

Prof. Dr. Winand Gellner, Eva-Maria Hammer M. A.

Passau, im Juli 2010

Inhalt

1 Einleitung

‚People are Policy‘. Menschen sind Politik? Das grundlegende Dilemma der Policy Forschung ist damit bereits umschrieben. Der folgende Text dient dem Zweck, den Nutzen und die Probleme dieses politikwissenschaftlichen Themengebietes zu erhellen. Denn die aus der amerikanischen Politikwissenschaft nach Europa und damit auch nach Deutschland eingewanderte Forschungsrichtung ist ohne die eigenständige Disziplin der US-amerikanischen ‚Policy Analysis‘ nicht zu verstehen.[1] Alle verfügbaren Vorschläge zur Übersetzung des amerikanischen Policy Begriffs sind insoweit unzureichend. Dass der Begriff ‚Politik‘ über mindestens drei Dimensionen verfügt, von denen die Inhalte der Politik nur einen darstellen, ist Stoff einer einführenden Politikwissenschaftsvorlesung. Dennoch bleibt ein Unbehagen, weil es nicht gelingen will, einen besseren Begriff als denjenigen des ‚Politikfeldes‘ und der ‚Politikfeldanalyse‘ zu bilden. Dass in der Folge somit von Policy[2] die Rede sein wird, ist insoweit auch ein Bekenntnis.

Ein Bekenntnis dazu, dass die Policy Forschung bis heute in der deutschen Politikwissenschaft nicht wirklich hat Fuß fassen können, und dass dieses Problem im Wesentlichen damit zu tun hat, dass die Policy Analysis ein sehr amerikanisches Verständnis von Politik und Politikwissenschaft voraussetzt. Kritiker werden sofort einwenden, dass die Policy Forschung sehr wohl in Deutschland breit rezipiert werde und sogar, wie dies Jann kürzlich in seinem Abriss zur Policy Analyse gezeigt hat, die politikwissenschaftliche Veröffentlichungslandschaft zu dominieren scheint. Die Behauptung, dass trotz einer mittlerweile recht umfangreichen Policy Literatur in der Bundesrepublik die Beschäftigung mit Policy nach wie vor durch einen spezifisch deutschen Blickwinkel geprägt ist, bedarf der Begründung und Erklärung.

Jann und mit ihm viele andere kommen bei ihren resümierenden Überblicken an der Tatsache nicht vorbei, dass die zumeist aus der Soziologie bzw. Verwaltungswissenschaft kommenden ‚neuen‘ und ‚modernen‘ Politikwissenschaftler in der Adaption des Public Policy Konzepts des amerikanischen Gründervaters Harold Lasswell die politikwissenschaftliche Zukunft der Policy Forschung in der Bundesrepublik zu bestimmen suchten.

Dieser szientistisch-behavioralistische Ansatz wendete sich spätestens seit etwa Mitte der siebziger Jahre und keineswegs zufällig parallel zur sozialdemokratisch geprägten Aufbruchsstimmung und Planungseuphorie im Bundeskanzleramt dezidiert gegen die traditionel-

---

[1] Radin 2000.

[2] In der Folge nur noch ohne Anführungszeichen.

len Ansätze deutscher Politikwissenschaftler.[3] Endlich glaubte man, über ein spezifisch politikwissenschaftliches Forschungsfeld zu verfügen, das neben die Wahl- und Parteienforschung treten konnte.

Das in aller Regel durch den generellen Verdacht normativer, zumeist historisch angelegter Beschreibung diskreditierte politikwissenschaftliche Œuvre der Gründer und ersten Nachfolgegeneration in der deutschen Politikwissenschaft wurde in typisch deutscher, daher konsequenter Weise nicht nur als altmodische Institutionenkunde abgelehnt, sondern in das glatte Gegenteil eines neuen Paradigmas überführt. Stark geprägt durch soziologische Arbeiten und die überhaupt nicht zu unterschätzenden (auch politischen) Einflüsse von Autoren wie Thomas Ellwein, Gerhard Lehmbruch, Fritz Scharpf und Renate Mayntz trat eine jetzt so genannte Policy Forschung ihren Siegeszug an, die Polity und Politics in einzelnen Übertreibungen sogar ganz zu den Akten legen wollte.

Im Wesentlichen waren es angelsächsische und skandinavische Einflüsse, die die deutsche Policy Forschung seit den frühen achtziger Jahren prägten. Waren ehedem die Universitäten Bonn, Freiburg, Heidelberg oder München das Maß der Dinge in der deutschen Politikwissenschaft, wurde die ,neue' Wissenschaft an den Max-Planck-Instituten, dem Wissenschaftszentrum Berlin, in Konstanz und Mannheim entwickelt. Damit wanderte ein Politikverständnis ein, das sich auf ein zumeist sehr elaboriertes Theorie- und Modellverständnis stützte und neben quantitativen Methoden allenfalls ähnlich elaborierte qualitative empirische Methoden akzeptierte.[4]

Die vielen äußerst kleinteiligen Studien zu einzelnen Policies[5] gipfelten schließlich in einer zunehmenden Desorientierung, die spätestens mit der ökonomisch inspirierten Governance-Perspektive ihren vorläufigen Höhepunkt fand.[6] Denn dieses Paradigma stellt wie kein anderes auf die spezifischen Steuerungsprobleme moderner Staaten ab und ersetzt diese durch vielfach variierte, in der Sache aber nur unter größter Mühe zu differenzierende Ansätze von Netzwerken, nicht hierarchischen Organisationen, Akteur(s)konstellationen[7] und so weiter. Damit geriet der unter hierarchischem Machtverdacht stehende ,Staat' zunehmend aus dem Blickwinkel der Politikwissenschaft und überwinterte allenfalls bei Staatsrechtlern oder Staatsphilosophen.

Das von den Ökonomen geborgte Konzept der ,Kooperation' im Interesse aller, das jüngst durch die Verleihung des Nobelpreises an Elinor Ostrom für ihre Arbeit zur ,Allmende' ge-

---

[3]   Der Kampf um die Herausgeberschaft der PVS Mitte der 70er Jahre zeigt exemplarisch, wie persönlich die jeweiligen Animositäten waren. Auch die Umstände der Gründung der Deutschen Gesellschaft für Politikwissenschaft waren durch Rivalitäten zwischen Szientisten (amerikanischer Herkunft) und vermeintlich historisch-deskriptiven, wenn nicht als normativ gescholtenen Institutionenkundlern geprägt. Vgl. Faul 1979.

[4]   Vgl. hier zu die jüngste ,Abrechnung' von Schmitter 2009.

[5]   Man hat mittlerweile den Eindruck, dass es für jede Policy eigene Fachzeitschriften gibt, die von den jeweiligen Communities sorgsam gehegt und kontrolliert werden.

[6]   Bevir 2007.

[7]   Der Begriff findet sich mal mit, mal ohne ,s'. Wir verwenden ihn hier mit ,s'. Nur wenn explizit auf Scharpfs Theorie Bezug genommen wird, haben wir das ,s' weggelassen.

adelt wurde, führte in extremer Form zur Leugnung des Machtaspekts in politischen Zusammenhängen.[8] Terry Moe hat dies vor einigen Jahren zu einem zentralen Argument gemacht, und dass gerade er die Vernachlässigung des Machtaspekts beklagt, ist insoweit bemerkenswert, als Moe einer der Propagandisten eben jener kritisierten Forschungsperspektive war.[9] Policies wurden hierbei zu Gegenständen gemeinschaftlichen und kooperativen Handelns, das durch die Brille der neoklassischen Ökonomie betrachtet wurde und hierbei im Besonderen vom sog. ‚neuen' institutionenökonomischen Ansatz geprägt war.

Wenn es nur gelänge, durch exakte, oftmals spieltheoretisch inspirierte Modelle, die Komplexität gemeinschaftlichen politischen Handelns zu erklären, wäre dann nicht gerade die Politikwissenschaft und im engeren Sinne die Policy Forschung, die nach diesen Vorstellungen auf antiquierte Akteure wie Staaten oder Parteien fast gänzlich verzichten kann, die neue Königswissenschaft? Es spricht vieles dafür, dass gerade der skandinavisch-protestantische Einfluss einer verbesserten politischen Welt unter Verbannung traditioneller, machtbesetzter Strukturen diese Entwicklung begünstigte.

Insoweit muss vor diesem Text ‚gewarnt' werden, weil wir trotz aller Verdienste dieser höchst ausdifferenzierten und elaborierten Ansätze versuchen wollen, die wichtigsten Aspekte der Policy Forschung sozusagen gegen den Strich zu bürsten und in einen Kontext zu stellen, der unseres Erachtens nach wie vor einer breiteren Rezeption dieses Forschungsfeldes und im Besonderen einem Zugang zur ‚praktischen' Politik im Wege steht.[10] Welcher Politiker ist in der Lage, einen Artikel in der ‚Politischen Vierteljahresschrift' oder gar dem unerreichten Vorbild der ‚American Political Science Review' zu folgen, deren statistisch-mathematischen Anhänge zumeist ein Quell großen Amusements sind und eine nachhaltige Diskreditierung der Politikwissenschaft als Erbsenzählerei verursacht haben?[11]

Es bedarf mithin der Übersetzung und Verdeutlichung von politikwissenschaftlichen Analysen, die sich mitunter allzu weit von ihrer Lebenswelt entfernt haben. Dies heißt nun nicht, das Kind mit dem Bade auszuschütten. Selbstverständlich hat zum Beispiel die u.a. aus der eher naiven Steuerungstheorie hervorgegangene Governance-Perspektive unbestritten das Verdienst, alle intra-, inter- und transnationalen Akteure in den Blick zu rücken. Gleichzeitig aber hat nicht zuletzt die jüngste Finanz- und Wirtschaftskrise gezeigt, dass entgegen den Vorstellungen sich faktisch selbst steuernder Akteurskonstellationen, Netzwerke und Märkte die Lösung für Marktversagen und Korruption bzw. Fehlverhalten gerade nicht in der weiteren Deregulation und Fetischisierung des Marktes bestehen kann.[12] Ob nun die Lösung für das beobachtete Marktversagen in mehr Regulation und der Wiederentdeckung des Verwaltungshandelns bestehen kann, darf indes bezweifelt werden.[13] Andererseits sind von ameri-

---

[8]   Vgl. dazu das spätere Kapitel zu diesem Ansatz.

[9]   Moe 2005.

[10] Vgl. hierzu den Erfahrungsbericht zum Ende des ‚Bündnisses für Arbeit' von Streek 2003.

[11] Schmitter 2009.

[12] Die radikalen Kapitalismus-Schriften von Ayn Rand hatten nachweislich großen Einfluss auf Alan Greenspan und seine geldpolitischen Entscheidungen. Vgl. den Bericht in der New York Times v. 15.9.2007.

[13] Jann 2009, S. 497.

kanischen Ökonomen entwickelte Ideologien, wie das dauernd wiederholte Mantra ‚The cure for bad markets, is more markets' nicht nur albern, sondern auch gefährlich.

Im Unterschied zu anderen einführenden Darstellungen zur Policy Forschung gehen wir davon aus, dass das Konzept einer vermeintlich rationalen Politik, die klar abgrenzbaren Entscheidungs- und Umsetzungsschritten zu unterwerfen sei, in die Irre führt. Der politische Prozess bleibt trotz aller Versuche, ihn als die Folge rationaler Überlegungen oder Entwicklungen entsprechender Akteure zu konzeptualisieren, rätselhaft. Spätestens die jüngsten Verwerfungen in der globalen Weltwirtschaft haben gezeigt, dass weder ökonomische, noch politische Verlässlichkeit herrschen kann. Zu unterschiedlich sind die jeweiligen Voraussetzungen, als dass Vorhersagbarkeit bzw. kausales Erklären möglich wäre. Der ‚homo politicus' im Sinne eines rationalen Kosten-Nutzenmaximierers ist somit schließlich auch für diejenigen gestorben, die bis zuletzt an ihn geglaubt haben.

Was tun also, wenn Ordnungen aus den Fugen geraten, deren Zeitlosigkeit spätestens nach dem faktischen Ende des sozialistisch-kommunistischen Gedankengebäudes als sicher schien? Hier verliert man schnell die Orientierung, falls man nicht an den Liberalismus als das Ende der Geschichte glaubt.[14] Es sei denn, man kehrte zum Ursprung politischen Denkens und Erklärens zurück und stellte damit bewusst die Frage, Wer Politik (hier im Sinne von Policies), mit Welchen Folgen, Wie gestaltet bzw. macht. Damit rücken die individuellen Akteure in den Mittelpunkt auch einer Policy Forschung, die den Glauben an die politische Machbarkeit und die Rationalität des politischen Prozesses in gelegentlich grotesker Verzerrung auf künstlich verkürzte Politikfelder reduziert hatte.[15]

Es ist nun keineswegs so, dass wir so naiv wären, hermeneutische oder gewissermaßen im Gegenzug ‚irrationale' Politik betrachten, analysieren oder gar empfehlen zu wollen. Es geht vielmehr darum, zunächst einen kritischen Blick auf die verschiedenen Ansätze der Policy Forschung zu werfen und vor diesem Hintergrund möglichst objektiv zu reflektieren, welche dieser Ansätze am ehesten der komplexen Wirklichkeit gerecht werden, und welche in ihrer modellartigen Komplexität und damit häufig auch Simplifizierung und Schlichtheit zwar für einzelne Forschergruppen bedeutsam sein mögen, in einer Einführung allerdings nichts verloren haben. Insoweit haben wir die folgenden Ansätze ausgewählt: Institutionalismus (vor allem der akteurzentrierte Institutionalismus), Punctuated Equilibrium Theory, das Advocacy Coalitions Framework sowie das Multiple Streams Framework.[16]

Diesen Ansätzen ist gemeinsam, dass sie die besondere Bedeutung von Akteuren innerhalb des Policy Prozesses zentral berücksichtigen und damit den eingangs geforderten Bezug zu den Politics herstellen. Es sind genau diese politischen Akteure (vom Verwaltungsfachmann bis zum Staatssekretär und Minister, vom Sozialwissenschaftler zum befreundeten Unternehmensführer, und vom Aktivisten einer NGO bis zum traditionellen Gewerkschaftsführer),

---

[14] Spätestens seit Francis Fukuyamas grotesker Fehleinschätzung vom Ende der Geschichte, dem 11. September und der Bankenkrise darf man getrost auf den spannungsreichen Fortgang der Geschichte spekulieren.

[15] Schmitter 2009.

[16] Vgl. hierzu auch die aktuelle und plausibel begründete Auswahl der Forschungsansätze bei Sabatier 2007.

die mit ihren jeweiligen Vorstellungen und Einstellungen des politischen Prozesses zu berücksichtigen sind.

Damit ist letztlich nichts anderes gemeint, als dass Policy Forschung nur vor dem Hintergrund Politischer Kulturforschung sinnvoll erscheint. ‚Politische Kultur' meint hier allerdings etwas völlig anderes, als man gemeinhin unter dem behavioralistisch geprägten Konzept der traditionellen Einstellungsforschung versteht. Es geht bei diesem grundsätzlichen Konzept vielmehr darum, das Verhalten und die Interessen von politischen Akteuren in jeweils spezifischen Politikfeldern und eingebettet in politische Institutionen mittels eines übergreifenden, allgemeinen Ansatzes zu erklären, der im Folgenden einführend dargestellt sei.

Dabei handelt es sich um die ‚General Theory', die Aaron Wildavsky vor dem Hintergrund der Sozialanthropologie von Mary Douglas entwickelt hat. Beide wiederum stehen in einer soziologischen Tradition, wie sie von Émile Durkheim geprägt wurde. Die zentrale Annahme dieser Perspektive steckt bekanntlich in dem Konzept von Gruppen, die einer spezifischen Leitidee, Ideologie oder, wie Wildavsky dies ausdrückt, einem ‚Way of Life', einem Lebens- und Politikstil und damit einem zumeist sehr kohärenten ‚Belief System' folgen.

Das, was Paul Sabatier mit den so genannten ‚Deep Core Beliefs' fasst, scheint uns die prägende Konstante politischen Handelns nicht nur im Kampf um die Macht, den Politics, sondern eben auch bei der Produktion und Durchsetzung politischer Produkte, den Policies. Shafritz und Borick haben für diesen Zusammenhang den Begriff der ‚Doctrine' geprägt und ihr gesamtes Lehrbuch zur Public Policy – ähnlich wie wir – dem Zusammenhang von Doctrines und Policies gewidmet:

‚Doctrine, a teaching, is a mediating force between philosophy and policy. It, in effect, takes philosophy, often so vague and theoretical, and makes it operational, so that specific policies can be derived from it. Thus, public policy is the implementation of a governing doctrine. (...). Doctrine – which encompasses and provides direction for strategy, tactics, and principles – is a state's (or any large organization's) operating philosophy of policy development and administration; it is the accepted notions of how things are to be done.'[17]

Daher zunächst einige sehr grundlegende, strukturelle Überlegungen zum politischen Prozess, den Politics, ohne die jede Analyse von Policies sinnlos ist.

1.1   Politics: Die objektive Dimension der Politik

Die Wissenschaft von der Politik ist weich.[18] Als solche unterscheidet sie sich fundamental von den Naturwissenschaften, die zumindest den Anspruch erheben, dass ihr Gegenstand exakt darstellbar und vor allem messbar sei. Gelegentlich wird daher auch behauptet, die

---

[17]   Shafritz, Borick 2008, S. XV.

[18]   Einige der folgenden Überlegungen finden sich in anderer Form in Gellner/ Glatzmeier 2004, S. 17–29.

Politikwissenschaft sei eine Art Sekundärwissenschaft, die sich gelegentlich und dann vor allem, wenn es in die entsprechende Ideologie passe, der vermeintlich harten Befunde der Soziologen, Ökonomen oder Rechtswissenschaftler bediene.

Dem lässt sich entgegenhalten, dass die Politikwissenschaft die einzige Wissenschaft ist, die in viel umfassenderen Konstellationen danach fragt, wer über Macht verfügt und wer nicht, welche Interessen dahinter stehen und welche Werte wiederum diesen Interessen zugrunde liegen. Dabei rücken neben den Institutionen, die die jeweilige Machtkonstellation prägen, auch die Personen ins Blickfeld, die diese Macht in den entsprechenden Institutionen ausüben. Beide Komponenten sind konstitutiv für eine Politikwissenschaft, die sich nicht auf empiristische Erbsenzählerei beschränkt und andererseits über bloße Beschreibung hinausgeht. Das Beschreibende zu verstehen, auch als ‚thick description' bezeichnet, versucht einen Mittelweg zwischen beiden methodischen Ansätzen zu finden.

In diesem Sinne stellt das Folgende einen Versuch dar, den richtigen Weg zwischen der Skylla des erbsenzählenden Behaviorismus und der Charybdis wertender Geschichtsschreibung zu finden. Methodisch ist dabei die Anknüpfung an traditionelle Politik und Gewaltenteilungslehren geboten. So wie Aristoteles von der konkreten Erscheinung der Dinge ausging, sind auch hier spezifische Arrangements von Institutionen in jeweils spezifischen historischen Konstellationen der Ausgangspunkt des Verstehens und Erklärens politischer Phänomene. Damit aber nicht genug. Die durchaus wertende Interpretation dieser politischen Dinge und im Besonderen die Unterscheidung im Rahmen des Vergleichs sind erkenntnisleitend.

Es macht durchaus Sinn, in diesem Verständnis tatsächlich mit Aristoteles zu beginnen. Bedeutsam ist am Politikverständnis der klassischen Antike, dass nur das als Politik gilt, was sich in der Öffentlichkeit repräsentiert. Im Unterschied zur Ökonomie fragt also die Politik grundsätzlich nach Prozessen, die öffentlich sind. Selbstverständlich sind dabei die Strukturen dieses Raums, also die Institutionen und die Personen, die sich in diesem Raum betätigen, ebenfalls Gegenstand unseres Interesses. Die Öffentlichkeit ist differenziert zu betrachten: Zunächst einmal steht das Konzept Öffentlichkeit für die Gesellschaft schlechthin, soweit sie sich überhaupt politisch betätigt und nicht wie die sogenannten ‚Idiotes' sich nur im Privaten aufhält. Im Rahmen dieser Gesellschaft lässt sich der Teilbereich ausdifferenzieren, in dem die eigentlichen politischen Entscheidungen fallen. Alle Kräfte, die als ihren Ansprechpartner den Staat im Auge haben, gehören dazu. Das sind im engeren Sinne die politischen Parteien, die Interessengruppen, die Medien, aber auch die Wähler im ganz Allgemeinen. Der Staat ist die Arena und verkörpert damit das gesamte Ensemble von Institutionen, in dem von politischen Akteuren in verschiedenen Konstellationen politische Entscheidungen gefällt werden.[19] Regierungen und die Instanzen, die deren Entscheidungen ausführen, die Bürokratien sowie spezialisierte Agenturen wie das Militär und die Polizei gehören ebenso dazu wie der Gesetzgeber und die richterliche Gewalt.

---

[19] Es bleibt den Verfassern unklar, ob Scharpf mit seinem akteurtheoretischen Institutionalismus dasselbe meint, vgl. hierzu das entsprechende Kapitel weiter hinten.

Moderne politikwissenschaftliche Überlegungen stellen darauf ab, dass selbst dieses Verständnis des Staates noch einmal enger zu fassen sei und haben hierfür den Begriff des Regierens, verstanden als Governance, entwickelt. Unter dem Stichwort des guten Regierens, der Good Governance, wird damit allerdings an recht alte und durchaus normative Vorstellungen angeknüpft, die im Besonderen von politikwissenschaftlichen Autoritäten wie Dolf Sternberger oder Wilhelm Hennis geprägt wurden.[20] Diese Autoren hatten wiederum in ihrem Politikverständnis ganz selbstverständlich und explizit die klassische Antike im Auge. Insofern soll also für das Folgende gelten, dass der Blick auf das gute Regieren gerichtet wird, und dies im Besonderen insoweit, als es um die Verteilung und Ausübung von Macht durch politische Institutionen und Personen mit deren Vorstellungen richtiger Policies geht. Gutes Regieren lässt sich dadurch charakterisieren, dass die Macht zwischen den unterschiedlichen Trägern einerseits geteilt und andererseits gemeinsam ausgeübt wird.

Gewaltenteilungslehren sind damit so alt wie die Idee der Demokratie selbst. Absolutistische Regime oder gar totalitäre in ihrer modernen Spielart haben keinen Bedarf für Lehren dieser Art. Policies werden von der Staatspartei verordnet. Die analysierende Beschreibung dieser institutionellen Rahmenbedingungen und der hierin ablaufenden Prozesse wäre indes unvollständig, wenn man sie nur theoretisch fasste. Beschränkte man den Gegenstandsbereich von Politik auf die gerade genannten Umstände, wäre er gewissermaßen geschichtslos, geographielos und kulturlos. Politik findet aber immer innerhalb eines spezifischen Umfeldes statt, das den Prozess und die Inhalte nachhaltig prägt.

Dies gilt nicht nur für fundamentale Unterschiede, wie sie beispielsweise für die moderne westliche Demokratie einerseits und andererseits die orientalischen bzw. im Extremen die fundamentalistischen Ordnungen gelten. Auch innerhalb des vom gemeinsamen abendländisch, christlich-jüdischen Staats- und Freiheitsverständnis geprägten Denkens in Demokratien finden sich gravierende Unterschiede, die durch unterschiedliche geschichtliche, geographische und politisch-kulturelle Determinanten geprägt sind. Politik findet also immer in einem je spezifischen Kontext statt. Dieser Kontext ist zunächst der Staat, der im Sinne einer Einheit das Herrschaftsgefüge einer politischen Ordnung beschreibt.

Nimmt man einige gängige Definitionen zur Hand, stellt sich als Konsens nach wie vor die durch die Montevideo-Konvention von der Staatsrechtslehre formulierte Lehre von der Trinität des Staatsverständnisses dar. Danach versteht sich der Staat als eine politische Einheit innerhalb eines jeweils gegebenen Territoriums. Seine politische Organisation ermöglicht Ordnung und auch Herrschaft durch Gesetze und – falls nötig – durch Gewalt über eine jeweils gegebene Bevölkerung. Damit sind die Begriffe des Staatsvolks, des Staatsgebietes und der Staatsgewalt umschrieben. Qualifizierende Merkmale eines solchen Staates sind darüber hinaus die innere und äußere Souveränität. Diese Lehre von der Souveränität der Staaten geht auf Jean Bodin zurück, der mit diesem Konzept den Machtanspruch der absoluten Monarchie legitimieren wollte. Im modernen Verständnis wird die innere Souveränität allein durch die gesetzgebende Gewalt zum Ausdruck gebracht.

---

[20] Immerhin hat sich die Deutsche Vereinigung für Politikwissenschaft im Jahr 2009 zu einer Preisvergabe an Wilhelm Hennis für sein Lebenswerk hinreißen lassen.

Damit ist im Besonderen das Recht gemeint, Steuern zu erheben. Die äußere Souveränität besteht in der internationalen, völkerrechtlich abgestützten Anerkennung der Legitimität eines Staates, also seiner inneren Souveränität. In modernen Demokratien ist diese Souveränität letztlich abhängig vom Volk selbst. Das Volk (wie es das deutsche Grundgesetz in Artikel 20 formuliert) ist souverän und diese Volkssouveränität ist insoweit als konkurrierendes Konzept zur Staatssouveränität zu sehen. Die Staatssouveränität lässt sich indes nicht nur für absolutistische Ordnungen festhalten, sie findet sich gegenüber der Volkssouveränität gleichfalls ausgedrückt in Notsituationen, in denen aus Gründen der Staatsraison das Volk jedenfalls nicht souverän handeln darf bzw. kann.

Hier scheint bereits ein Problem des gesamten gewaltenteilenden Staates auf: das grundsätzliche Spannungsverhältnis zwischen repräsentativer und stärker plebiszitär angelegter Demokratie. Denn es versteht sich, dass plebiszitär geprägte Ordnungen selbstverständlich auch über politische Machtträger verfügen müssen. Dies können Regierungen oder auch Parteien sein, die vorgeben, den exakten Volkswillen in monistischem Sinne umzusetzen. Das von Jean-Jacques Rousseau geprägte Demokratieverständnis einer Volonté Générale, die von einem Législateur zum Ausdruck gebracht wird, ist Pate dieses Konzepts, das in einem naturwüchsigem Spannungsverhältnis zum Konzept der Volkssouveränität im Sinne eines repräsentativen Regierens auf Zeit besteht. Konstitutiv ist dabei die Abgabe der Souveränitätsrechte für einen spezifischen Zeitraum, in dem die Regierenden gleichsam stellvertretend Entscheidungen fällen.

Politische Gewaltenteilung kreist im Verständnis der modernen Demokratietheorie im Eigentlichen um die drei Begriffe, die im Folgenden kurz skizziert werden sollen.

Zunächst einmal geht es konkret um die Macht, die latent in allen politischen Ordnungen (selbstverständlich auch in politischen) vorhanden und oftmals sehr komplex und diffus verteilt, verdeckt, aber auch versteckt ist. Wer hat tatsächlich die Macht im Staat? Ist es der Kanzler, ist es der Koalitionspartner? Ist es der Präsident oder ist es das Volk? Vielleicht sogar der Kanzlergatte? Was also konstituiert Macht und wer hat sie? Dies sind höchst komplexe, ständig im Wandel begriffene Dimensionen. Der Begriff der Macht kommt zunächst einmal vom Lateinischen ‚potere' und bedeutet damit ‚können, machen'. Erkennbar steckt der Begriff im Englischen ‚power'. Macht heißt also, in der Lage zu sein, etwas zu können, etwas zu erreichen. Die Mittel hierzu sind vergleichsweise einfach. Auf der einen Seite stehen die freiwilligen Mittel, zu denen eine Vielfalt von Ausprägungen gehört (vom Einfluss des Geldes bis zum Einfluss von Medienpräsenz) und auf der anderen Seite der faktische Zwang. Einfluss ist dann vorhanden, wenn jemand in der Lage ist, einen anderen zu überzeugen oder auch zu überreden. Dieser ‚andere' tut dann etwas und zwar freiwillig. Demgegenüber steht der Zwang, der in welcher Form auch immer letztlich eine gewaltsame Machtausübung impliziert.

Mit dem Begriff der Herrschaft ist die Legitimation von Macht verknüpft. Wenn also Macht durch politische Institutionen ausgeübt wird, spricht man typischerweise von Herrschaft. Das legitime Recht zu regieren, ist im eigentlichen Sinne Herrschaft, wenn damit gemeint ist, dass man bestimmen kann, dass man entscheiden kann. Insoweit besteht der Unterschied zum Konzept der Macht darin, dass Herrschaft auf den institutionellen Aspekt und damit im Besonderen auf das Arrangement der Gewalten abstellt. Herrschaft ist dann vorhanden, wenn jeweils Untergebene das Recht der Vorgesetzten anerkennen, Befehle zu geben. Alle Regierungen im demokratischen Sinne werden danach streben, diese Herrschaft zu legitimieren.

Damit sind wir beim letzten Begriff, der Legitimität. Nach Max Weber handelt es sich bei der Legitimität um die Anerkennung des Rechts, Macht auszuüben. Für ihn kommen bekanntlich hierbei nur drei Quellen in Frage.

Neben der Tradition, die typisch ist für vorindustrielle Gesellschaften, wo sie in der Regel vererbt wird, findet sich bei ihm das Charisma als Grundlage legitimer Herrschaft. Damit ist die anerkannte Außergewöhnlichkeit eines Herrschers gemeint, dem freiwillig gefolgt wird. Dieses Charisma mag religiös, kriegerisch oder auch moralisch begründet sein und kann von so unterschiedlichen geschichtlichen Figuren wie Jesus Christus, Gandhi oder in der geradezu dämonischen Variante auch von Adolf Hitler beansprucht werden. Während traditionale Herrschaft häufig als Grundlage der Monarchie gilt, finden sich charismatische Führer in der Regel als Träger revolutionärer Gesellschaften. Bekanntlich aber kann Charisma verblassen, bzw. sich veralltäglichen oder routinisiert werden, so dass aus charismatischer wie auch aus traditionaler Herrschaft schließlich bürokratische Herrschaft entstehen kann. Damit ist die letzte Form legitimer Herrschaft angesprochen, die legal-rationale Form. Sie basiert letztlich auf Regeln, Ämtern und Mechanismen des Herrschaftsapparates und ist nicht auf einen individuellen Amtsinhaber abgestellt.

Damit ist noch nichts darüber gesagt, ob diese Regeln tatsächlich demokratisch oder gar einer Good Governance entsprechen. Gute (und schlechte) Policies entstehen sicherlich in allen Herrschaftsordnungen. Die meisten Policy Studien fokussieren richtigerweise auf den legal-rationalen Herrschaftstypus, unterschätzen aber hier allzu oft charismatische und traditionale Handlungs- und Rahmenbedingungen, die auch für und in Bürokratien und Administrationen gelten.

Vor diesem Hintergrund rückt nun als zentrale Fragestellung von Polity und Politics in den Vordergrund, wie Macht und Herrschaft typischerweise in einem Staat verteilt sind. Dabei gibt es in der modernen Demokratietheorie drei voneinander klar unterscheidbare, gegensätzliche Konzepte der Machtverteilung, die sich idealtypischerweise mit den Begriffen der monistischen Herrschaft, der Elitenherrschaft und der pluralistischen Herrschaft kennzeichnen lassen.

Monistische Theorien, als deren Urheber Platon gelten darf, dessen Gedankengut dann später von dem Vertragstheoretiker Jean-Jacques Rousseau aufgegriffen wurde, rücken ein zentrales Konsensmodell in den Mittelpunkt der Demokratietheorie. Danach kann das Gemeinwohl im Sinne einer Abstraktion der Einzelwillen durch einen gemeinsamen Willen zum Ausdruck gebracht werden. Dieser gemeinsame Wille, die Volonté Générale, repräsentiert ‚ex ante' den anzustrebenden Staatszweck. Was sich bei Platon als zwangsläufiges Ergebnis der Herrschaft der Weisen ergibt, soll im Modell Rousseaus nach dem Muster der Aufklärung durch Erziehung geleistet werden. Diese Erziehung zur Vernunft hat in der Geschichte der Demokratie immer einen großen Anklang gefunden, wenngleich die tatsächlichen, empirischen Befunde zwiespältig ausfallen. Dieser Monismus, der in den Identitätsvorstellungen der französischen Revolution für breitenwirksame Rezeption sorgte, repräsentiert das vorherrschende Demokratieideal in Besonderen Frankreichs, in etatistischer Prägung dann später auch im preußischen Idealstaat Hegels, sowie den Konzeptionen eines Carl Schmitt. Die Problematik ist offenkundig und dass diese identitären Vorstellungen von Demokratie in totalitäre Muster umschlagen können, liegt auf der Hand.

Die Elitentheoretiker gehen ihrerseits von einem durchaus vergleichbaren, allerdings realistischerem Muster aus. Auch sie nehmen an, dass Herrschaft zunächst durch eine Elite ausgeübt werden muss. Diese Elite aber, die durchaus nicht im Sinne einer dauerhaften Konstellation zu verstehen ist und daher abgelöst werden kann, kann sich positional verfestigen, da sie im Sinne einer Auswahl der Besten dazu auserwählt ist, Herrschaft auszuüben. Roberto Michels hat sehr frühzeitig auf die Problematik hingewiesen, wonach sich diese Eliten verfestigen und damit oligarchisieren können. Der Amerikaner C. Wright Mills hat eine der moderneren Varianten der Elitenherrschaft in einer Demokratie entwickelt, als deren empirischen Vertreter er die sog. Power Elite in den USA der 50er Jahre identifizierte. Diese Theorie besagt, dass die gewählten Repräsentanten ihre Macht zunehmend an Interessengruppen, Bürokratien und im Besonderen das Militär verloren hätten. Damit ist er in gewisser Weise ein Vorläufer der späteren Korporatismustheorie. Robert Dahl hat, ausgehend von ähnlichen elitedemokratischen Vorstellungen sein entsprechendes Konzept der Polyarchie entwickelt. Er geht wie Mills ebenfalls davon aus, dass Eliten naturgemäß zur Herrschaft drängen, dass aber aufgrund der Vielfalt dieser verschiedenen Eliten diese durchaus demokratiekompatibel herrschen können.

Die Theorie der pluralistischen Demokratie schließlich war eine Reaktion auf die vergleichsweise naiven rousseauistischen Demokratievorstellungen, die in der französischen Revolution so wirkungsmächtig geworden waren. Diesem Konzept einer Identität von Herrschern und Beherrschten, die vulgärerweise mit einer ‚Herrschaft des Volkes‘ gleichgesetzt wird, wird der Pluralismus gegenübergestellt, wie er zum ersten Mal modern in den amerikanischen Federalist Papers formuliert wurde. Ausgangspunkt ist, im Gegensatz zu den monistischen Vorstellungen und dem extremen Realismus der Elitisten, ein vergleichsweise schlichtes Marktmodell.

Nach dieser Theorie, die zwischen Elitentheorie und radikaler Demokratie steht, gibt es zwar keine direkt herrschende Elite, genauso wenig aber könnten alle regieren. Eine Vielzahl von Minoritäten, vertreten in der Regel durch Interessengruppen, regieren insoweit, als sich das Gemeinwohl durch den Widerstreit der verschiedensten Interessen ergibt. Dieses Wettbewerbs- und damit letztlich Marktmodell präferiert demnach eine Regierung der vielen gegenüber einer der wenigen oder aller. Die wichtigsten Vertreter dieser demokratietheoretischen Mehrheitsrichtung finden sich, wenig überraschend, im Spektrum der amerikanischen Politikwissenschaft. Dies ist insoweit kein Zufall und für unser eigentliches Thema, das Verhältnis von Akteuren zu den Policies, die sie machen, geradezu eine Voraussetzung.

Die Policy Forschung hat lange gebraucht, um dieses vernachlässigte Politics Element in ihre Ansätze zu integrieren. Wenn es einen unverdächtigen Kritiker der traditionellen ökonomisch-planerischen Policy Perspektive gibt, die von rationalen Entscheidungsmodellen ausgeht, dann ist dies Aaron Wildavsky, der zu den frühen und führenden Vertretern der sozialwissenschaftlichen Policy Planning Schule gehörte. Seine empirische Beschäftigung mit den oftmals enttäuschenden Ergebnissen geplanter Policy Prozesse machte ihn als ehemaligen Befürworter des Public Planning zu einem der schärfsten Kritiker, der schon Mitte der 70er

Jahre die häufig weltfremden ökonomischen Grundlagen dieser Programme anzweifelte und durch anthropologisch-kulturelle Ansätze ersetzte.[21]

1.2   Politische Kultur: Die subjektive Dimension der Politik

Noch vor wenigen Jahren galt das theoretische Konzept ‚Politische Kultur' in der Politikwissenschaft als erledigt. Viele Anhänger einer Analyse der sogenannten ‚subjektiven Dimension von Politik' hatten einsehen müssen, dass ihre darauf beschränkten theoretischen Konzepte keine hinreichende Erklärungskraft hatten. Die oftmals überraschende politische Wirklichkeit schien das Konzept insgesamt in Frage zu stellen. Gegenwärtig sieht es aber ganz so aus, als ob das Konzept Politische Kultur in erweiterter Fassung eine Renaissance erlebte. Grund genug jedenfalls, sich dem Gegenstand zuzuwenden und danach zu fragen, ob und unter welchen Bedingungen das Konzept ‚Politische Kultur' geeignet sein könnte, fundierte und zuverlässige Aussagen über den Zustand politischer Gesellschaften und ihrer Policies zu machen.

Hierüber herrscht keineswegs Konsens in der internationalen Politikwissenschaft. Vielmehr dominiert bekanntlich der aus der Ökonomie übertragene Interessenansatz, nach dem es sich beim ‚homo politicus' wie beim ‚homo oeconomicus' ausschließlich um einen Nutzenmaximierer handelt. Der Politische Kultur-Ansatz geht demgegenüber davon aus, dass politisches Verhalten sich nur erklären lässt, wenn man gedanklich einen Schritt zurück geht und danach fragt, woher eigentlich die Interessen kommen, welche Einflüsse ihren Charakter prägen.[22] Interessen werden damit nicht als gegeben angesehen, sondern als Teil eines politischen Prozesses interpretiert, in dem sie andauernden kulturellen Wirkkräften ausgesetzt sind.

Die überkommene, nach wie vor betriebene Politische Kulturforschung hat sich zumeist auf die Untersuchung von Verständnis und Akzeptanz von politischen Institutionen, Prozessen und Policies beschränkt. Ihre Erkenntnisse beruhen auf den durch Umfragen messbaren Einstellungen von Publikum und Akteuren gegenüber der Politik, d.h. es geht vorrangig um die Frage, ob und in welchem Ausmaß Politik unterstützt oder abgelehnt wird. Die Fragen danach aber, welche sinnhaften Vorstellungen von Politik bestehen, danach, anhand welcher Maßstäbe und Prinzipien die Akteure, Ordnungen und Policies wahrgenommen und beurteilt werden, finden erst seit neuestem stärkere Beachtung.

Eine kurze Skizze des erstgenannten Forschungsstrangs soll dessen Defizite verdeutlichen. Im Anschluss daran werden einige der neueren theoretischen Überlegungen vorgestellt, die in Abgrenzung von und in Ergänzung zu den überkommenen Ansätzen entstanden sind und es soll versucht werden, hiervon ausgehend ein einheitliches theoretisches Konzept von Poli-

---

[21]   Vgl. insgesamt Jann 2009.

[22]   Grundlegend: Wildavsky 1987.

tischer Kultur abzuleiten. Dieses Konzept ist von der Überzeugung geprägt, dass trotz aller Bedenken, die gegen eine Verwendung des fraglos verwaschenen und überlasteten Begriffs ‚Kultur' in einer wissenschaftlichen Abhandlung sprechen könnten, man dennoch auf die Berücksichtigung der damit bezeichneten Dinge nicht verzichten kann. Denn – und davon gehen wir ganz grundsätzlich aus – Menschen finden ihre Wirklichkeit nicht als Gegebenheit vor, zu der sie sich bloß verhalten, sondern sie finden und erfinden sie als Welt von Bedeutungen, in der sie sinnhaft handeln. Kultur wäre damit ein System kollektiver Sinnkonstruktionen, mit denen Menschen die Wirklichkeit definieren.[23] Die politische Welt ist ein Bestandteil dieser Wirklichkeit und von daher ist auch Politische Kultur ein legitimer Gegenstand realitätsbezogener politiktheoretischer Reflexion.

1.2.1 Das überkommene Konzept der Politischen Kultur

Nach dem bisher Gesagten versteht es sich beinahe zwangsläufig, dass der Begriff der ‚Politischen Kultur' offensichtlich mehrdeutig ist. Dies hat einige Autoren zu der harschen Kritik veranlasst, das Konzept wenn nicht gänzlich abzulehnen, so doch stark in Frage zu stellen. Max Kaase hat dies in den bekannten Aphorismus gekleidet, der Versuch, den Begriff Politische Kultur zu definieren, sei mit dem Bemühen vergleichbar, einen Pudding an die Wand zu nageln.

Will man sich diesem möglicherweise witzigen Unterfangen nicht anschließen, ist es zunächst notwendig, zwischen einem normativen und einem empirischen Begriffsverständnis zu unterscheiden. Als normativer Begriff hat Politische Kultur inzwischen die in der wissenschaftlichen Literatur früher gebräuchlichen Begriffe ‚politischer Stil' oder ‚politische Moral' ersetzt. Erleichtert wurde dieser Prozess etwa in Deutschland durch die nach wie vor lebendige Tradition eines Kulturbegriffs, der mit der Idee des Schönen, Guten und Wahren verbunden ist. Auf die Politik übertragen, werden die ästhetischen Maßstäbe durch Normen Politischer Kultur ersetzt. Deren Einhaltung erscheint dann – in normativer Hinsicht – für eine funktionierende Demokratie unerlässlich.

Von diesem normativen Verständnis von Politischer Kultur ist ein empirisches abzugrenzen. Dessen Gegenstände sind zum einen die Einstellungen und Vorstellungen vom Politischen bei den Bürgern und zum anderen die Institutionen, die Akteure und Inhalte der Politik. Dazu gehören insbesondere die Formen politischen Bewusstseins, verstanden als die durch die Geschichte geprägten und in ihr gewachsenen Traditionen und Besonderheiten politischen Denkens und Verhaltens. Alexis de Tocqueville spricht an einer berühmten Stelle der ‚Demokratie in Amerika' davon, dass die Sitten eine der großen Ursachen darstellten, denen man die Erhaltung eines demokratischen Staatswesens zuschreiben könne. Die besten Gesetze könnten eine Verfassung nicht ohne Hilfe der Sitten aufrechterhalten. Und es kann kein Zweifel bestehen, dass Tocqueville mit Sitten genau das meint, was hier als Politische Kultur bezeichnet wurde:

---

[23]   Vgl. für die einzelnen Nachweise die bearbeitete Fassung dieses Kapitels in Gellner/ Glatzmeier 2004, S. 332–340.

‚Ich nehme hier den Ausdruck Sitten in dem Sinne, den die Alten dem Wort mores geben; ich wende ihn nicht nur auf die eigentlichen Sitten an, die man Gewohnheiten des Herzens nennen könnte, sondern auf die verschiedenen Begriffe, die die Menschen besitzen, die verschiedenen Meinungen, die unter ihnen gelten, und auf die Gesamtheit der Ideen, aus denen die geistigen Gewohnheiten sich bilden.'

Ihm geht es also um die Erforschung des Einflusses der Sitten auf die Erhaltung der politischen Institutionen und die Glaubwürdigkeit der Politik insgesamt.

Das Verdienst, das Konzept als ein vergleichendes, empirisch-quantifizierendes Forschungsprogramm in die Politikwissenschaft eingeführt zu haben, gebührt indes der amerikanischen, durch den Behavioralismus geprägten Schule. Ausgangspunkt dieser mit den Namen Gabriel Almond, Sydney Verba und – mit unterschiedlicher, schon über jene hinausweisender Akzentuierung – Lucian Pye verbundenen Schule war die vor allem von amerikanischer Seite nach 1945 thematisierte Frage, wieso es entgegen liberaler und marxistischer Theorien zu der deutschen Tragödie hatte kommen können. In den Worten Almonds war die amerikanische Sozial- und Politikwissenschaft der 1950er Jahre geradezu ‚besessen vom Zusammenbruch der demokratischen Traditionen in Deutschland und der offensichtlichen Widerstandsfähigkeit der Demokratien in Großbritannien und den Vereinigten Staaten.' Man entwickelte ein Forschungsprogramm, das auf theoretischen Annahmen der behavioralistisch geprägten, strukturfunktionalistischen Theorie gründete.

Es wurden umfangreiche vergleichende Forschungsprojekte durchgeführt, deren wichtigstes Ergebnis darin bestand, dass Politische Kultur dann eine funktionale, das heißt hier zunächst stabilisierende Größe für eine Demokratie ist, wenn sie sich am amerikanischen Ideal einer partizipativen Demokratie orientiert. Der Begriff für dieses Ideal heißt bekanntermaßen ‚civic culture'. Vergegenwärtigt man sich den Hintergrund des Forschungsprogramms, ist dies auch nicht überraschend. Schließlich galten die angelsächsischen Demokratien als die ‚richtigen' Demokratien, charakterisiert vor allem durch einen hohen Politisierungsgrad und eine Demokratie bejahende Partizipations- und Politikorientierung. Die anderen Demokratien oder gar Entwicklungsländer schienen demgegenüber mehr oder weniger zurückgeblieben und sollten sich – unter modernisierungstheoretischer Perspektive – zu ähnlichen civic cultures entwickeln. Das Zauberwort hieß Politische Sozialisation.

Das Unbehagen mit der bislang immer noch dominierenden Almond/Verba-Schule ist mit Händen zu greifen: Die durchaus feinen Methoden der empirischen Politischen Kulturforschung vermochten nur wenig zu der zentralen Frage beizutragen, was denn genau es ist, das politische Gebilde zusammenhält und Akzeptanz für Politik schafft. Mit den Methoden der empirischen Umfrageforschung, auf die sich diese Schule nahezu ausschließlich stützt, lassen sich nämlich allenfalls private Einstellungen und Orientierungsmuster abfragen. Ausgeblendet wird damit der gesamte Bereich der Sinngebung und Sinndeutung politischen, das heißt öffentlichen Handelns. Phänomene der Identitätsbildung sozialer Kollektive gerade außerhalb westlich geprägter Vorstellungen können so jedenfalls nicht erfasst werden.

1.2.2   Bausteine eines theoretischen Konzepts Politischer Kultur

Der Ausgangspunkt eines alternativ formulierten Konzepts von Politischer Kultur besteht in der Annahme, dass sich in unterschiedlichen Gesellschaften und auf unterschiedlichen Politikebenen unterschiedliche Sinnbezüge von Politik kulturell auskristallisiert haben. Dabei handelt es sich um jene oft mehr halbbewussten als bewussten Grundannahmen über die politische Welt, realisiert als politische Mentalitäten, politische Lebensformen und politische Öffentlichkeit. Ziel entsprechender Untersuchungen ist, die verschiedenen Programmsprachen Politischer Kulturen zu entschlüsseln. Gemeinsamer Ausgangspunkt ist die Annahme, dass Politische Kultur abhängig ist von der jeweils unterschiedlich akzentuierten menschlichen Beziehung zur Natur, dem Menschenbild und der Auffassung vom Handeln. Nicht demoskopisch messbare Einstellungen stehen damit im Mittelpunkt, sondern die Suche nach den Vorstellungen über die sinnhafte Struktur des politischen Lebens, wie sie uns vornehmlich in sprachlichen und schriftlichen Zeugnissen entgegentreten.

Politische Ordnungen und Inhalte, die in der Gefühlswelt ihrer Bürger verankert sein wollen – und das müssen alle, die auf Legitimität bedacht sind – benötigen ein erkennbares und symbolisches, immer wieder verdeutlichtes, politisches Design, das zu den in der Politischen Kultur der Bürger gespeicherten Vorstellungen passen muss. Damit ergibt sich zwangsläufig eine Dualität von Politischer Kultur, nach der sich Politische Kultur als jeweils spezifische Konstellation von ‚Politischer Soziokultur‘ und ‚Politischer Deutungskultur‘ beschreiben lässt. Politische Kultur besteht danach also als Soziokultur aus undiskutierten Selbstverständlichkeiten, die den latenten oder ruhenden Teil von Politischer Kultur markieren; sie besteht jedoch gleichzeitig (als Deutungskultur) aus politischen und gesellschaftlichen kulturellen Diskussionen, die eben diese Selbstverständlichkeiten wieder in Frage stellen.

In den Mittelpunkt einer derart verstandenen Politischen Kulturforschung rücken damit die Fragen nach der symbolischen Verdeutlichung von Politik, danach, wer für wen die entsprechenden Deutungsangebote macht und ob überhaupt eine hinreichende symbolische Verdeutlichung der politischen Basiskonzepte und Basisregeln sowie die Policies eines politischen Gemeinwesens erfolgt. Symbolische Politik wird damit zu einer entscheidenden Dimension für die Stabilisierung, aber auch Destabilisierung politisch-kultureller Muster. Damit ist sie sicherlich mehr als bloße Ersatzpolitik. Hierzu Karl Rohe, auf den dieses Konzept im Wesentlichen zurückgeht:

‚Symbolische Politik kann integraler Bestandteil des normalen politischen Alltagsgeschäfts sein, kann aber auch als politische Repräsentativkultur zu einer ausdifferenzierten Handlungssphäre werden, die gegebenenfalls von ‚professionellen‘ Priestern einer politischen Zivilreligion verwaltet und zelebriert wird.‘[24]

Soweit der erste Theoriebaustein, die Unterscheidung zwischen Sozio- und Deutungskultur.

---

[24]   Rohe 1994, S. 171.

Aus einem ganz anderen Forschungskontext kommend, hat sich Aaron Wildavsky in vergleichbar grundsätzlicher Weise um eine Neuformulierung des theoretischen Konzepts der Politischen Kultur bemüht. Er stützt sich bei seinem ambitionierten Forschungsprogramm der ‚Cultural Theory' auf Überlegungen der Kulturanthropologin Mary Douglas. Sie geht in Anlehnung an Émile Durkheim von der These aus, dass Gesellschaften durch unterschiedliche kollektive Denkweisen geprägt seien. Diese Denkweisen bilden das Wahrnehmungsvermögen der Individuen aus. Damit ist der jeweilige Rahmen für Erkenntnis gesetzt. Was wahr oder falsch ist oder was eine vernünftige Frage ist, hängt vom entsprechenden Denkstil ab, er bestimmt den Kontext und die Grenzen für jedes Urteil über die objektive Wirklichkeit. Diese Denkweisen oder auch Denktraditionen bilden gewissermaßen ein stabilisierendes Prinzip, womit die Auflösung einer gesellschaftlichen Gruppe verhindert wird.[25]

Schlüssigkeit und Glaubwürdigkeit von Denkweisen sind jedoch nicht selbstverständlich. Es bedarf vielmehr einer Analogie, dank derer die formale Struktur der sozialen Beziehungen in der natürlichen oder in der übernatürlichen Welt wiederzufinden ist. Es kommt allein darauf an, dass dieses legitimierende ‚sonstwo' nicht als gesellschaftlich erzeugtes Konstrukt erkennbar ist. Derartig naturalisierte soziale Klassifikationen graben sich bei entsprechend gelungener symbolischer Versinnbildlichung in das Bewusstsein der Individuen ein. Dieses Bewusstsein der Individuen ist nichts anderes als die oben erwähnte Soziokultur. Es ist Aufgabe der Deutungskultur, im ständigen Bezug zu der prägenden Denkweise diese zu versinnbildlichen und sie dadurch mit einer Wahrheit auszustatten, die für sich selbst spricht. Damit ist die wichtigste Aufgabe von Policy Makers umschrieben, die eine Policy in völlig legitimer Weise durch ihre ideologische Handschrift prägen. Nach Douglas sind diese Denkweisen aber nun keineswegs beliebig vermehrbar. Sie glaubt vielmehr Idealtypen unterscheiden zu können, die das gesamte Spektrum von kulturellen Denk- und Deutungsmustern abdecken: Hierbei handelt es sich um hierarchisches, egalitäres, individualistisches und fatalistisches Denken, das die jeweiligen Formen sozialen Lebens beherrschen kann.

Integration		
	niedrig	hoch
Regulation hoch	fatalistisch	hierarchisch
niedrig	individualistisch	egalitär

Abb. 1.1   Idealtypen politisch-kultureller Denkmuster

---

[25]   Douglas 1991, Ellis 1993, Thompson et al. 1990.

Ausgangspunkt ihrer anthropologisch begründeten Annahmen ist die Überlegung, dass die Mitglieder von sozialen Gruppierungen grundsätzlich zwei verschiedenen persönlichkeitsprägenden Einflüssen unterliegen, die mit den Begriffen ‚Integration‘ und ‚Regulation‘ bezeichnet werden. Das Ausmaß der Integration in einer Gruppe kann höher oder niedriger sein. Je höher die Integration einer Gruppe ist, d.h. je umfassender die Gruppenzugehörigkeit und -abhängigkeit, um so undurchlässiger werden auch die Grenzen zwischen Mitgliedschaft oder Nicht-Mitgliedschaft sein. Vergleichbares gilt für die Vorschriften und Normen, d.h. den regulativen Bereich: Es können viele sein oder eher wenige. Je nach dem würde Douglas von hoher oder niedriger Regulation sprechen. Mit diesen beiden Variablen lässt sich ein Modell von Kulturen konstruieren, das aus den genannten vier Idealtypen besteht, je nach dem, wie man die Ausprägungen der beiden Dimensionen kombiniert.[26]

Aaron Wildavsky hat dieses Konzept auf den Bereich des Politischen übertragen. Es handelt sich um ein Modell, das den kulturell vermittelten und gelernten Institutionen zentrale Bedeutung für den politischen Prozess beimisst und damit ganz grundsätzliche Bedenken gegen die einseitige, monokausale Übertragung ökonomischer Rationalitätsvorstellungen auf die Politik anmeldet. Gesellschaften sind danach immer durch eine je spezifische Mischung der grundlegenden Denkweisen charakterisiert. Hierarchisch, egalitär, individualistisch oder fatalistisch geprägte Politische Kulturen haben ihre jeweils typischen Verhaltensmuster: Hierarchische Gesellschaften verfügen über gesetzte Regeln, die Individuen unterliegen einer strikten Kontrolle. Aufgrund des hierarchisch-autoritären Arrangements lassen sich interne Probleme leicht – per Anordnung – lösen. Die Individuen sind ihrerseits durch die Autorität geschützt, solange sie loyal sind. Kurz: Ungleichheit wird damit gerechtfertigt, dass unterschiedliche Rollen für unterschiedliche Individuen ein gutes, harmonisches Zusammenleben in einer Gesellschaft gewährleisten. Als eine doch sehr weitgehend dem hierarchischen Prinzip untergeordnete Gesellschaft könnte z.B. das indische Kastensystem gelten.

Durch egalitäre Vorstellungen geprägte Gesellschaften sind auf die regulative Idee gegründet, dass die völlige Gleichheit aller Mitglieder Rollendifferenzierung unmöglich und unerwünscht macht. Individuen können Macht nur im Namen der Gruppe ausüben. Deshalb sind interne Konflikte häufig und sie enden zumeist mit Ausschluss. Hier wäre z.B. an politischfundamentalistische Gruppierungen zu denken, deren gesellschaftliche Zielvorstellung in einem Zustand völliger Ergebnis-, nicht Chancengleichheit besteht. Auch die durch die feste Überzeugung zusammengehaltene Gruppe der Atomgegner oder Klimaschützer, die sich meist sehr grundsätzlich alternativen Vorstellungen verschließen und in ihren Gegnern ausschließlich böswillige Umweltzerstörer sehen, tragen Züge dieses Denkstils.

Durch das Bekenntnis zu Chancengleichheit zeichnen sich in der Regel individualistische Ordnungen aus. Sie kennen keine gegebene interne Differenzierung (wie die Hierarchen)

---

[26] Das Modell geht insoweit über die gängigen Ordnungsmodelle hinaus, die zumeist lediglich zwischen den beiden Idealtypen von Hierarchien und Märkten (Lindblom, Hirschman(n)) unterscheiden. Der Vollständigkeit halber sei hinzugefügt, dass als fünfter Typus der sogenannte ‚Einsiedler‘ unterschieden wird, der sich aus den regulativen und integrativen Gruppendimensionen herauszuhalten vermag. Wir haben allerdings Zweifel, ob es sich hierbei um mehr als ein modelltheoretisches Konstrukt handelt, das von der idealtypischen Methode her jedenfalls als nicht gerechtfertigt erscheint. Man denkt unwillkürlich an Karl Mannheims ‚freischwebende Intelligenz‘.

oder deren Fehlen (wie bei den Egalitaristen), sondern sie akzeptieren nur die Gesetze des Wettbewerbs. Alle Gegebenheiten sind aus Prinzip disponibel und verhandlungsfähig, die Gesellschaft reguliert sich selbst. Der Denkstil der Akteure in amerikanischen Immobilien- und Investmentbanken, der beinahe zum gerade noch verhinderten Kollaps der internationalen Finanzwirtschaft geführt hätte, mag als eine der jüngsten, recht extremen Varianten dieser ‚Me first'-Kultur gelten.

Das fatalistische Interpretationsmuster schließlich besteht in der erzwungenen Einsicht, dass die Regeln und Vorschriften jedes Detail des sozialen Lebens erfassen. Die Mitglieder einer derart charakterisierten Gesellschaft leben außerdem in weitgehender Isolation voneinander, d.h. in der Terminologie des Modells: Die Integration ist niedrig. Typisches Beispiel für eine derart charakterisierte Gesellschaft wäre eine mit Sklaven, die ihren Status als beliebig disponierbare Sachen mit Apathie bzw. Resignation hinnehmen. In amerikanischen Trailer Parks oder nordkoreanischen Bauerndörfern wird man diese – in der älteren Literatur auch als parochial bezeichnete – Vorstellung nicht selten finden können.[27]

Soweit die Idealtypen, die – dies sei noch einmal betont – in Staaten und Gesellschaften in jeweils spezifischen Mischungsverhältnissen und vielfältigen realen Ausprägungen gegen-, neben- und miteinander vorkommen. Zur Illustration des Modells mag die bekannte, seit etwa Mitte der 80er Jahre ausgetragene Debatte zwischen den sogenannten Libertären und den Kommunitariern dienen. Beide Gruppierungen lassen sich als Realtypen etwa folgendermaßen zwischen den Idealtypen verorten.

		Integration	
		niedrig	hoch
Regulation	hoch	fatalistisch	hierarchisch
	niedrig	kommunitär individualistisch libertär	egalitär

Abb. 1.2   Realtypen politischer Kultur

Man muss aber gar nicht auf diese demokratietheoretische Debatte zurückgreifen, um zu verdeutlichen, wie sich die beiden unterschiedlichen Auffassungen von liberaler Politischer Kultur in das Modell einordnen lassen. Es sei daher an eine Auseinandersetzung zwischen dem damaligen Innenminister Wolfgang Schäuble und dem FAZ-Journalisten Hans D. Bar-

---

[27]   Um ein weiteres Beispiel zu geben: Hierarchische Gesellschaften haben ihre Patriarchen, egalitäre feiern ihre Märtyrer und Konkurrenzgesellschaften ihre Helden. Fatalistische Regime schließlich unterliegen dem Willen des Despoten, vgl. Douglas 1991, S. 132.

bier erinnert, die sich an der nach wie vor aktuellen Frage entzündete, ob eine Demokratie Nationalbewusstsein und damit auch nationale Symbolik benötige (so Schäuble) oder nicht (so Barbier). Schäuble sprach – ganz in kommunitaristischer Manier – davon, dass der extreme Individualismus überhand genommen habe und die Balance zwischen individuellen Ansprüchen und der notwendigen Gemeinschaftsfähigkeit wiederhergestellt werden müsse.

Ohne das Selbstverständnis einer Gesellschaft, die sich auf einen Grundbestand gemeinsamer Werte und Überzeugungen stütze, bleibe, so Schäuble, ‚nur das nackte Gestein der Verteilungskonflikte übrig‘. Gemeinsame Werte wie Liebe zur Heimat, Patriotismus und Nationalgefühl seien der Nährboden für politisches Vertrauen, für Engagement und Solidarität.[28] Barbier sah in dieser von ihm als ‚Quengelei um nationale Identität‘ bezeichneten Überzeugung einen – wie er sagt – unerträglichen Abgrund, der geradewegs zum Untergang der liberalen Gesellschaft führe, denn ‚nur die liberale, dem methodologischen und normativen Individualismus verpflichtete Gesellschaft setzt sich unter rationalen Begründungszwang. Es ist gerade das moralische Qualitätsmerkmal einer liberalen Gesellschaft, dass sie die Normen und Werte, die sie braucht, selber mit den Mechanismen jenes gedachten Gesellschaftsvertrages schafft, dem sie ihre politische Existenz und ihren operativen Apparat der gemeinschaftlichen Lebensgestaltung verdankt.‘

Dem Ideal einer nationalen Gemeinschaft als einer Schutzgemeinschaft für Frieden und Freiheit nach innen und außen bei Schäuble entspricht damit bei Barbier die Vorstellung einer westlich geprägten, dem liberalen Universalismus verpflichteten Weltgesellschaft des Ökonomischen.

Es wäre ein leichtes, die damalige Debatte mit der aktuellen Diskussion um Verantwortung und Freiheit von Finanzmärkten und Schuldenstaaten zu verknüpfen, die das Generalthema nur variiert: Wieviel Integration ist in einer Gesellschaft möglich und nötig? Und wie stark müssen die unterschiedlichen Gruppen und Interessen durch den Staat reguliert werden?

Die beiden vorgestellten Theorieansätze, die Unterscheidung von Sozio- und Deutungskultur einerseits und die anthropologisch begründete Konstruktion verschiedener Kulturmuster andererseits, lassen sich zu einem kohärenten und plausiblen Modell zusammenfügen. Ausgangspunkt dieses Modells ist die Überzeugung, dass Politische Kultur tatsächlich als der Kitt zu beschreiben ist, der Gesellschaften zusammenhält. Überlebens- und Anpassungsfähigkeit, d.h. letztlich ihre Existenz hängen davon ab, ob und wie die kulturellen Vorstellungs- und Interpretationsmuster (d. h. die Soziokultur) im Bereich der Deutungskultur thematisiert werden:

‚Ob dies sinnenfällig oder abstrakt geschieht, ob kritisch oder affirmativ, ob neue Denk- und Handlungsmöglichkeiten erschlossen und/oder in Vergessenheit geratene Lebensweisen wieder in Erinnerung gerufen werden, ob neue Symbole gestiftet, und/oder vorhandene Sinnbezüge wieder sinnenfällig gemacht werden.‘[29]

---

[28] Vgl. zu der Debatte die ausführliche Analyse von Havertz 2008, S. 322–325.

[29] Rohe 1987.

Damit rücken die Träger der Deutungskulturen in den Mittelpunkt des Interesses. Vor allem den Journalisten und Policy Professionals kommt im Rahmen des politisch-kulturellen Prozesses die Aufgabe der Bereitstellung von Deutungsangeboten und damit der Herstellung von Sinnbezügen zu, ohne die eine Gesellschaft nicht dauerhaft existieren kann und ohne die Policies nicht akzeptiert und unterstützt werden. Die nicht zuletzt von den Medien als Institutionen der Öffentlichen Meinung verwaltete und inszenierte Politische Kommunikation kann – im Zusammenspiel mit den jeweiligen Policy Koalitionen – entweder zur symbolischen Verdeutlichung der jeweiligen politischen Soziokultur beitragen oder aber sie vergrößert die in jeder Kommunikation angelegte Möglichkeit, dass das Deutungsangebot nicht ankommt, weil der Empfänger sich in den offerierten Interpretations- und Verhaltensangeboten nicht wiederfinden und wiedererkennen kann. Im Extremfall kann es sogar zu einer Identität von politischem Akteur und Deuter kommen, wenn Policy Professionals in den Medien die Politik erklären, die von ihrer spezifischen Advocacy Coalition formuliert wurde.

Aber auch für die weniger augenfälligen und drastischen Fälle gilt, dass dem Verhältnis zwischen Deutungs- und Soziokultur entscheidende Bedeutung für die Stabilität gesellschaftlicher Ordnungen zukommt. Schließlich unterliegen Produktion und Kommunikation von Sinn und Interpretationsmustern und die daraus komponierten Policies ihrerseits ungeschriebenen Selbstverständlichkeiten, Vor-Urteilen und Tabus. Das Problem liegt damit auf der Hand und lautet – als Frage formuliert: Was passiert, wenn die Deutungsangebote nicht zustande kommen, wenn Enttäuschung und Unzufriedenheit herrschen? Die Antwort könnte lauten: Hierarchische Kulturen werden typischerweise trotz alledem mit Loyalität und Vertrauen reagieren, egalitäre vor allem mit lautstark geäußertem Widerspruch, individualistische mit Abwanderung und fatalistische gar nicht, d.h. mit Apathie. Es ist prinzipiell davon auszugehen, dass die vier genannten Kulturtypen in jeweils spezifischer und damit auch vielfältigster Mischung und Kombination Gesellschaften prägen. Stabilität dürfte immer dann herrschen, wenn die dominierende Soziokultur mit einer entsprechenden Deutungskultur kongruent ist und diese vice versa jene symbolhaft verdeutlicht, sinnenfällig macht.[30]

Ziel der hier präsentierten Überlegungen war es, den theoretischen Stellenwert des Konzepts ‚Politische Kultur' für die Politikwissenschaft zu diskutieren und Wege aufzuzeigen, auf denen die theoretische Arbeit erfolgversprechend weiter voranschreiten kann. Selbst eine durchaus denkbare Revision oder Kritik würde aber nicht den Umstand an sich in Frage stellen, dass theoretische Neuformulierungen in Richtung der hier vorgetragenen Gedanken nötig sind, um weiteren Aufschluss über die Beschaffenheit jeweils so und nicht anders geprägter Politischer Kulturen zu gewinnen und ihren Einfluss auf den Policy Cycle festzustellen. Mit Blick auf die in andere Fachgebiete hineinragenden Aspekte der Politischen Kulturforschung und die spezifischen Policy Ansätze sei hier Max Weber zitiert. Er hat an nicht ganz unpassender Stelle, nämlich in seinem Vortrag über ‚Wissenschaft als Beruf', darauf verwiesen, dass ‚alle Arbeiten, welche auf Nachbargebiete übergreifen (...) mit dem resig-

---

[30] Max Weber spricht im Übrigen davon, dass zwar materielle und ideelle Interessen und nicht Ideen das Handeln der Menschen beherrschten. ‚Aber: die ‚Weltbilder', welche durch ‚Ideen' geschaffen wurden, haben sehr oft als Weichensteller die Bahnen bestimmt, in denen die Dynamik der Interessen das Handeln fortbewegte.' Weber 1920 (Ges. Aufsätze zur Religionssoziologie: Einleitung in die Wirtschaftsethik der Weltreligionen). In: Winckelmann (Hg.) 1973, S. 414.

nierten Bewusstsein belastet sind, dass man allenfalls dem Fachmann nützliche Fragestellungen liefert, auf die dieser von seinen Fachgesichtspunkten aus nicht so leicht verfällt, dass aber die eigene Arbeit unvermeidlich höchst unvollkommen bleiben muss.'[31]

Gerade innerhalb des Mainstreams der Policy Forschung wurde dieser Zusammenhang zwischen Institutionen, Akteuren und politischen Inhalten nicht ausreichend berücksichtigt, auch wenn sich gerade in jüngster Zeit mehr und mehr Ansätze finden lassen, die darauf aufmerksam machen.[32] Entsprechend unserer eingangs formulierten Überzeugung, dass Menschen ‚Politik' sind, ist es von entscheidender Bedeutung, welche Akteure überhaupt erst politische Inhalte ‚denken'. Denn selbstverständlich sind es im Rahmen komplexer Akteur- oder Tendenzkoalitionen nicht nur die formal legitimierten Administratoren (auf welcher Ebene des politischen Systems auch immer), sondern im Besonderen auch die Ideengeber und -entwickler, die überhaupt erst entsprechendes Policy Wissen bereitstellen. In die Betrachtung rücken damit die von uns so genannten Ideenagenturen und Tendenzkoalitionen, die hier mit Blick auf die USA und Deutschland behandelt werden.

1.3   Intermediäre Akteure im Policy Prozess: Ideenagenturen und Tendenzkoalitionen[33]

Politische Berater und Experten sind einflussreiche Eliten in den modernen Industriegesellschaften der westlichen Welt. Im Rahmen eines politischen Systems besteht ihre wichtigste Aufgabe in der Produktion von Wissen für politische Entscheidungen und in der Beratung verantwortlicher Institutionen. Erfolgreiches Handeln in den meisten Politikbereichen erfordert jedoch immer eine vorhergehende Einschätzung der Risiken und ist mit Unsicherheit über die Konsequenzen behaftet. Mehr noch: Nahezu alle bedeutsamen politischen Entscheidungen erfordern Werturteile über die relative Wünschbarkeit der jeweiligen Ergebnisse und Konsequenzen. Sie sind daher im besten Falle risikoreich, weil zwischen verschiedenen alternativen Policies ausgewählt werden muss. Deren mögliche Auswirkungen können nur selten präzise eingeschätzt werden:

‚If the consequences were certain, some of the anguish of decision making would vanish. But what is so dismaying is the terrible risk of the outcomes. (...). The outcomes are not merely risky in the sense that we can assign a definite probability to each, as we can when we toss properly made dice. The outcomes are genuinely uncertain in the sense that we can at best only guess at probabilities over a large, vague range'.[34]

---

[31]   Weber 1919.

[32]   Shafritz/ Borick 2008.

[33]   Vgl. für das folgende Kapitel Gellner 1995 mit zahlreichen zusätzlichen Nachweisen.

[34]   Dahl 1989, S. 75.

Damit verringert sich die Kompetenz von Experten und Beratern, weil eindeutige und beweisbar richtige Antworten nicht gegeben werden können. Dies gilt im Besonderen für Politikfelder von globaler und weit reichender Bedeutung. Sie erzeugen in der Regel ein hohes Risikobewusstsein und oftmals eine schon sprichwörtliche ‚Betroffenheit'. Hierzu gehören vor allem Umweltfragen (z.B. Kernenergie oder Klimawandel), ökonomische Fragen (z.B. Welt-Schuldenkrise, Immobilien- und Bankenkrisen), soziale Fragen (z.B. Drogen und Armut, Zuwanderung) und nicht zuletzt gesundheitspolitische Fragen.

Diese Politikfelder repräsentieren die Art von globalen Fragen, deren eindeutige Beantwortung nicht möglich ist. Die Auswahl von unterschiedlichen Daten oder unterschiedliche Interpretationen gleicher Daten führen zu sich oftmals widersprechenden Antworten. Viele Autoren teilen diese Problemsicht und haben je nach Blickwinkel unterschiedliche Begriffe geprägt, von denen der einflussreichste wohl derjenige der ‚Risikogesellschaft' war bzw. ist. Ohne einem dieser Konzepte explizit folgen zu wollen, ist für unseren Zusammenhang indes die Tatsache von entscheidender Bedeutung, dass die modernen Gesellschaften offenkundig mit vergleichbaren Orientierungsproblemen zu kämpfen haben, die mit dem verstärkten Risikobewusstsein der Bevölkerungen korrespondieren.

Verschiedene Autoren haben denn auch die besondere Bedeutung von so genannten ‚risk professionals' hervorgehoben. Für Luhmann rückt in diesem Zusammenhang ‚die Frage in den Vordergrund, wer oder was darüber entscheidet, ob (und in welchen sachlichen und zeitlichen Horizonten) ein Risiko beachtet wird oder nicht. Zusätzlich zu den bereits geläufigen Diskussionen über Risikokalkulation, Risikowahrnehmung, Risikoeinschätzung, Risikoakzeptanz kommt jetzt noch die Frage der Selektion von Risiken für Beachtung oder Nichtbeachtung'.[35] Abgesehen davon, dass Luhmann die Selektionsproblematik irrtümlicherweise für ‚neu' hielt, ist damit ein wichtiger Hinweis auf die gestiegene Bedeutung der Institutionen gegeben, die die genannten Prozesse beeinflussen.

Die geradezu gespenstische Debatte um die Realität einer isländischen Aschewolke, die im Frühjahr 2010 für Tage den gesamten Flugverkehr in und über Europa lahmlegte und deren Existenz sich im Wesentlichen auf Computersimulationen stützte, beweist nachdrücklich die Hilflosigkeit nicht nur der Politik, sondern auch der überaus uneinigen Wissenschaftler. Insoweit sind die Hoffnungen geradezu absurd, dass man durch eine bessere wissenschaftliche Ausbildung von Politikern von ihnen mehr Sachverstand und im Krisenfall bessere Entscheidungen erwarten könnte. Symptomatisch für diese naive Vorstellung ist die Forderung des Physikers und ‚Wissenschaftsorganisators' (Sic!) Haim Harari:

‚Die Welt stellt fest, dass ihr ein wichtiger Berufsstand fehlt: wissenschaftlich ausgebildete politische Entscheidungsträger. Weder gute Wissenschaftler ohne Führungserfahrung noch gewitzte Politiker ohne wissenschaftliche Ausbildung konnten das Desaster kommen sehen. Wir brauchen Menschen, die über beide Fähigkeiten verfügen'.[36]

---

[35] Luhmann 1991, S. 12.

[36] Haim Harari: Von der Finanzkrise in die Aschekrise. FAZ v. 26.4.2010, S. 29.

Die Suche nach einer Verringerung von wahrgenommenen oder eingebildeten Gefahren führt zur hohen Glaubwürdigkeit und Abhängigkeit von Expertenurteilen und deren scheinbar verlässlichen Antworten. Antworten, die sich je nach Präsentation der Daten oder normativen Vorannahmen der Experten unterscheiden und die ihrerseits wiederum die Einstellungen zu den wahrgenommenen Risiken und Gefahren beeinflussen. Die geradezu bösartig geführte Debatte ausgangs des Jahres 2009 zwischen Wissenschaftlern um Datenfälschungen in der Klimawandel Debatte (‚Climategate‘) zeigt neben all zu Menschlichem (Lügen und Neid) vor allem, dass es in solchen komplexen Fragen tatsächlich keine eindeutigen Wahrheiten, sondern lediglich plausible Annahmen geben kann.[37]

David Gelernter macht hierfür nicht zuletzt den Aberglauben an die Verlässlichkeit computersimulierter Modelle nicht nur in der globalen Banken- und Finanzwirtschaft, sondern auch ganz allgemein verantwortlich. Er befürchtet, ‚dass wir in eine dauerhafte Aschewolke aus Antiwissen eingehüllt werden, wenn Softwaremodelle falsche Vorhersagen treffen, die durch das ehrwürdige Imprimatur der wissenschaftlichen Priesterschaft abgesegnet, von der Presse wie ein hässliches Gerücht in Umlauf gebracht, von den Vereinten Nationen überhastet gebilligt und von Politikern auf der ganzen Welt zur Grundlage ihres Handelns gemacht werden.‘[38] Arme Policy Makers, möchte man hinzufügen.

Es besteht mithin Grund zu der Annahme, dass ideologische Faktoren nicht nur bei der Politikberatung im engeren Sinne eine bedeutsame Rolle spielen, sondern in gleichem Maße die öffentliche Diskussion beeinflussen können. Institutsdirektoren und sachkompetente Mitarbeiter renommierter und weniger renommierter Forschungsinstitute äußern sich vermeintlich sachkundig gegenüber den Medien der Öffentlichen Meinung, sprechen mit der Autorität des Forschers und Wissenschaftlers, verbreiten aber doch letztlich nur ihre im besten Falle qualifizierte ‚Meinung‘. Genau dies tun sie auch im politischen Beratungsprozess. Ein gutes Beispiel ist in diesem Zusammenhang die ‚Zeitschrift für Politikberatung‘, die sich im Untertitel ‚Policy Advice and Political Consulting‘ nennt, im gleichen Heft von einem der Herausgeber aber auch als ‚Journal for Political Consulting and Policy Advice‘[39] bezeichnet wird. Das Herausgeberteam, das in Personalunion eine entsprechende Sektion der DVPW führte, bemüht sich um eine Rechtfertigung der Vermischung von Politikberatung und Consulting, was angesichts der offensichtlichen finanziellen Unterstützung durch einen der Global Player (‚accenture‘) auch nicht verwundert.

Die personellen Verflechtungen reichen bis in Herausgeber- und Beiratskreise und sind ein gutes Beispiel für den Einfluss eines Privatunternehmens auf eine wissenschaftliche Zeitschrift. Nico Koppo und Hagen Schölzel haben zu recht die von Svenja Falk und anderen behauptete These angezweifelt, dass zwischen Politik und Beratungslandschaft ein neues kooperatives Beziehungsgeflecht bestehe, abseits interessenpolitischer Instrumentalisierung.

---

[37] Vgl. hierzu SPIEGEL 13/2010: Die Wolkenschieber.

[38] David Gelernter: Eine Aschewolke aus Antiwissen. Ebd.

[39] Titel der ZPB 4, 2009 und ebd. S. 684. Im Übrigen ein krudes Heft voller belangloser Information zu Think Tanks (im allerweitesten Sinne) in einigen Schwellenländern, zumeist von Repräsentanten der Organisationen selbst verfasst.

Es sei denn, man nähme die eigene Kooperation mit ‚accenture‘ als Beispiel. Nur müsste man dann wohl eher Politik mit Politikwissenschaft übersetzen.[40]

Im Mittelpunkt des diesbezüglichen Forschungsinteresses der Politikwissenschaft bzw. der Soziologie standen lange Zeit Fragen nach der Verwendung wissenschaftlicher Forschungsergebnisse durch die Politik und dabei insbesondere durch die Verwaltungsbürokratien. Ausgeblendet wurden bis Mitte der 90er Jahre zumeist die institutionellen Entstehungsbedingungen von wissenschaftlicher Forschung und ihre Rolle im Prozess der politischen Meinungs- und Willensbildung.[41] Insoweit ist es auch nicht verwunderlich, dass Rollenveränderungen wissenschaftlicher Politikberatung, die mit den Institutionen zu tun haben, in denen Wissenschaft ‚hergestellt‘ wird, erst seit einigen Jahren thematisiert und erforscht werden. Dementsprechend hat man begonnen, sich in der wissenschaftlichen Literatur inzwischen immer häufiger mit dem sog. Politikunternehmer zu beschäftigen:

‚The policy entrepreneur (...) is an expert who not only develops a policy idea but also actively works with interest groups and politicians to promote this adoption. With the rapid growth of competing think tanks, such policy entrepreneurship is becoming increasingly prominent‘.[42]

In unterschiedlichen institutionellen Kontexten angesiedelt, erfüllen diese Wissenschaftler ganz allgemein verschiedene Aufgaben:

‚Policy entrepreneurs advocate new ideas and develop proposals; define and reframe problems; specify policy alternatives; broker the ideas among the many policy actors; mobilize public opinion; help set the decision making agenda‘.[43]

Dies allein aber ist nicht unbedingt ein neues Phänomen. Schon in den Debatten über Politikberatung, wie sie in den 60er und 70er Jahren in der Bundesrepublik geführt wurden, finden sich zumindest Elemente dieser Problemkonstellation. Ein wichtiger Topos dieser Diskussionen um die besten Beratungsmodelle war schon damals die Auflösung des schwierigen und problematischen Verhältnisses zwischen Politik und Wissenschaft durch eine ‚kritische Öffentlichkeit‘. Das eigentlich Neue in der gegenwärtigen Politikberatungslandschaft besteht in der immer deutlicher akzentuierten organisatorischen Verselbständigung dieses Wissenschaftstyps in der Institution der Ideenagentur, die im Rahmen einer Tendenzkoalition ihre ganz spezifische, interessen- und ideologiegebundene Aufgabe erfüllt.

Selbst in der vermeintlich aktuellen politikwissenschaftlichen Diskussion findet sich diese Akteurskonstellation. Vermeintlich deshalb, weil Autoren gelegentlich ihre Urheberschaft an

---

[40] Koppo/ Schölzel 2009 mit weiteren Nachweisen und den wenig überzeugenden Beitrag von Falk et al. 2009.

[41] Die Arbeit von Gellner 1995, die die Grundlage dieses Kapitels darstellt, stellte insoweit Neuland dar. Vgl. hierzu mit einem ähnlichen Ansatz die Arbeiten von Braml 2005 und Kuhne 2008. Die ebenfalls einschlägige Habilitationsschrift von Martin Thunert wurde leider nie veröffentlicht.

[42] Fischer 1990, S. 172.

[43] Roberts/ King 1991.

dieser grundlegenden Konzeption behaupten, wie die gesamte Debatte um die ‚epistemic communities' zeigt. Peter M. Haas sieht sich als Schöpfer dieses analytischen Konzepts:

‚Das sind Gruppen von Experten, die relevante Informationen zu bestimmten Politikfeldern haben, die wiederum auf Annahmen beruhen, die alle Mitglieder der Expertengruppe teilen. Die Informationen werden von staatlichen Akteuren benötigt, um bestimmte und erwünschte Resultate zu erzielen. Die Experten haben großen Einfluss auf Staaten, weil sie sie über Nutzen und Risiken bestimmter Handlungen aufklären können.'[44]

Dass solche ‚Aufklärung' aber eine spezifisch ideologische, politisch-kulturell geprägte Tendenz haben könnte, wird hier allerdings ausgeblendet, ganz so, als ob es die gesamte Literatur zu Issue Networks und Advocacy Coalitions nicht schon viel länger gäbe.[45]

Unser Ansatz geht über diese opportunistischen Debatten hinaus. Ausgehend von der eingangs geschilderten grundsätzlichen Befindlichkeit moderner Gesellschaften wollen wir den Versuch unternehmen, die unterschiedlichen Akteure vor ihrem jeweiligen institutionellen Gefüge in ihren Strukturen zu beschreiben und im Hinblick auf ihre Funktionen und Wirkungsweisen im Rahmen des Policy Prozesses (vor allem des agenda-settings) zu analysieren. Es handelt sich dabei nicht zuletzt um die Analyse einer ‚gesellschaftlichen Organisation des geistigen Lebens', deren Bedeutung angesichts der eingangs geschilderten globalen Probleme moderner Gesellschaften deutlich zugenommen hat. Louis Wirth hat in seinem Vorwort zur englischen Ausgabe von Karl Mannheims ‚Ideologie und Utopie' die ‚systematische Analyse der institutionellen Organisation, in deren Namen die geistige Tätigkeit vor sich geht', als eine der primären Aufgaben der Wissenschaft bezeichnet:

‚Es ist wichtig zu wissen, wie und durch wen diese Institutionen unterhalten werden, welchem Wissenstypus ihre Tätigkeit angehört, was ihre Politik, ihre innere Organisation, ihre Beziehung zueinander und ihre Stellung in der Gesellschaftsorganisation als ganzer ist'.[46]

1.3.1   Think Tanks und Ideenagenturen

Gegen die Äußerung von wissenschaftlich begründeten, gleichwohl oftmals subjektiven Meinungen in den Medien oder sonst wo ist nichts einzuwenden, denn dies gehört zum Ge-

---

[44] FAZ v. 29.12.2009.

[45] Immerhin scheint man auch in dieser Tendenzkoalition zu bemerken, dass einige Koalitionen gleicher sind als andere, auch wenn es sich bei der zitierten Studie um einen abwegigen Vergleich zwischen Schweden und Chile handelt: ‚A handful of Swedish parlementarians, assisted by experts within the civil service, generated one of the most discussed pension reforms since the Chilean reform of the 1980s. This article argues that they formed a successful epistemic community. The group shared similar personal values, a commitment to finding a long-term solution, and a devotion to improving the pension system. The inclusion of politicians within epistemic communities is essential to transpose knowledge into policy. (Sic!). Politicians involved in communitees possess political knowledge necessary to bridge the gap between the experts and other legislators and the specialised knowledge needed to interact with members of the scientific community. Contrary to a ‚traditional' epistemic community, this ‚political' epistemic community had privileged access to the state and could translate directly the resultus of its discussions into concrete policy proposals.' Marier 2008, (abstract).

[46] Wirth 1969, S. XXVI–XXVII.

schäft von Forschungsinstituten und Politikberatern, und das insbesondere dann, wenn es sich um nicht-staatliche, am Markt operierende Akteure handelt, für die im amerikanischen der Begriff ‚Think Tanks‘ existiert, der nicht direkt übersetzbar ist. Dies hat verschiedene Autoren nicht davon abgehalten, aus der sprachlichen Not eine Tugend zu machen. Der häufig verwendete Begriff ‚Denkfabrik‘ geht aber an der Sache vorbei, soweit damit die Fließbandproduktion von Gedanken unterstellt wird.

Dies ist ganz und gar nicht der Fall, wie im Übrigen schon der Blick auf den Hintergrund des ‚Think Tank‘-Begriffs zeigt. Er taucht erstmals um die Jahrhundertwende als britischer Slang-Begriff für das Gehirn auf. Erst gegen und dann verstärkt nach dem Ende des Zweiten Weltkrieges findet sich die Übertragung auf den militärischen Bereich, im Sinne eines ‚sicheren‘ Platzes (in einem Panzer), um zu denken und zu planen. Erst gegen Ende der 50er Jahre finden sich verstärkt Hinweise für eine Verwendung als Sammelbegriff für Forschungsinstitute oder andere, verwandte Organisationen, die Ratschläge und Ideen zur Lösung nationaler oder kommerzieller Probleme geben, bzw. für interdisziplinär zusammengesetzte Spezialistenteams. Keineswegs ist also mit der Arbeit von Think Tanks die fabrikähnliche Produktion von Ideen gemeint, sondern der Begriff zielt ganz deutlich auf den Ort, an dem konzentriert und in Ruhe interdisziplinär nachgedacht wird.

Hierbei handelt es sich um die von Nelson Polsby als ‚wahrer‘ Think Tank bezeichnete Institution.[47] Der Begriff wird zu Beginn der 50er Jahre recht allgemein auf ‚spezielle Beratergruppen‘ angewendet, die sich in den Sozialwissenschaften gebildet hatten. In diesen Jahren entstand in den USA, maßgeblich beeinflusst durch Politikwissenschaftler wie Harold D. Lasswell, die sog. neue Wissenschaft von den Policies. Analog zu den Naturwissenschaften bestand das Forschungsprogramm der ‚Policy Analysis‘ im experimentellen Verständnis konkreter politischer Vorgänge. In den Mittelpunkt rückte hierbei zunächst die Planung politisch-ökonomischer Policies. Als Katalysator dienten die diversen Komponenten des Planning, Programming and Budgeting System (PPBS), die dann in der Johnson-Administration auf nahezu alle weiteren Politikfelder ausgedehnt wurde. Der Einfluss von ‚Policy Intellectuals‘ im Umfeld der Präsidenten Kennedy und Johnson führt dann zu der systematischen Anwendung dieser politischen Programme im Besonderen in der Gesellschafts- und Sozialpolitik. Im ganzen Land entstanden ‚Schools for Public Policy‘, in denen die entsprechenden Policy Analysts ausgebildet werden.[48]

Gegenläufig zu diesem Policy Analysis-Trend in den USA, der erst in den frühen 70er Jahren in Europa ankommt, verbindet sich institutionelle Politikberatung noch längere Zeit mit den Politics und deren Akteuren: ‚It has become the fashion among heads of governments and chiefs of state in the parliamentary democracies (!) to equip themselves with a special staff of personal advisers – a think tank, an entourage ... – whose views supplement and sometimes run counter to the processed findings of civil servants.‘[49]

---

[47] Polsby 1993.

[48] Radin 2007.

[49] The Listener v. 26.4.1973, S. 534.

Erst Anfang der 70er Jahre gewinnt der Begriff, als Konsequenz einer planungseuphorischen Machbarkeitsphilosophie und dem beginnenden Siegeszug der Policy Analysis die Bedeutung, die ihm heute – jedenfalls in der deutschen Begrifflichkeit der ‚Denkfabrik' – gemeinhin unterstellt wird. Renate Mayntz hebt allerdings noch Mitte der 80er Jahre die vergleichsweise Bedeutungslosigkeit deutscher Denkfabriken hervor:

‚There are some (...) policy research institutes which serve the government collectively, but the influence of these bodies on government policy is mostly rather indirect and it would be difficult to trace specific policy decisions to their advice', denn „... the West German system has relatively little by way of a specialized infrastructure for policy analysis and advice'.[50]

Für den Bereich der Außenpolitik behauptet sie sogar, dass das Außenministerium die Arbeit bestehender Forschungsinstitute kaum berücksichtige. Demgegenüber seien die Ministerialbürokratie einerseits und die Partei des Kanzlers andererseits die naheliegendsten Quellen für ‚alternative advice'.[51] Dies ist sehr bemerkenswert und auch nicht ganz richtig. Denn gerade Renate Mayntz, Fritz W. Scharpf und ihr Nachfolger Wolfgang Streeck gelten gemeinhin als die einflussreichsten Politikberater gerade sozialdemokratisch geführter Regierungen. Das von ihnen über lange Jahre geprägte und zu einer zentralen Schalt- und Rekrutierungsstelle der deutschen Policy Forschung ausgebaute Max-Planck-Institut für Gesellschaftsforschung darf bis heute als Meinungsführer dieser Disziplin gelten, auch wenn sich in jüngster Zeit die Hertie School of Governance in Berlin in dieser Policy Community zunehmend in den Vordergrund zu spielen scheint. Auch der von Renate Mayntz vermisste Einfluss von Think Tanks in der Außen- und Sicherheitspolitik war durchaus immer vorhanden. DGAP und SWP gehörten fraglos zur Strategic Community, die den sicherheitspolitischen Konsens in der Bundesrepublik nachhaltig bestimmten.

Wenn man den Begriff wegen seiner dargestellten Mehrdeutigkeiten bzw. irreführenden Konnotationen nicht ganz aufgeben will, muss eine am Kriterium des Erkenntnisinteresses orientierte Differenzierung vorgenommen werden. Grob gesprochen, kann man danach zwei grundlegende Typen unterscheiden: Den bereits genannten ‚wahren' Think Tank mit allen seinen Schattierungen (in der amerikanischen Literatur findet sich parallel zum Begriff des Think Tank daher auch häufig der Begriff des ‚Public Policy Research Institute') und den ‚politischen' Think Tank, der hier auch als politische ‚Ideenagentur' bezeichnet werden soll. Damit wird zum Ausdruck gebracht, dass es zum Wesen dieses Typs von Institutionen gehört, Ideen als Produkte zu entwickeln, sie in der Öffentlichkeit zu verbreiten und im Sinne einer strategischen Kommunikation einer bestimmten Klientel im Rahmen einer Tendenzkoalition zur Verfügung zu stellen.

Gemeinsam ist den beiden Typen der organisatorische Status als nicht gewinnorientierte und von der Entrichtung von Steuern befreite, in der Regel gemeinnützige Institution. Sie finanzieren sich aus Spenden, Stiftungsvermögen und/oder Forschungsaufträgen von öffentlichen und privaten Geldgebern. Wahre Think Tanks bzw. Public Policy Research Institutes beschränken sich auf die Bereitstellung einer denkfreundlichen Infrastruktur für hochqualifi-

---

[50] Mayntz 1987, S. 8–9.

[51] Ebd., S. 14.

zierte Fachleute. In der Abgeschiedenheit meist idyllisch gelegener Forschungsstätten mit Verbindung zu erstklassigen Universitäten und Schools for Public Policy finden sich für eine begrenzte Zeit Experten (oftmals aus verschiedenen Disziplinen) im wissenschaftlichen Dialog und diskutieren über selbst ausgewählte Inhalte. Die Durchführung von Lehre oder Verwaltungsaufgaben wird meist nicht erwartet und gilt ohnehin eher als hinderlich für richtiges Denken.

Im Gegensatz zu dieser Weltabgeschiedenheit der wahren Think Tanks, die hier nicht weiter thematisiert werden sollen, suchen die Ideenagenturen das politische Alltagsgeschäft. Sie besitzen in der Regel einen festen Mitarbeiterstab, der von einem Aufsichtsrat kontrolliert und von einem professionellen Management geführt wird. Hieraus ergibt sich auch die Abgrenzung von anderen Wissen produzierenden Institutionen wie Universitäten und staatlichen Forschungsinstituten sowie Stiftungen: Ideenagenturen suchen die Nähe zum politischen Entscheidungsprozess, vermarkten ihre Ideen professionell, sind ideologisch mehr oder weniger festgelegt und lassen ihren Mitarbeitern meist nur wenig Freiheit bei der Auswahl und Behandlung von Themen. Sie betreiben, überspitzt formuliert, Interessenpolitik mit wissenschaftlichen Argumenten.[52]

Von politischen Think Tanks und Ideenagenturen präsentierte Ideen dienen zumeist der Orientierung ihrer Adressaten: politische Entscheidungsträger, Verwaltungen oder – dies vor allem – die Öffentlichkeit. Insbesondere Nichtfachleute können in den wenigsten Fällen den Wahrheitsgehalt der verbreiteten Meinungen einschätzen, nehmen aber die angebotene Orientierung – gezielt oder unbewusst – auf. Die vermeintliche Autorität der Quelle ist entscheidend, und ihre Überzeugungs- bzw. Überredungskraft hängt oftmals von ganz unwissenschaftlichen Faktoren ab: im besonderen von Rhetorik und Stil. Kein Wunder also, dass sich die Medien immer dann, wenn bedeutende Sachfragen zur Diskussion stehen, der Experten bedienen und damit ihren Beiträgen wissenschaftliche Autorität verleihen. Aber auch Adressaten aus Politik und Verwaltung lassen sich auf die angebotenen Orientierungen und Tendenzen ein. Sie suchen sie sogar und passen sie in ihre vorhandenen Denk- und Glaubensstrukturen ein. Damit bilden die Adressaten zusammen mit den Ideenagenturen (den Anbietern) die bereits erwähnten Tendenzkoalitionen (im Sinne von Sabatiers ,Advocacy Coalitions', vgl. hierzu Kapitel 2.4).

Als Mitglieder dieser Koalitionen gelten neben den Politikern, Verwaltern und Ideenagenturen die Mitarbeiter von Abgeordneten, Beiräte der Ministerien, Kommissionen von Parlament und Regierung sowie Vertreter von Interessengruppen und Medien. Politik, Verwaltung und wissenschaftliche Experten stehen – wie eingangs bereits gesagt – in derart orientierungsbedürftigen Gesellschaften vor dem Problem, dass ihre Antworten auf die drängenden Fragen der Bevölkerung immer nur Annäherungen an die komplexe Wirklichkeit sein können und deshalb naturgemäß nicht selten wertgebunden sind. Und es sieht so aus, als ob insbesondere die großen politischen Parteien gegenüber den Experten hierbei einen gravierenden Nachteil hätten: ihren Antworten mangelt es an Eindeutigkeit und daher oft auch an Überzeugungskraft. Ihre Programme zeichnen sich durch Unschärfe aus und dementspre-

---

[52]   Vgl. hierzu die bereits erwähnte Debatte in der PVS 2007 und 2009 zwischen Koppo/ Schölzel und Falk et al.

chend wird ihre Handlungs- und Innovationsfähigkeit niedrig bewertet. Das Ergebnis dieser Vertrauens-, viel eher aber Glaubwürdigkeitskrise der Politik ist bekannt und wird bei Wahlen zunehmend dokumentiert. Die Public Policy Experten aber profitieren von dieser Legitimationskrise, weil sie Politik und Gesellschaft mit anscheinend verlässlichen und eindeutigen Antworten auf komplexe Fragen versorgen. Dies aber heißt nichts anderes, als dass von den Ideenagenturen letztlich in erster Linie Orientierungs- und Tendenzwissen produziert und in den Policy Prozess eingeschleust wird.

Wenn man diesen Überlegungen folgt, löst sich auch das mögliche und verständliche Missbehagen an der Behauptung, Politikberatung durch politische Ideenagenturen habe vornehmlich Orientierungscharakter und könne damit nur bedingt wissenschaftlichen Wahrheitskriterien entsprechen. Wenn die These stimmt, dass hoch differenzierte Gesellschaften orientierendes Wissen dringend benötigen und daher seine Produktion herausfordern, die etablierten Institutionen (insbesondere die großen Volksparteien) diese aber zunehmend weniger glaubwürdig bereitstellen, kommt es ganz entscheidend darauf an, dass der Markt der Wissensproduzenten zumindest ansatzweise und von seinen Strukturbedingungen her ein pluraler Markt ist. Damit ist eine wichtige Voraussetzung für die Systemkonformität orientierender Wissensproduktion und -diffusion genannt. Ohne halbwegs funktionierenden Wettbewerb hätten die behaupteten Zusammenhänge potentiell verheerende Folgen für die Gesellschaft. In einer verengten, auf die Existenz einer dominierenden herrschenden Klasse reduzierten Sichtweise, hat Peter Katzenstein die Rolle der Tendenzkoalitionen – im Zusammenhang mit der Außenhandelspolitik – denn auch folgendermaßen beschrieben:

‚The definition of policy objectives is shaped largely by the ideological outlook and material interests of the ruling coalition. Such coalitions combine elements of the dominant social classes with political power-brokers finding their institutional expression in the party system and in a variety of institutions a step removed from electoral competition – government ministries, banks, industrial associations, and large public or private corporations'.[53]

Wenn dagegen zumindest teilweise funktionierender Wettbewerb herrscht, d.h. in unserem Zusammenhang: wenn von verschiedenen Ideenagenturen durchaus widersprüchliche, aber jeweils glaubwürdige Antworten auf ohnehin nicht mit letzter Sicherheit zu beantwortende Fragen gegeben werden, können pluralistische politische Systeme durchaus Legitimität sichern, die nicht selten durch wenig überzeugende Kompromisspolitik verspielt wird. Der faktisch gescheiterte Kopenhagener Gipfel zum Klimaschutz ist hierfür ein gutes Beispiel.[54]

Mehr oder weniger pluralistisch geprägte Systeme unterscheiden sich aber bekanntlich im Hinblick auf ihre jeweiligen institutionellen Strukturen. Während z.B. in den USA Interessengruppen und Staat weitgehend getrennt sind und das gesamte politische System nach wie vor stark durch marktorientierte Vorstellungen geprägt ist, sind für die Bundesrepublik Deutschland eher verflochtene Strukturen charakteristisch. Unterschiedliche Pluralismuskonzeptionen spiegeln sich im institutionellen Gefüge der Ideenagenturen wider, ohne dass damit zwangsläufig funktionale Differenzen verbunden sind. Die Existenz eines entsprechen-

---

[53] Katzenstein 1978, S. 306/308.

[54] Vgl. zum Protokoll des Scheiterns SPIEGEL 18/2010.

den sektoralen Marktes in den USA ist demnach ebenso erklärlich wie dessen weitgehendes Fehlen in Deutschland.[55]

Im parlamentarischen Regierungssystem Deutschlands finden sich, wie bereits gesagt, nur wenige Institutionen, die den organisatorisch unabhängigen, am Markt operierenden Think Tanks amerikanischer Provenienz entsprechen. Typisch ist dagegen die an eine Interessengruppe oder Partei angeschlossene Forschungs- und Beratungsinstitution. Dass es sich dabei keineswegs um eine spezifisch deutsche Eigenart, sondern vielmehr um eine unmittelbar mit parlamentarischen Regierungsstrukturen verbundene Organisationsform handelt, zeigt das Beispiel Großbritanniens: Auch hier finden sich nur wenige organisatorisch unabhängige Ideenagenturen, während in Regierung und Verwaltung integrierte Gremien die Beratungslandschaft dominieren. Ein präsidentielles Regierungssystem wie das der USA erfordert andere institutionelle Beratungsstrukturen als eine parlamentarische Demokratie: Unterschiedliche Gewaltenteilungs- bzw. Gewaltenverschränkungsstrukturen mit ihren Folgen für die Parteien- und Verbändegefüge prägen das Aussehen der politischen Beratungsinstitutionen.

Damit sind gleichzeitig die Fragen umrissen, auf die im Folgenden einige Antworten gesucht werden sollen: Welche Akteurskonstellationen prägen den Markt externer Politikberatung in modernen, westlichen Demokratien? Unter welchen Bedingungen arbeiten sie? Welche Funktionen erfüllen sie im politischen Prozess? Welche Strategien werden angewendet?

Erst vor dem institutionellen Hintergrund lassen sich deshalb also Fragen nach dem konkreten Einfluss von Ideenagenturen auf den politischen Prozess beantworten. Skepsis scheint aber angebracht, ob man tatsächlich überzeugende Antworten auf die Frage nach der Wirkung finden wird. Viel eher ist anzunehmen, dass man lediglich im Rahmen von Fallstudien Spuren des Einflusses nachweisen kann. Hierfür gibt es in der Literatur zumindest einige wenige Anhaltspunkte. So hat John Kingdon beispielsweise beobachten können, dass bei insgesamt 23 untersuchten Fällen in 15 Fällen der Einfluss von Policy Entrepreneurs als sehr groß bzw. groß eingeschätzt wurde. Obwohl keine einzige Institution direkt verantwortlich für die Formulierung der Politik war, wurde ihre Rolle von den meisten Beobachtern aber als zentral eingeschätzt. Ähnliches gilt für die Fallstudien von Nelson Polsby, mit denen er gelungene, Politik initiierende Einflussnahmen nachweisen kann.[56]

1.3.2 Theoretische Überlegungen zur Rolle von Ideenagenturen im Policy Prozess

Der Analyse von Ideenagenturen liegt ein funktionalistisches Verständnis zugrunde, wonach diese Institutionen die für die Gesellschaft wichtige Aufgabe haben, Orientierungswissen zu schaffen und dieses in den politischen Meinungs- und Willensbildungsprozess einzubringen.

---

[55] Ähnlich sieht dies Monange 2008, der Think Tanks in den USA, Frankreich und auf der Ebene der EU vergleicht: ‚Scrutinizing the activities of think tanks as a place where ‚experts' claim to inform and influence policymakers is, in that sense, a way to revisit and rethink the relations between power and knowledge.'

[56] Kingdon 1984, S. 189; Polsby 1994.

In diesem Zusammenhang sei beispielhaft auf die Theorie der ‚strategischen Eliten' hingewiesen, wie sie erstmals von Suzanne Keller formuliert worden ist. Strategische Eliten sind
nach Keller effiziente und verantwortliche Minderheiten, deren Existenz in Phasen rasanten
gesellschaftlichen Wandels besonders deutlich wird.

Im Übergang von der Industriegesellschaft zur Informations- und Dienstleistungsgesellschaft
vervielfältigten sich daher auch die politischen Führungsgruppen. Diese Pluralisierung veränderte indes auch die funktionale Bedeutung der strategischen Eliten, die ‚as guardians and
creators of collective values, and as managers of collective aims and ambitions'[57] kooperative
und koordinierende Aufgaben übernommen haben. Sie gehören zur oben erwähnten politischen Deutungskultur des jeweiligen Landes, verstanden als die institutionell verfestigte,
nationale Konstellation politisch relevanter Werte und Belief Systems. Karl Rohe hat diesen
Teilbereich der Politischen Kultur – wie erwähnt – als ein erkennbares und immer wieder zu
verdeutlichendes politisches Design beschrieben, das zu den von ihm als politische Soziokultur bezeichneten Vorstellungen der Bürger passen muss. Die strategischen Eliten der Ideenagenturen haben die Aufgabe, jeweils unterschiedliche Deutungsangebote zu machen, die
mit den in den Vorstellungswelten der Bürger gespeicherten Konzepten und Regeln verein-
bar sind. Die Analyse dieser Institutionen und ihrer Rolle im politischen Meinungs- und
Willensbildungsprozess muss daher um den Nachweis bemüht sein, ob und wie sich die
jeweils unterschiedlich akzentuierten Politischen Kulturen von Staaten auf die Deutungskultur der Ideenagenturen auswirkt, denn ‚in modernen Gesellschaften haben wir es stets (...)
mit mehr oder minder professionalisierten Interpreten und Produzenten von politischen
Wirklichkeitsbildern zu tun, die Sinn- und Deutungsangebote für andere fabrizieren.'

Damit rückt der ‚wechselseitige Bezug von politischen Ideen und Politischer Kultur und der
Einfluss von Ideen auf die Politik in den Mittelpunkt der Aufmerksamkeit. Von politischer
Deutungskultur zu sprechen heißt stets, politische Ideen und politische Zeichen in ihrer (politischen) Kultur- und Gruppenbezogenheit zu sehen und genau zu fragen, von wem für wen
die politische Welt ausgelegt wird.'[58] Damit ist der akteurstheoretische Rahmen markiert, in
dem sich die institutionelle Analyse der Ideenagenturen und ihres Einflusses im Policy Prozess bewegt.

Diese Überlegungen setzen eine Abkehr von Entscheidungsmodellen voraus, die auf ausschließlich rationalen Handlungskonzepten beruhen und damit unterstellen, dass Akteure die
Mittel zur Erreichung von Zielen ausschließlich nach Effizienzkriterien einsetzen, ungeachtet
politisch-kulturell geprägter Deutungsmuster. Demgegenüber sei hier mit Amitai Etzioni
behauptet, dass Akteure die Mittel weitgehend auf der Grundlage von Affekten, Emotionen
und Werturteilen auswählen und sich in zweiter Linie auf logisch-empirische, rationale
Überlegungen stützen. Ihre Entscheidungen sind daher sub-rational, selbst wenn sie glauben,
ausschließlich rational gehandelt zu haben.[59] In genau diesen Fällen aber gewinnt Orientie-

---

[57]   Keller 1963, S. 5–6.

[58]   Rohe 1994, S. 168–169.

[59]   Etzioni 1988, S. XI.

rungswissen seine große Bedeutung und ermöglicht Entscheidungen, die zwar auf normativ-affektiven Einstellungen beruhen, damit aber keineswegs ineffizient oder gar falsch sind.

Selbst strenge Rationalisten dürften einräumen, dass Entscheidungen über Ziele zumeist wertgebunden sind. Über die Mittel aber – so die gängige Meinung – lasse sich nicht streiten, sie unterlägen eindeutig und ausschließlich den Kriterien der Rationalität. Dagegen sei hier behauptet, dass es gerade auch die Entscheidungen über den Mitteleinsatz sind, die normativ-affektiven Einstellungen unterliegen:

‚normative-affective factors shape to a significant extent the information that is gathered, the ways it is processed, the inferences that are drawn, the options that are being considered, and the options that are finally chosen. That is, to a significant extent, cognition, inference, and judgements – hence decision-making – are not logical-empirical endeavors but are governed by normative-affective (non-cognitive) factors, reflecting individual, psycho-dynamic and (...) collective processes‘.[60]

Eine besondere Rolle bei derart charakterisierten Entscheidungsprozessen spielen nicht zuletzt die Modalitäten der Informationsgewinnung, die ihrerseits vor dem Hintergrund wertgebundener Einstellungen gesehen werden muss. Normativ-affektive Faktoren bestimmen, welche Informationen ausgewählt und aufgenommen werden, ob man sich stärker auf Bücher, Zeitungen oder andere Medien verlässt und wie man die gewonnenen Informationen schließlich interpretiert.

Folgt man diesen Überlegungen, durch die das Konzept des ‚rational man‘ (und damit auch ganz nebenbei das des ‚homo oeconomicus‘) radikal in Frage gestellt wird, gewinnt die Frage an Bedeutung, welche Institutionen diesen normativ-affektiven Entscheidungsprozess beeinflussen. Sabatiers bereits erwähntes Konzept von ‚Advocacy Coalitions‘ (hier als ‚Tendenzkoalitionen‘ übersetzt) gibt eine mögliche Antwort. Er will mit seinem Modell eine Lücke in der Forschung schließen helfen, die durch die Ausblendung normativ-affektiver Faktoren bedingt ist (vgl. hierzu die ausführlichere Darstellung seines Policy Ansatzes in Kapitel 2.4).

Paul Sabatier geht von dem prinzipiell großen und zumeist unterschätzten Einfluss von Wissenschaftlern, Journalisten und Verbänden im Policy Prozess aus. Die verfügbare Policy Literatur hat diesen Sachverhalt zwischenzeitlich eindrucksvoll bestätigt.[61] Die in unserem Zusammenhang wichtigsten Ergebnisse lauten: 1. Wichtige Informationen werden zumeist in einer befürwortenden oder ablehnenden Haltung verwendet (‚advocacy‘), ihnen wird also eine ‚Tendenz‘ gegeben, um eine Position zu stärken oder zu schwächen. 2. Nur selten beeinflusst ein spezielles Forschungsergebnis den politischen Entscheidungsprozess ganz unmittelbar. Viel eher werden – nach vorhandenen Werthaltungen und Denkmustern – Forschungsergebnisse graduell und zeitlich verzögert in vorhandene Problemsichten eingebaut. Entscheidender als die Forschungsergebnisse selbst ist ihre Verwendung im Beziehungsgeflecht von Tendenzkoalitionen.

---

[60] Ebd., S. 94.

[61] Sabatier 2008.

Sabatier geht davon aus, dass relativ stabile Tendenzkoalitionen allenthalben versuchen, ihre Politikziele gegenüber anderen durchzusetzen. Dabei versichern sie sich notwendigerweise wissenschaftlichen Sachverstandes und finden diesen bei den Ideenagenturen, die wissenschaftliche Munition in vorhersagbarer Tendenz liefern können:

‚An advocacy coalition consists of actors from many public and private organizations at all levels of government who share a set of basic beliefs (policy goals plus causal and other perceptions) and who seek to manipulate the rules of various governmental institutions to achieve those goals over time. Conflict among coalitions is mediated by ‚policy brokers‘, i.e. actors more concerned with stability than with achieving policy goals‘.[62]

Besondere Bedeutung haben die politischen Ideenagenturen in Situationen, in denen der politische Konsens brüchig ist: Die Krise bietet den Agenturen das gewünschte Entrée, weil ihre Stimme im Policy Prozess benötigt wird. Bei Routinepolitik wird man sich dagegen eher an die vorhandenen internen Beratungsgremien wenden.

Es sollte deutlich geworden sein, dass der Begriff der Tendenzkoalition sich also keineswegs auf parteipolitische Konstellationen beziehen muss. Mit ‚Tendenz‘ sind vielmehr – dies sei hier nochmals betont, um terminologischen Missverständnissen vorzubeugen – ähnliche, ganz grundlegende Einstellungen, Denk- und Handlungsstrukturen von politischen Akteuren gemeint. Sie können sich parteipolitisch durchaus verdichten, dies ist aber keine notwendige Bedingung des Konzepts der Tendenzkoalitionen. Es ist damit evident, dass der hier verwendete Begriff der ‚Koalition‘ nicht demjenigen des kontinentaleuropäischen Politikverständnisses entspricht, wo er auf zeitlich begrenzte Zusammenschlüsse von politischen Parteien abzielt. Angesichts des Trends in der internationalen Diskussion, ‚Koalitionen‘ als allgemeine soziale Phänomene anzusehen, ist aber nicht einzusehen, warum nicht der allgemeinen Definition von William Riker gefolgt werden kann: Koalition als ‚political grouping less permanent than a party or a faction or an interest group‘.[63] Angesichts dieser, dem Charakter der Tendenzkoalition sehr nahekommenden Konnotation, lässt sich eine Verwendung im hier präsentierten Kontext rechtfertigen, wenn man nicht ganz auf eine Übersetzung verzichten und beim amerikanischen Begriff bleiben will.

Die von Sabatier in den Mittelpunkt gerückten Belief Systems von Advocacy Coalitions, verstanden als Set von grundlegenden Wertvorstellungen, Kausalannahmen und Problemwahrnehmungen deuten eher in die hier vertretene Richtung der ideologischen Tendenzkoalitionen. Es sei allerdings nochmals darauf hingewiesen, dass es in unserem Zusammenhang an dieser Stelle nicht darum gehen kann, Sabatiers Ansatz ausführlich zu diskutieren oder gar konsequent anzuwenden und empirisch zu überprüfen. Er dient hier lediglich im Sinne eines analytischen Fokus dazu, die Aggregation von Akteuren in spezifischen institutionellen Konstellationen (Ideenagenturen) über die Annahme zu begründen, dass Personen aus verschiedenen Organisationen gemeinsame normative und kausale Vorstellungen haben und ihre Handlungen dementsprechend in ihrer Tendenz abstimmen (Tendenzkoalitionen).

---

[62] Sabatier 1991, S. 151/153.

[63] Riker 1962.

1.3.3   Ideenagenturen im politischen Prozess – Ergebnisse der Forschung

Die exakte Stellung der Ideenagenturen im Verlaufsschema des politischen Entscheidungs-
und Willensbildungsprozesses (dem Policy Cycle) lässt sich nur unter Schwierigkeiten eindeutig beschreiben (vgl. Kapitel 2.1). Charles Lindblom hat im Hinblick auf dieses Problem
daher den allgegenwärtigen Einfluss dieser Institutionen (im Sinne eines Netzwerks) auf alle
Phasen des politischen Prozesses hervorgehoben. Priorität kommt jedoch zweifelsohne den
Phasen der Themenidentifikation (,issue-identification') und der Thematisierung (,agenda-
setting') zu.[64] Joseph Peschek verweist in seiner empirischen Untersuchung auf die Bedeutung des ,agenda-setting', das von der Policy Forschung in der Regel nicht erfasst werde:

,Political scientists who examine policy only as the outcome either of intergovernmental
processes or of overt interest group pressure from outside the government will miss the sig-
nificance of policy planning groups in the political process, for it is at the more subtle levels
of identifying and defining problems, shaping public understanding of issues, and constructing a political agenda that their impact is felt'.[65]

Everet Lindquist schließlich hat zur Beschreibung und Analyse der Rolle der Ideenagenturen
einen Erklärungsansatz entwickelt, der diese funktionale Rolle verdeutlicht. Danach identifiziert er als Mitglieder der jeweiligen ,policy issue-networks' die ,decision community', die
,academic community' sowie die ,third community'; Ideenagenturen wären danach Teil der
von ihm so genannten third community.[66]

Tendenziell entspricht dieser Ansatz dem älteren der ,issue-networks', der gedanklich schon
in den 50er Jahren mit Blick auf mehr oder weniger fest gefügte ,iron triangles' bzw.
,subgovernments' konzipiert wurde, lassen sich Heclos issue networks durch eine charakte-
ristische Fluktuation kennzeichnen:

,Iron triangles and subgovernments suggest a stable set of participants coalesced to control
fairly narrow public programs which are in the direct economic interest of each party to the
alliance. Issue networks are almost the reverse image in each respect. Participants move in
and out of the networks constantly. Rather than groups united in dominance over a program,
no one, as far as one can tell, is in control of the policies and issues. Any direct material
interest is often secondary to intellectual or emotional commitment. Network members rein-
force each others's sense of issues as their interests, rather than (as standard political or economic models would have it) interests defining positions on issues'.

,Issue networks' operieren auf verschiedenen Ebenen des politischen Prozesses und haben
dabei insbesondere ihre ,issue skills' zu beweisen:

---

[64]   Lindblom 1980, S. 3.

[65]   Peschek 1987, S. 7.

[66]   Lindquist 1989, S. 107a, S. 109a sowie S. 26a.

‚The price of buying into one or another issue network is watching, reading, talking about and trying to act on particular policy problems. Powerful interest groups can be found represented in networks but so too can individuals in or out of government who have a reputation for being knowledgable'.

Diese ‚expert issue watchers' selbst bilden nicht nur einen Teil der Netzwerke, sondern stellen auch die Infrastruktur zur Zusammenarbeit mit anderen Elitenmitgliedern bereit. Gemeinsam widmen sich diese Ideenagenturen der Beeinflussung der eigentlichen Entscheidungsträger sowie der Öffentlichkeit. Heclo spricht in diesem Zusammenhang denn auch von ‚policy politicians – experts in using experts, victuallers of knowledge in a world hungry for right decisions'.[67]

Damit ist exakt die Agenturfunktion umrissen, die hier im Rahmen des eingangs dargestellten Konzepts von Tendenzkoalitionen als entscheidend für den Policy Prozess interpretiert werden soll. Der Vorteil dieses Ansatzes gegenüber dem Konzept der ‚issue networks' besteht nicht so sehr in struktureller Hinsicht, sondern in inhaltlicher. Der Netzwerkbegriff bringt nicht deutlich genug zum Ausdruck, dass die Akteure in derartigen Strukturen durchaus Interessen verfolgen, mithin eine Tendenz in ihren Arbeiten erkennbar sein müsste, um sich als Mitglied der Tendenzkoalition zu identifizieren. Dieses Konzept ist aber ohne weiteres kompatibel mit den referierten, durchaus ähnlichen theoretischen Netzwerk-Modellen:

‚Although characterized variously as involving Interest Groups, Iron Triangles, Advocacy Coalitions, Issue Networks and Policy Networks, the point is the same. Small networks of policy specialists congregate for specific issues, set agendas and formulate policies outside the formal bureaucratic channels. Thus decisions are made by coalitions of interest groups, bureaucrats, and elected officials. Such groups may also serve as brokers for admitting new ideas into decision making circles. (...) Key locations (...) from which they could gain significant leverage over policy choices, include think tanks, regulatory agencies, and governmental policy research bodies'.[68]

1.3.4 Ideenagenturen und die Öffentlichkeit

Sabatier lokalisiert die Ideenagenturen in einem Kontinuum zwischen verschiedenen Tendenzkoalitionen. Diese Beobachtung muss aber insoweit differenziert werden, als die Institutionen auch integrierte Teile von Tendenzkoalitionen sein können. Unter funktionalen Gesichtspunkten macht dies aber keinen Unterschied, denn strategisch sind diese Eliten zwischen den Entscheidern, den Wissenschaften und den Massenmedien zu verorten. Zwischen diesen drei ‚communities' fällt ihnen – unabhängig von ihrer jeweiligen Institutionalisierung – die Vermittlungs- und Übersetzungsaufgabe zu. Das bedeutet konkret: Kommentierende und wertende Transferleistungen für Medien und Politik. Dies kann sich sowohl auf die

---

[67] Heclo 1978, S. 102–103.

[68] Haas 1990, S. 41. Dass dies nicht so neu ist, wie der Autor behauptet, wurde bereits vorne unter dem Stichwort ‚epistemic communities' kritisiert. An der Tatsache, dass sie vorhanden sind, ändert dies freilich nichts.

Verbreitung eigener Produkte, aber auch die Interpretation anderer, mittels wissenschaftlicher Methoden ermittelter Erkenntnisse, beziehen.

In den Vereinigten Staaten nennt man diese Ideenagenturen auch, wegen ihres Einflusses auf die Informationsvermittlung im Fernsehen, ‚news shapers'. Die Experten aus den Think Tanks, zu denen in den USA auch und gerade ehemalige Spitzenpolitiker gehören, produzieren mit hoher Verlässlichkeit ‚sound bites', griffige Formeln, die dem Vermittlungsniveau vor allem des Fernsehens genau entsprechen. Es handelt sich hierbei fast schon um eine elitäre Bruderschaft der immer abrufbereiten, zuverlässigen Kommentatoren, die insbesondere Nachrichtensendungen und politische Talkshows mit Bruchstücken atemberaubend konventioneller Erklärungen und oftmals schlichten Lebensweisheiten beliefern.

Je mehr talkshowartige Sendungen es gab, um so mehr ist der Hunger nach diesen Zitatkönigen und umso mehr Experten entschieden, dass sie für das Fernsehen ganz besonders geeignet seien. Es konnte nicht ausbleiben, dass sich eine Gilde von Experten herausbildete, die es geradezu darauf anlegen, im Fernsehen befragt zu werden. Müßig ist die Frage, ob es sich hierbei um ein vom Fernsehen erst hervorgerufenes Phänomen handelt, oder ob die Experten die Studios von sich aus gestürmt haben. Unstrittig ist, dass dieses Henne-Ei-Problem in dem Maße virulent geworden ist, in dem sich das Fernsehen der vergleichsweise billigen Sendeform der Nachrichten-Talkshow bedient. Ein Trend, der bekanntlich auch im deutschen Fernsehen schon seit längerem zu beobachten ist. In dem gleichen Maße, wie sich Horden von selbsternannten Experten (oder Träger von Professorentiteln) zum Sturm auf das Medium rüsten, Think Tanks regelrechte Stabsabteilungen zur Produktion von kurzen, einprägsamen Statements einrichten, verlieren die Inhalte der Kommentare selbst an Bedeutung.

Information und Kommunikation von Ideen stehen – so unsere Annahme – im Mittelpunkt der Tätigkeit von Ideenagenturen. Ziel der Tätigkeit ist nicht erst das ‚agenda-setting', sondern schon seine Vorstufe, die Policy Initiation: ‚the politics of inventing, winnowing, and finding and gaining adherents for policy alternatives before they are made a part of a ‚program'.'[69]

Träger dieses auch als ‚issue identification' bezeichneten Prozesses sind jedenfalls die Individuen innerhalb dieser Organisationen. Sie unterliegen dabei dem von den leitenden Gremien bzw. Personen dieser Organisationen festgelegten Arbeitsplan. In der Regel wird zu Beginn eines Jahres bestimmt, welche Einheiten der Organisation welche Themen bearbeiten. Mitsprachemöglichkeiten der Einheiten bestehen zwar, müssen aber in den Gesamt-Arbeitsplan eingepasst und koordiniert werden. Dieser ist seinerseits abhängig von der jeweiligen Zielsetzung der Organisation sowie den Erfordernissen des ‚Marktes', der schließlich die ‚Produkte' der Organisation aufnehmen und verwerten muss. Die Strategien der einzelnen Institutionen sind dabei ihrerseits sehr verschieden und werden gleichfalls von Marketingerwägungen bestimmt.

Während man sich in der Bundesrepublik Deutschland in erster Linie auf die Produkterstellung beschränken kann und die Verwertung den jeweiligen Adressaten überlässt, betätigen

---

[69]   Polsby 1984, S. 3.

sich die Ideenagenturen in dem größeren und freieren Markt der USA zumeist wie Anbieter, die ihr Produkt so gut wie möglich vermarkten wollen. Man begnügt sich – aufgrund der großen Konkurrenz nolens volens – nicht mit der Themenidentifizierung, sondern versucht sich darüber hinaus auch in der Themenstrukturierung. Während jene sich weitgehend im Rahmen der Institution abspielt und die Organisationsform des Forschungsinstituts nahelegt, erfordert diese eine Marketingleistung, die nur wenige der deutschen Institute leisten (können): gezielt an den Mann oder die Frau gebrachte Hintergrundinformation, geschickt platzierte Meinungsartikel in der renommierten Tageszeitung, öffentlichkeitswirksame Auftritte in Talkshows dienen dabei dem Zweck, die Öffentliche Meinung von der Bedeutsamkeit der Produkte der Institution zu überzeugen und damit politisch wirksame Themenstrukturierung zu erreichen. Einige Autoren gehen so weit, diesen Institutionen den Charakter einer politischen Gewalt zuzubilligen:

‚Media punditry has become a growth industry. That is certainly the case in politics. The various media organizations draw on a corps of people who claim expertise, special knowledge, and the opportunity to demonstrate their authority in public forums. (...) punditry now constitutes a fifth estate alongside Montesquieu's three and Burke's four. Punditry is a knowledge industry that has grown into a political force demanding recognition, understanding, and reckoning'.[70]

1.3.5   Typen und Funktionen

Bei der Arbeit der Ideenagenturen handelt es sich im Wesentlichen um Beiträge zum gesellschaftlichen ‚agenda-setting', der durchaus wertgebundenen Schaffung und Diskussion von Anlässen und Ereignissen also. Denn welche Themen auf die Agenda kommen und welches Schicksal sie dort erleiden, hängt schließlich im Falle der Ideenagenturen von forschungspolitischen und in unserem Falle noch mehr von interessen- und wertgebundenen Vorentscheidungen ab. Im Übrigen ist nach dem jeweiligen Politikfeld zu unterscheiden, in denen sich z.T. ganz unterschiedliche Institutionenkulturen herausgebildet haben.[71]

Wissenschaftlichkeit einerseits und Markt- bzw. Öffentlichkeitsorientierung andererseits legen eine formale Abgrenzung der hier als Teile von Tendenzkoalitionen eingeführten Ideenagenturen von staatlich finanzierten oder kommerziellen Forschungsorganisationen und internen Beratungsgremien von Regierung und Parlament nahe. Renate Mayntz hat in ihrer systematischen, organisationssoziologischen Analyse der wissenschaftlichen Institutionen unterschieden zwischen (1) hochschulfreier, nicht-kommerzieller, öffentlich finanzierter Forschung, (2) Hochschulforschung, (3) Unternehmensforschung, (4) industrieller Gemein-

---

[70] Nimmo/ Combs 1992, S. 20.

[71] Vgl. ganz allgemein die zahllosen Arbeiten von James McGann und seinem Think Tanks & Civil Societies Program zu Thinks Tanks in aller Welt, der an einer weltweiten Datenbank arbeitet, die inzwischen über 5000 Think Tanks sehr unterschiedlicher Verfassung enthält. Vgl. als ein Beispiel McGann 2007.

schaftsforschung, (5) kommerzieller Forschung und (6) der Forschung durch gemeinnützige Vereine (nicht-kommerziell, nicht-institutionell gefördert, d.h. auftragsabhängig).[72]

Die meisten der hier behandelten Institutionen gehören zu dem letztgenannten Typ, der aber nicht vollständig das Feld repräsentiert. Bei Mayntz fehlen die an Interessengruppen angebundenen Forscher, die wissenschaftlichen Forschungsinstitute der parteinahen Stiftungen, die gemeinnützigen Gesellschaften mit beschränkter Haftung und die nicht-gemeinnützigen Vereine, die Forschung betreiben, ohne damit notwendigerweise kommerziell zu sein. Andere Autoren verweisen in einschlägigen, gleichfalls akteurstheoretisch orientierten Studien für die Bundesrepublik Deutschland zu recht darauf, dass die Größenordnung der hier zu den Ideenagenturen gezählten Institute v.a. des Verbände und Parteienbereichs ,mangels verfügbarer Daten nur schwer abzuschätzen'[73] sei.

Aber nicht nur die Größenordnung des Sektors ist schwer zu ermitteln. Schon bei der Frage nach den Mitgliedern der Tendenzkoalitionen ergeben sich Schwierigkeiten, die sich mit dem von Mayntz und anderen gewählten Klassifizierungsansatz nicht befriedigend lösen lassen. Mit Aussagen über die Finanzierungsmodalitäten als entscheidendem Kriterium ist jedenfalls noch recht wenig über die tatsächliche Rolle sowie das jeweilige Selbstverständnis der Ideenagenturen gesagt.

Im Wesentlichen erfüllen die politischen Ideenagenturen vier Funktionen im politischen Prozess: Informations- und Ideengewinnung (Produktion), Informations- und Ideenverbreitung (Diffusion), Allokations- und Netzwerksfunktion (Networking) und Elitentransfer bzw. -rekrutierung (Transformation).

Die Produktion von Informationen und Ideen ist die vielleicht naheliegendste Aufgabe von politischen Ideenagenturen. Aber auch dabei unterscheiden sich die einzelnen Institutionen je nachdem, welche Themen ausgewählt, welche Mitarbeiter mit welchen Inhalten beschäftigt werden.

Mindestens ebenso bedeutsam wie die Erzeugung von Wissen ist dessen Verbreitung und Vermarktung. Dies gilt im besonderen – wie bereits ausgeführt – in der Phase des ,agendasetting', während der Medien und spezialisierte Öffentlichkeiten mit Publikationen regelrecht überschwemmt werden. Die Ideenagenturen nutzen dabei unterschiedliche Kanäle und Instrumente (Bücher, Memos, Zeitungs- und Zeitschriftenartikel, Fernsehauftritte, ,briefings', etc.). Wichtigstes Ziel ihrer Aktivitäten ist eine hohe Sichtbarkeit in der öffentlichen Thematisierungsphase. Gleichzeitig sind die professionellen Informationsmanager der Öffentlichkeit auf die Dienstleistungen der Ideenagenturen angewiesen.

Sie stellen aber auch Möglichkeiten zum Kontakt und gegenseitigen Austausch zwischen Politikern, Administratoren und ihren Mitarbeitern bereit. Mit der Veranstaltung von Seminaren, Symposien, Konferenzen und Vorträgen bieten sie hierfür geeignete Infrastrukturen.

---

[72]   Mayntz 1985, S. 9–10.

[73]   Hohn/ Schimank 1990, S. 40.

Aber dies ist nicht das ganze Bild. Neben den auf die Gewinnung und Verbreitung von Informationen und Ideen ausgerichteten Funktionen widmen sich die Ideenagenturen in unterschiedlicher Intensität der Rekrutierung von Politikern und Administratoren sowie dem Transfer von Führungspersonal. In den Vereinigten Staaten haben die politischen Think Tanks zumindest teilweise diese Rekrutierungs- und Transformationsfunktion von den hierbei vergleichsweise ineffizienten politischen Parteien übernommen. Sie verstehen sich häufig als ‚clearing station' im Prozess des ‚in-and-out'. Hierbei handelt es sich um den Transfer von Fachleuten, deren Karriere im Rahmen eines inhaltlichen Spezialgebietes angelegt ist (...) und die im Laufe ihrer Karriere zwischen Positionen in und außerhalb der Bürokratie wechseln'.[74] Als typisch sei die entsprechende Karriere des ehemaligen amerikanischen Vizepräsidenten Dick Cheney erwähnt, der nach dem Ende seiner Zeit als Verteidigungsminister unter George H.W. Bush mit anderen Gleichgesinnten ins American Enterprise Institute übersiedelte und sich dort auf die erneute Berufung in eine Administration vorbereitete. Er nutzte die Zeit, um strategische Pläne v.a. mit Blick auf den Irak zu entwickeln, die er zusammen mit den anderen sog. Neo-Straussianern (Wolfowitz, Rumsfeld et al.) dann innerhalb der Administration von George W. Bush umsetzen konnte.

Ausgehend von diesem Funktionskatalog und unter Einbezug organisatorischer Merkmale lassen sich drei Typen von Ideenagenturen unterscheiden. Der erste Typ wird gebildet durch die ‚Universitäten ohne Studenten'. Diese Organisationen arbeiten vornehmlich mit Wissenschaftlern, die gerade so gut an Universitäten oder staatlichen wissenschaftlichen Instituten lehren und forschen könnten. Viele wechseln denn auch häufig zwischen Institut und Universität. Ihre Arbeit schlägt sich in der Regel in längeren wissenschaftlichen Monographien oder in Beiträgen zur laufenden wissenschaftlichen Debatte (z.B. in Konferenzbeiträgen oder Zeitschriftenaufsätzen) nieder.

In den USA kommt hinzu, dass aus dem Rampenlicht aktiver Politik getretene Politiker und ehemalige Administratoren sich häufig in diese Institutionen zurückziehen – nicht zuletzt um sich gegebenenfalls für den Wiedereinstieg in Machtpositionen bereit zu halten (s.o.). Zu diesem Typ von Ideenagenturen gehören in der Bundesrepublik Deutschland u.a. die großen Wirtschaftsforschungsinstitute, die Stiftung Wissenschaft und Politik (SWP) und die Deutsche Gesellschaft für Auswärtige Politik (DGAP) in Berlin. In den USA sind die traditionellen Politikforschungs- und Beratungsinstitutionen wie die RAND Corporation oder die Brookings Institution diesem Typus zuzuordnen. Hier wird – immer noch – in erster Linie Wissenschaft betrieben. Interessen und politische Vorlieben sind in dem einen oder anderen Falle zwar durchaus erkennbar, dominieren aber sicherlich nicht. Man kann wohl davon ausgehen, dass diese Institutionen jeweils für sich an Universitätsmaßstäben zu messen sind. Ausführliche Gespräche mit Repräsentanten dieser Institute haben aber gezeigt, dass die Konkurrenz von stärker interessengeleiteten Instituten – allerdings abgestuft nach Politikbereichen – doch zunehmend spürbar wird.

Das von den meisten Institutsmitarbeitern bisher als angenehm empfundene Forschungsklima wird rauer, die mediale Öffentlichkeit muss (soll) verstärkt gesucht werden. Die Univer-

---

[74]   Jann 1988, S. 50.

sitäten ohne Studenten widmen sich also nach wie vor eher grundsätzlichen Problemen und arbeiten diese wissenschaftlich auf. Während aber beispielsweise das Wissenschaftszentrum Berlin sehr ausdrücklich auf diese Arbeitsweise verpflichtet worden ist, lassen sich bei anderen Instituten durchaus neue Akzentsetzungen erkennen, die den Organisationen ein deutlicheres Orientierungsprofil geben sollen. Aus leitenden Kreisen dieser Organisationen wird darauf hingewiesen, dass man sich der Konkurrenz der ‚consultants' und Public Affairs Fachleute der Unternehmen nur durch mehr und stärker inhaltlich akzentuierte Öffentlichkeitsarbeit erwehren könne. Pressekonferenzen und – oberflächliche – Kurzberichte sind zu einem der wichtigsten Werkzeuge der meisten Institute geworden.

Beherrschendes Ziel wird die Medienpräsenz, die kontinuierliche Mitbestimmung der ‚agenda'. Daneben spielen aber die traditionellen Kanäle der Politikberatung nach wie vor eine Rolle: Es werden immer noch für die wissenschaftliche Reputation nötige Fachbücher geschrieben, obwohl gerade Politiker und Administratoren unisono über Umfang und zu wissenschaftlich geratene Inhalte klagen. Generell kann man sagen, dass die Institute diesen Typs sich zwar den veränderten Rahmenbedingungen stellen (müssen), dies aber noch keine deutlich spürbaren bzw. von außen erkennbaren Auswirkungen auf ihre Ziele und Strategien hat.

Einen zweiten Typ von Ideenagenturen stellen die organisatorisch unabhängigen, nicht direkt von einer Partei oder Interessengruppe dominierten Institute auf der Basis gemeinnütziger oder sonstiger, jedenfalls nicht gewinnorientierter, Vereinigungen dar: Sie sollen hier als interessenorientierte Institute bezeichnet werden. Hierunter fallen das Öko-Institut in Freiburg, das DenkwerkZUKUNFT (bis 2008 Institut für Wirtschafts- und Gesellschaftspolitik), aber auch die aus dem Frankfurter Institut hervorgegangene Stiftung Marktwirtschaft mit bester Verbindung auf die Wirtschaftsseiten der FAZ oder das Walter-Eucken-Institut. Alle diese Institute haben gemeinsam: die (nominelle) organisatorische Unabhängigkeit bei gleichzeitig deutlicher weltanschaulicher oder politischer Ausrichtung und damit die klar erkennbare Orientierung an bestimmten Interessen. Die zumeist nicht sehr großen Institute haben nicht selten als ‚Einmann Unternehmen' begonnen und sich zwischenzeitlich ihre Nischen im Beratungsmarkt gesichert. Zu dieser Gruppe werden hier auch die meisten der demoskopischen Institute gerechnet, die zwar organisatorisch zumeist private Unternehmungen sind, funktional aber einen durchaus vergleichbaren Status als Ideenagentur haben.

In den USA hat dieser Typ von interessenorientierten Instituten seit den späten 70er Jahren für Aufsehen gesorgt und nach den Einschätzungen vieler Beobachter den Trend zur Pluralisierung des Beratungsmarktes ausgelöst. Als Beispiele seien hier die Heritage Foundation (konservativ), das Cato Institute (‚libertär') sowie das Institute for Policy Studies – IPS (‚radikal') genannt. Bei den Ideenagenturen dieses Typs gewinnt neben der grundsätzlich angestrebten und nötigen wissenschaftlichen Reputierlichkeit die wertgebundene Komponente ihrer Arbeit immer stärker an Bedeutung. Ihre Zielgruppe ist sehr deutlich die eigene Tendenzkoalition, der entsprechende Argumente geliefert werden müssen, wenn man nicht vom Markt verschwinden will. Von daher verbieten sich in der Regel längere Publikationen. Demgegenüber gewinnen Netzwerkfunktionen stärker an Bedeutung. Neben der Klientel-Öffentlichkeit wird aber auch das allgemeine Publikum gesucht. Hierbei bedient man sich bevorzugt sympathisierender Medienvertreter, die im günstigsten Falle der gleichen Tendenzkoalition zuzuordnen sind. Diese Institutionen erheben zwar den Anspruch wissenschaftlicher Qualität, sind aber nur schwer von den organisatorisch eingebundenen Interessenforschern der nächsten Gruppe zu unterscheiden.

Diesen dritten Typ bilden die interessengebundenen Ideenagenturen, die Forschung v.a. zur Munitionierung strategischer Ziele der jeweiligen Klientel anbieten. In der Bundesrepublik Deutschland sind dies zumeist auch formal mehr oder weniger an einen Verband oder die Parteistiftungen angegliederte Institute: z.B. das Institut der deutschen Wirtschaft (IW), das den Gewerkschaften nahestehende Institut für Makroökonomie und Konjunkturforschung und die Forschungs- und Beratungsinstitute der parteinahen Stiftungen. Auch hierbei handelt es sich um eine heterogen zusammengesetzte Gruppe mit sehr unterschiedlichen Konstitutionen, Strategien und Zielen. Gemeinsam ist ihnen aber, dass ihr Hauptinteresse der Förderung der politischen Ziele ihrer jeweiligen Mutterorganisation dient. Wissenschaftliche Erkenntnisse müssen daher gelegentlich Opportunitätserwägungen politischer Natur geopfert werden. In den USA findet sich eine enorme Zahl solcher, zumeist kleiner Organisationen, die zumeist durch Policy Entrepreneurs geführt werden. Aber auch Parteien und Interessengruppen unterhalten solche Ideenagenturen wie z.B. das Progressive Policy Institute, das vom eher konservativen Flügel der Demokratischen Partei unter Führung des Democratic Leadership Council gegründet wurde oder das von den Gewerkschaften gegründete Economic Policy Institute. Oft lassen sich diese interessengebundenen Institute kaum von ‚consultants‘ oder Lobbyisten unterscheiden. Es handelt sich meist um kleine oder Kleinstunternehmen, an deren Spitze zwar häufig Wissenschaftler oder Personen mit wissenschaftlichem Hintergrund stehen, deren Ziel aber die kaum verhüllte (eigene) Interessendurchsetzung ist: Sie betreiben deutlich erkennbare Interessenpolitik mit wissenschaftlichen Argumenten.

1.3.6   Ideenagenturen im Kontext von Politics und Polity

Viele Autoren haben beschrieben, wie sich – unter normativem Gesichtspunkt – Politikberatung durch externe Akteure nutzen lässt und welche Grenzen deren Einfluss besitzt. Hierbei handelt es sich zumeist um eine idealisierte Sichtweise unter dem Leitmotiv: ‚Helping Government Think‘.[75] Die Legitimation dieser Perspektive wird hier keineswegs bestritten. Think Tanks und andere ‚Vordenk‘-Gremien haben durchaus eine große Bedeutung innerhalb der Politik. Es muss nur klar sein, über welche Art von Institutionen man spricht und welche Phase des politischen Prozesses gemeint ist. In unserem Falle handelt es sich um externe, gewissermaßen ‚am Markt‘ operierende Institutionen, die eigenständige Faktoren des politischen Meinungs- und Willensbildungsprozesses darstellen. Im Hinblick auf diese Akteurskonstellation gilt es jedenfalls Abschied zu nehmen vom Glauben an ausschließlich rationales Handeln im gesamten Prozess der Beratung von Politik und Verwaltung. Carol Weiss, eine Hauptvertreterin der ‚idealistischen Schule‘, erkennt die veränderten Rahmenbedingungen zumindest ansatzweise an und verdeutlicht hier noch einmal den unseren Annahmen zugrundeliegenden Ansatz:

---

[75]   Dror 1980; Weiss 1992.

‚As the variety of perspectives on the think tanks scene increases and the advice they give diverges, a cacophony is rising on some issues. Sectarian analysis, done in the interests of advocacy, is used less for illumination than for ammunition in policy contests. Rather than helping overcome fragmentation, analysis may merely be changing the language in which the fragments contend. Each side now brandishes the latest analytic findings generated by its own unit. (...). So many ideas and arguments are in contention that chances for agreement on some issues appear to recede'.[76]

Dieses Schicksal wurde auch den v.a. gegen Ende der 60er Jahre in der deutschen Diskussion dominierenden theoretischen Vorstellungen des Politikberatungsprozesses zuteil, die hier nicht einzeln diskutiert werden sollen. Man glaubte, dass ein als pragmatistisch bezeichnetes Modell – gegenüber einem dezisionistischen und einem technokratischen – am ehesten demokratieverträglich sei, da in ihm die dauerhafte, hierarchiefreie Kooperation und Kommunikation zwischen Wissenschaft und Politik sowie der Öffentlichkeit als Kontrollinstanz gewährleistet sei:

‚Angestrebt wird eine wechselseitige Kommunikation, bei der einerseits die Wissenschaftler die Politiker beraten und umgekehrt die Politiker die Wissenschaftler nach Bedürfnissen der Praxis beauftragen. Die Beratung soll auf der Basis einer langfristigen Zusammenarbeit in dauernder Wechselbeziehung mit Parlament und Öffentlichkeit durchgeführt werden, in der beide Seiten voneinander lernen und sich gegenseitig belehren'.[77]

Wie bei der oben genannten Policy Literatur handelt es sich hierbei um eine eher idealisierte, normativ geprägte Sichtweise, die genau den Politics Aspekt ausblendet, auf dessen Integration wir so großen Wert legen. Diese einseitige Policy Literatur bietet denn auch keine zusätzlichen Anhaltspunkte für die institutionelle Analyse der Ideenagenturen.

Für die zumeist an vorhandenen Denk- und Glaubensstrukturen orientierte Verwendung sozialwissenschaftlicher Informationen im Rahmen deutscher Ministerialbürokratien wurden in der Tat einige empirische Nachweise gefunden, auch wenn das Hauptergebnis darin besteht, dass wissenschaftliche Information nur selten direkt in den politischen Entscheidungsprozess eingeht und ihr Nutzen jedenfalls empirisch kaum messbar ist. Diesen Erkenntnissen ist hier grundsätzlich eine – allerdings gewichtige – Aussage hinzuzufügen: Wenn die theoretische Annahme von dem normativ-affektiv geprägten Entscheidungsprozess richtig ist und man für diesen Prozess die Bedeutung der Ideenagenturen innerhalb der Tendenzkoalitionen anerkennt, sind die kognitiv-rationalen Politikberatungsmodelle zu relativieren.

Damit wäre ein ‚entartetes' pragmatisches Beratungsmodell zum Regelfall geworden. Entartet insofern, als instrumentelles und strategisches Handeln in diesem Politikberatungsmodell als getrennte Ebenen vorausgesetzt werden:

‚Pragmatische Politikberatung sollte ein Gemisch der beiden Bauelemente darstellen, aber keine Auflösung der Handlungstypen bewirken. Doch genau dieses erfolgte im praktischen

---

[76] Weiss 1992, S. 15.

[77] Lompe 1977, S. 495–496.

Vollzug. Die Verfolgung strategischer Ziele überlagerte die Suche nach instrumentellen Lösungen. Jede Position innerhalb eines Konfliktes bemühte sich um wissenschaftliche Fundierung, ohne sich jedoch um die dem instrumentellen Handeln innewohnenden Ableitungsregeln zu scheren. Das Produkt, das man einkaufen wollte, war das Etikett ‚wissenschaftlich überprüft‘, gleichgültig, auf welche Weise es man sich verschaffen konnte. (...). Als erste Konsequenz dieser Vermischung von Strategie und Wahrheitsfindung ergab sich eine öffentlich dokumentierte Pluralität von Wahrheit. (...). In der Öffentlichkeit, die mehr und mehr in die Rolle des Schiedsrichters gedrängt wurde, bewirkte der Kompetenzstreit um Wahrheit die Parteinahme nach zugeschriebener Glaubwürdigkeit der Informanten. Da viele der Streitfragen weder der persönlichen Erfahrung von Laien noch der subjektiven Überprüfung zugänglich sind, konnte Glaubwürdigkeit nur nach symbolischen, situativen oder strategischen Gesichtspunkten vergeben werden‘.[78]

Besser kann man die Funktion von Ideenagenturen im politischen Prozess nicht beschreiben, falsch ist lediglich die Wahl der Vergangenheitsform. Nutzungsmöglichkeiten und Einflussgrenzen sind im Rahmen der hier präsentierten Überlegungen durch die vorgefundenen normativ-affektiven Einstellungen bestimmt. Die Arbeit der Ideenagenturen besteht darin, diesen Vorgaben jeweils wissenschaftliche Munition zu liefern. Gleichzeitig müssen Themen im Rahmen der Tendenzkoalitionen gedacht und auf die ‚Agenda‘ gebracht werden. Insofern haben insbesondere die Medien der Öffentlichen Meinung zentrale Bedeutung für den Erfolg der orientierenden Beratungsleistung. Ereignismanagement durch sorgfältig orchestrierte Themenkampagnen heißt das auf die allgemeine Öffentlichkeit gerichtete Ziel der Ideenagenturen. Wenn nicht alles täuscht, werden nur diejenigen externen Politikberatungsinstitute erfolgreich sein, die Politik und Medien mit Orientierungswissen bedienen.

Politische Ideenagenturen haben sich zunehmend auf die Vermittlung von Orientierungswissen im Prozess des öffentlichen Meinungs- und Willensbildung spezialisiert. Sie ersetzen damit partiell Aufgaben von Interessengruppen und Parteien, die diesen im Zuge von gesellschaftlichen Veränderungen abhanden gekommen sind, bzw. nicht mehr ‚geglaubt‘ werden. Entscheidend für die Funktionalität dieser Institutionen ist ihre jeweils unterschiedlich akzentuierte Pluralität. Wichtigste Rahmenbedingung hierfür ist der eingangs geschilderte Trend zu immer risikobewussteren Gesellschaften, die verstärkt nach vermeintlich verlässlichem Wissen fragen. Wenn eindeutig sichere Antworten nicht möglich sind, bildet sich eine Pluralität von Antworten und damit Institutionen heraus, die diesen Bedarf befriedigen. Anders ausgedrückt: Es entstehen unterschiedlich weit entwickelte und verfasste Ideenmärkte, auf denen spezialisierte Agenten den jeweiligen Klienten entsprechende Dienstleistungen anbieten. Im Rahmen dieser Märkte können vielfältige, möglicherweise aber auch einseitige Konkurrenz- und Wettbewerbsbeziehungen zwischen Ideenanbietern herrschen. Generell ist jedoch zu vermuten, dass sich in der Regel in pluralistischen Demokratien bei allen politisch kulturellen Unterschieden im Einzelnen keine monopolistischen, eher schon oligopolistische Strukturen herausbilden dürften.

---

[78] Renn 1985, S. 119–120.

1.4   Literatur

Abelson, Donald E., 1992: A New Channel of Influence: American Think Tanks and the Media, in: Queen's Quarterly 99 (1992) 4, S. 849–872

Beck, Ulrich, 1987: Risikogesellschaft. Auf dem Weg in eine andere Moderne. Frankfurt/M., Suhrkamp

Bevir, Mark, 2007: Governance, in: ders. (Hg.) Encyclopedia of Governance (2007), Thousand Oaks, SAGE Public., S. 364–381

Braml, Josef, 2004: Think Tanks versus 'Denkfabriken'? U.S. and German Policy Research Institutes' Coping with and Influencing Their Environments. Baden-Baden, Nomos.

Bruder, Wolfgang, 1980: Sozialwissenschaften und Politikberatung. Zur Nutzung sozialwissenschaftlicher Informationen in der Ministerialorganisation. Opladen, Westdeutscher Verlag.

Bulmer, Martin (Hg.), 1987: Social Science Research and Government. Comparative Es-says on Britain and the United States. Cambridge, u.a., Cambridge University Press.

Dahl, Robert A., 1989: Democracy and its Critics. New Haven, London, Yale University Press.

Dewe, Bernd, 1990: Beratende Wissenschaft: zur Beratungskommunikation zwischen Sozialwissenschaftlern und Praktikern. Göttingen, Schwartz.

Dietz, Thomas M./ Robert W. Rycroft, 1987: The Risk Professionals. New York, Russell Sage Foundation.

Dietzel, Gottfried T. W., 1978: Wissenschaft und staatliche Entscheidungsplanung. Rechts- und Organisationsprobleme der wissenschaftlichen Politikberatung. Berlin, Duncker & Humblot.

Domhoff, G. William, 1983: Who Rules America Now? A View fort he 80's. New York, Simon & Schuster.

Douglas, Mary/ Aaron Wildavsky, 1982: Risk and Culture. An Essay on the Selection of Technological and Environmental Dangers. Berkeley, Los Angeles, London, University of California Press.

Dror, Yehezkel, 1980: Think Tanks. A New Invention in Government, in: Weiss, Carol H., Allen H. Barton (Hg.): Making Bureaucracies work. Beverly Hills, London, Sage, S. 139–152.

Dye, Thomas R., 1990: Who's Running America. The Bush Era. Englewood Cliffs, Prentice Hall.

Ellis, Richard J., 1993: American Political Cultures. Oxford, New York, Oxford University Press.

Etzioni, Amitai, 1988: The Moral Dimension. Towards a New Economics. New York, London, The Free Press.

Falk, Svenja/ Dieter Rehfeld/ Andrea Römmerle et al., 2007: Kooperative Politikberatung. Ein neues Beziehungsgeflecht zwischen Politik und Politikberatung?, in: PVS 48:2, S. 322–337.

Faul, Erwin, 1979: Politikwissenschaft im westlichen Deutschland. Bemerkungen zu Entwicklungstendenzen und Entwicklungsanalysen, in: PVS 20:1, S. 71–103.

Fischer, Frank, 1990: Technocracy and the Politics of Expertise. Newbury Park, u.a., Sage Publications.

Haas, Peter M., 1990: Knowledge, Power and Policy coordination. Paper prepared for presentation at panel of Ideas, Interests and Institutionalization at the 1990 Annual Meeting of the American Political Science Association. San Francisco, CA.

Havertz, Ralf, 2008: Der Anstoß. Botho Strauß' Essay ‚Anschwellender Bocksgesang' und die Neue Rechte. Eine kritische Diskursanalyse. Band I. Berlin, Traktor-Verlag.

Heclo, Hugh, 1978: Issue Networks and the Executive Establishment, in: King, Anthony u.a. (Hg.), The New American Political System. Washington D.C., American Enterprise Institute, S. 87–124.

Heclo, Hugh, 1987: The In-and-Outer System: A Critical Assessment, in: Mackenzie, G. Calvin (Hg.): The In-and-Outers. Presidential Appointees and Transient Governments in Washington. Baltimore, London, Johns Hopkins University Press, S. 195–216.

Hohn, Hans-Willy/ Uwe Schimank, 1990: Konflikte und Gleichgewichte im Forschungssystem. Akteurskonstellationen und Entwicklungspfade in der staatlich finanzierten außeruniversitären Forschung. Frankfurt/M. u.a., Campus.

Isaac, Rael Jean/ Erich Isaac, 1983: The Coercive Utopians. Social Deception by America's Power Players. Chicago, Regnery Gateway.

Jann, Werner, 1988: Politik als Aufgabe der Bürokratie: Die Ministerialbürokratie im politischen System der Bundesrepublik Deutschland im Vergleich zu anderen westlichen Demokratien, in: Politische Bildung 21 (1988) 2, S. 39–56.

Jann, Werner, 1994: Wissenschaftler in der Regierung – Advokatoren der Verwissenschaftlichung der Politik? In: Murswieck 1994, S. 159–173.

Jann, Werner, 2009: Praktische Fragen und theoretische Antworten: 50 Jahr Policy Analyse und Verwaltungsforschung, in: PVS (2009) 50: S. 476–505.

Katzenstein, Peter J., 1978: Conclusion: Domestic Structures and Strategies of Foreign Economic Policy, in: ders. (Hg.): Between Power and Plenty. Foreign Economic Policies of Advanced Industrial States. Madison, Wisc., The University of Wisconsin Press, 1978, S. 295–336.

Keller, Suzanne, 1963: Beyond the Ruling Class. Strategic Elites in Modern Society. New York, Random House.

Kingdon, John, 1984: Agendas, Alternatives, and Public Policies. Boston, Little, Brown and Co.

Koppo, Nico/ Hagen Schölzel, 2009: Kooperative Politikberatung ohne machtpolitisches Kalkül? Zum Forumsbeitrag von Svenja Falk, Dieter Rehfeld, Andrea Römmele, Martin Thunert (PVS 48:2, 2007), in: PVS 50:1, S. 86–104.

Kuhne, Clemens, 2008: Politikberatung für Parteien. Akteure, Formen, Bedarfsfaktoren. Wiesbaden, VS Verlag für Sozialwissenschaften.

Landfried, Christine, 1986: Politikwissenschaft und Politikberatung, in: PVS Sonderheft 17, 1986, S. 100–115.

Leggewie, Claus, 1987: Der Geist steht rechts. Ausflüge in die Denkfabriken der Wende, Berlin, Rotbuch.

Lindblom, Charles E., 1980: The Policy Making Process. Engelwood Cliffs, Prentice Hall.

Lindquist, Everet A., 1989: Behind the Myth of Think Tanks: The Organization and Relevance of Canadian Policy Institutes. University of California at Berkeley, masch. verf.

Lompe, Klaus, 1977: Politikberatung, in: Sontheimer, Kurt, H.H. Röhring (Hg.): Handbuch des politischen Systems der Bundesrepublik Deutschland. München, Piper, S. 493–502.

Luhmann, Niklas, 1991: Soziologie des Risikos. Berlin, New York, Walter de Gruyter.

Marier, Patrik, 2008: Empowering Epistemic Communities: Specialised Politicians, Policy Experts and Policy Reform, in: West European Politics, Vol. 31, Iss. 3 (2008), S. 513–533.

Mayntz, Renate, 1985: Forschungsmanagement – Steuerungsversuche zwischen Scylla und Charybdis. Probleme der Organisation und Leitung von hochschulfreien, öffentlich finanzierten Forschungsinstituten. Opladen, Westdeutscher Verlag.

Maynth, Renate, 1987: West Germany, in: Plowden 1987, S. 3–18.

McGann, James, 2010: Global Think Tanks. Policy Networks and Governance. London, Routledge.

Moe, Terry M., 2005: Power and Political Institutions, in: Perspective on Politics (2005), Vol. 3, No. 2, S. 215–234.

Monange, Benoit F., 2008: Social Science Expertise and Policymaking. Comparing U.S., French, and EU Think Tanks: Similar Model Different Paths, in: Political Science & Politics, 2008, 41:909-909 Cambridge University Press.

Nimmo, Dan/ James E. Combs, 1992: The Political Pundits. New York, Westport, London, Praeger.

Peschek, Joseph G., 1987: Policy Planning Organizations. Elite Agendas and America's Rightward turn. Philadelphia, Temple University Press.

Pines, Burton Yale, 1982: Back to Basics. The Traditionalist Movement That Is Sweeping Grass-Roots America. New York, William Morrow.

Plowden, William (Hg.), 1987: Advising the Rulers. Oxford, New York, Blackwell.

Polsby, Nelson W., 1984: Political Innovation in America. The Politics of Policy Initiation. New Haven, London, Yale University Press.

Polsby, Nelson W., 1983: Tanks but no Tanks, in: Public Opinion April/Mai 1983, S. 14–16 und S. 58–59.

Radin, Beryl A., 2000: Beyond Machiavelli: Policy Analysis Comes of Age. Washington D.C., Georgetown University Press.

Renn, Ortwin, 1985: Wissenschaftliche Politikberatung im Spannungsfeld von Wertwandel und Legitimationskrise, in: Klages, Helmut (Hg.): Arbeitsperspektiven angewandter Sozialwissenschaft. Opladen, Westdeutscher Verlag, S. 112–154.

Ricci, David M., 1993: The Transformation of American Politics. The New Washington and the Rise of Think Tanks. New Haven, London, Yale University Press.

Riker, William, 1962: The Theory of Political Coalitions. New Haven, London, Yale University Press.

Roberts, Nancy C./ Paula J. King, 1991: Policy Entrepreneurs: Their Activity Structure and Function in the Policy Process, in: Journal of Public Administration Research and Theory 1, 1991 2, S. 147–175.

Rohe, Karl, 1987: Politische Kultur und der kulturelle Aspekt von politischer Wirklichkeit – Konzeptionelle und typologische Überlegungen zu Gegenstand und Fragestellung Politischer Kultur-Forschung, in: PVS-Sonderheft 18 (1987), S. 47.

Rohe, Karl, 1994: Politik. Begriffe und Wirklichkeiten. Eine Einführung in das politische Denken. Stuttgart, Berlin, Köln, Kohlhammer.

Rothman, Stanley/ Robert Lichter, 1987: Elite Ideology and Risk Perception in Nuclear Energy Policy, in American Political Science Review 81 (1987) 2, S. 383–404.

Sabatier, Paul A., 1991: Toward Better Theories of the Policy Process, in: PS 24 (1991) 2, S. 147–156.

Sabatier, Paul, 1998: The advocacy coalition framework: revisions and relevance for Europe, in: Journal of European Public Policy 5:1 (1998), S. 98–130.

Schmitter, Philippe C., 2009: The nature and future of comparative politics, in: European Political Science Review (2009), 1:1,S. 33–61.

Schneider, Volker/ Frank Janning/ Philip Leifeld/ Thomas Malang, 2009: Politiknetzwerke: Modelle, Anwendungen und Visualisierungen. Wiesbaden, VS Verlag.

Shafritz, Jay M./ Christopher P. Borick, 2008: Introducing Public Policy. New York u.a., Pearson Longman.

Singer, Otto, 1993: Policy Communities und Diskurs-Koalitionen: Experten und Expertise in der Wirtschaftspolitik, in: PVS-Sonderheft 24, 1993, S. 149–174.

Smith, James A., 1991: The Idea Brokers. Think Tanks and the Rise of the New Policy Elite. New York, Toronto, The Free Press.

Sowell, S. Steven, 1987: Covert Cadre. Inside the Institute for Policy Studies. Introduction by David Horowitz. Ottawa, III., Green Hill.

Stone, Diane, 1991: Old Guard Versus New Partisans: Think Tanks in Transition, in: Australian Journal of Political Science 26 (1991), S. 197–215.

Streeck, Wolfgang, 2003: No Longer the Century of Corporatism. Das Ende des ‚Bündnisses für Arbeit', in: MPIfG Working Paper 03/4.

Thompson, Michael/ Richard Ellis/ Aaron Wildavsky, 1990: Cultural Theory. Boulder, San Francisco, Oxford, Westview Press.

Weaver, R. Kent, 1989: The Changing World of Think Tanks, in: PS 22 (1989) 3, S. 564–568.

Weber, Max, 1919: Soziologie, universalgeschichtliche Analysen. Politik. 5. überarb. Aufl. Winckelmann, Johannes (1973) (Hg.), Stuttgart: Kröner.

Weiss, Carol H. (Hg.), 1992: Organizations for Policy Analysis. Helping Government Think. Newbury Park u.a., Sage.

Wildavsky, Aaron, 1987: Choosing Preferences by Constructing Institutions: A Cultural Theory of Preference Formation, in: American Political Science Review 81 No. 1 (1987), S. 3–21.

Wirth, Louis, 1969: Vorwort zur englischen Ausgabe, in: Mannheim, Karl, 1969, Ideologie und Utopie. Frankfurt am Main: Vittorio Klostermann, XXVI–XXVII.

2   Ansätze der Policyforschung

Institutionen, Interessen und Ideen stehen bei den im Folgenden dargestellten Ansätzen der Policyforschung im Vordergrund. Ausgehend vom klassischen ‚Policy Cycle' sollen einige ausgewählte Ansätze und Rahmenwerke vorgestellt werden, denen wir besondere Erklärungskraft zur Betrachtung politischer Phänomene beimessen. Darunter befinden sich akteurzentrierte Ansätze wie das Institutional Analysis and Development Framework oder der Akteurzentrierte Institutionalismus. Daran schließen die Theorie des Punctuated Equilibrium sowie die beiden Rahmenwerke Advocacy Coalitions Framework und Multiple Streams Framework.

2.1   Policy Cycle – der Klassiker

Der Policy Cycle-Ansatz gilt heute als Klassiker unter den Heuristiken, die den Policyforschern zur Verfügung stehen. Der Chicagoer Politikwissenschaftler Harold D. Lasswell entwickelte das Modell des Policy Cycle in den 1950er Jahren, als die Policyforschung noch in den Kinderschuhen steckte. Lasswell schuf ein analytisches Instrument, mit dem es möglich ist, einzelne Phasen des politischen Entscheidungsprozesses – von der Problemwahrnehmung bis zur Durchführung beschlossener Problemlösungsalternativen – getrennt voneinander zu betrachten und zu untersuchen.

Policyforschung diente in seinen Augen dem Ziel, den Ablauf politischer Prozesse insgesamt effektiver und rationaler zu gestalten und damit die Problemlösungskompetenz demokratischer Staaten zu fördern. Lasswell geht davon aus, dass politische Systeme, deren Fähigkeit zur Verarbeitung politischer Probleme gering ist, zu gefährlicher Instabilität neigen und besonders anfällig für das Aufkommen demokratiefeindlicher Ideologien sind. Mit dem Policy Cycle-Ansatz soll Politikwissenschaftlern ein Werkzeug an die Hand gegeben werden, den politischen Prozess strukturiert zu beschreiben, das Zustandekommen von Entscheidungen logisch zu erklären und mögliche Schwachstellen im Prozess aufzuzeigen.

Politik wird dabei als Ablauf mehrerer aufeinander folgender Problemverarbeitungsphasen – so genannte ‚stages' – begriffen, in denen unterschiedliche Teilaufgaben und Beteiligungsmöglichkeiten für die jeweils relevanten politischen Akteure bestehen. Jede Phase weist damit spezifische Charakteristika auf, die Orientierungspunkte zur Analyse von Politikentwicklung darstellen und in deren Kontext eine große Bandbreite an Policy orientierten Fragestellungen Raum findet.

Auch wenn die Policyforschung mittlerweile über adäquatere Ansätze zur Analyse des politischen Prozesses verfügt, die nicht zuletzt aus einer grundlegenden Kritik am Lasswell'schen Phasenmodell heraus entstanden sind, fand das Policy Cycle-Modell zunächst große Beachtung in der internationalen Gemeinschaft der Policyforscher. Bedeutende Politikwissenschaftler wie Renate Mayntz und Aaron Wildavsky griffen in den 1970er Jahren die Idee der Wahrnehmung von Policy Entwicklung als sequentielle Abfolge unterscheidbarer Arbeitsphasen auf und prägten eigene Zyklusmodelle.

Tabelle 1.1: Übersicht verschiedener Zyklusmodelle[79]

Harold Lasswell	Renate Mayntz (1977)	Judith May / Aaron Wildavsky (1978)
1 intelligence	1 Problemartikulation	1 agenda-setting
2 promotion	2 Zieldefinition	2 issue analysis
3 prescription	3 Programmentwicklung	3 service delivery system
4 invocation	4 Implementation	4 implementation
5 application	5 Impact	5 utilization of policy evaluation
6 termination		
7 appraisal		

Die aufgelisteten Modelle unterscheiden sich zentral bezüglich der Anzahl und Einteilung der einzelnen Phasen. Eine Gemeinsamkeit besteht unter ihnen allerdings hinsichtlich der Annahme, der politische Prozess sei ein Verarbeitungsprozess, dem politische Probleme zugeführt und an dessen Ende passende Problemlösungsprogramme umgesetzt werden. Diese Annahme basiert maßgeblich auf dem Schema des Politikwissenschaftlers David Easton, das im Folgenden knapp dargestellt wird.

2.1.1   Ausgangsschema: The Political System (David Easton)

Easton begreift das politische System als Problemlöseapparat,[80] dem aus der gesamtgesellschaftlichen Umwelt (environment) zu bearbeitende Aufgaben (inputs) zugeführt werden. Dabei unterscheidet er die an das politische System drängenden Stimuli grundsätzlich in fordernde (demands) und unterstützende (supports) Anreize, zu deren Verarbeitung das politische System die notwendigen Strukturen bereitstellt.

Solche demands bestehen allgemein in der Forderung nach (Um-)Verteilung öffentlicher Güter und Dienstleistungen, der Herstellung allgemeinverbindlicher Verhaltensregeln, der Teilhabe am politischen Entscheidungsprozess selbst und der Versorgung mit relevanten Informationen und ihrer Kommunikation. Als supports gelten allgemein Unterstützungsleistungen wie beispielsweise die Bereitstellung materieller Güter (z. B. Steuerzahlungen), regelkonformes Verhalten sowie die aktive und aufmerksame Teilnahme am politischen Pro-

---

[79] Jann 1981.

[80] Easton 1968.

zess.[81] Nach der Aufnahme der inputs in das politische System werden diese innerhalb des-
selben zu outputs transformiert und letztendlich wieder an die System-Umwelt abgegeben.
Diese outputs stellen politische Programme bzw. Entscheidungen dar, die inhaltlich in unmit-
telbarem Zusammenhang mit den verarbeiteten inputs stehen. Die Transformationsprozesse
innerhalb des Systems bleiben dabei im Dunklen, weshalb Easton dieses als so genannte
‚Black-Box‘ bezeichnet.

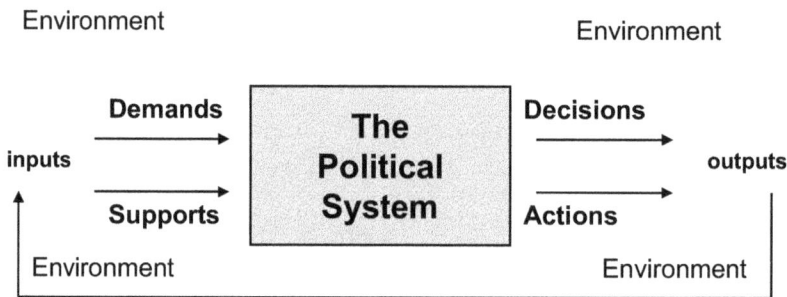

Abb. 2.1.1 *The Political System*

Die lapidare Darstellung des politischen Verarbeitungsvorganges als Black-Box-Prozess
hinterlässt bei Policyforschern natürlich ein Höchstmaß an Unzufriedenheit. Die Entwickler
des Policy Cycle-Modells verstehen dieses daher als notwendige Erweiterung und Ergänzung
zu Eastons Systemmodell.[82] Die öffentliche Verwaltung ist für sie kein automatisierter Apparat, auf dessen verlässliche Arbeitsweise blind vertraut werden kann. Vielmehr darf davon
ausgegangen werden, dass Bürokratien über ein höchst komplexes Eigenleben verfügen, das
maßgeblich Einfluss auf die Art und Weise hat, wie und mit welchem Ergebnis politische
Probleme gelöst werden. Unter der Annahme einer grundsätzlichen Verzahntheit von Politik
und Verwaltung ergibt sich die Notwendigkeit, die einzelnen Arbeitsprozesse, die innerhalb
des politisch-administrativen Systems (PAS) ablaufen, theoretisch erfassbar zu machen.
Dieser Aufgabe stellt sich das Policy Cycle-Modell.

2.1.2   Der Policy Cycle

Das Policy Cycle-Modell kann insgesamt als ein metaphorisches Konstrukt verstanden werden, mit dessen Hilfe ein strukturierter Blick auf die Bearbeitungsschritte, die zwischen dem
Auftreten eines politischen Problems und seiner Lösung liegen, möglich wird. Die Aufeinan-
derfolge der einzelnen Phasen und ihre Ausgestaltung folgen dabei einer sequentiellen Logik, die einen Idealtypus des politischen Prozessablaufs konstruiert.

---

[81]   Gellner/ Glatzmeier 2004.

[82]   Vgl. Jann/ Wegrich 2003 S. 72.

Bei der Analyse eines konkreten politischen Verarbeitungsprozesses anhand des Policy Cyc-le-Modells lässt sich damit einerseits feststellen, ob und auf welche Weise die einzelnen Phasen abgearbeitet bzw. welche Arbeitsschritte ausgelassen wurden oder ob Abweichungen von der idealtypischen chronologischen Reihenfolge feststellbar sind. Andererseits lassen sich auch einzelne Prozessabschnitte herausgreifen und gesondert analysieren. Die Betrachtung und Interpretation mehrerer solcher Analyseergebnisse aus einem Politikbereich erlauben dann allgemeine Rückschlüsse auf die charakteristischen Besonderheiten ganzer Politikfelder.

Der einstige Siegeszug des Policy Cycle in der sich zu diesem Zeitpunkt gerade international etablierenden Policyforschung brachte nach und nach die Entwicklung dutzender Zyklusmodelle mit sich. Dabei variieren Anzahl und Spezifizierung der einzelnen stages von Modell zu Modell mitunter in enormem Ausmaß und je nach den besonderen Eigenheiten des empirischen Analyseobjekts eignen sich manche Versionen der idealtypischen Policy Cycle-Heuristik besser als andere. Als ein besonders umfassendes sowie praktikables Modell gilt der Policy Cycle nach Werner Jann.[83] Dieses soll im Folgenden stellvertretend für die Gesamtheit der Zyklusmodelle zur Beschreibung des politischen Prozessablaufs dargestellt werden.

Jann ordnet die einzelnen Problemverarbeitungsschritte im Politikprozess insgesamt vier Hauptphasen zu:

- Problemwahrnehmung und Agenda-Setting
- Politikformulierung und Entscheidung
- Implementation
- Evaluierung und Terminierung

---

[83] Ebd., S. 71–106.

Dabei wird für den Ablauf der Verarbeitungsschritte folgende Reihenfolge angenommen:

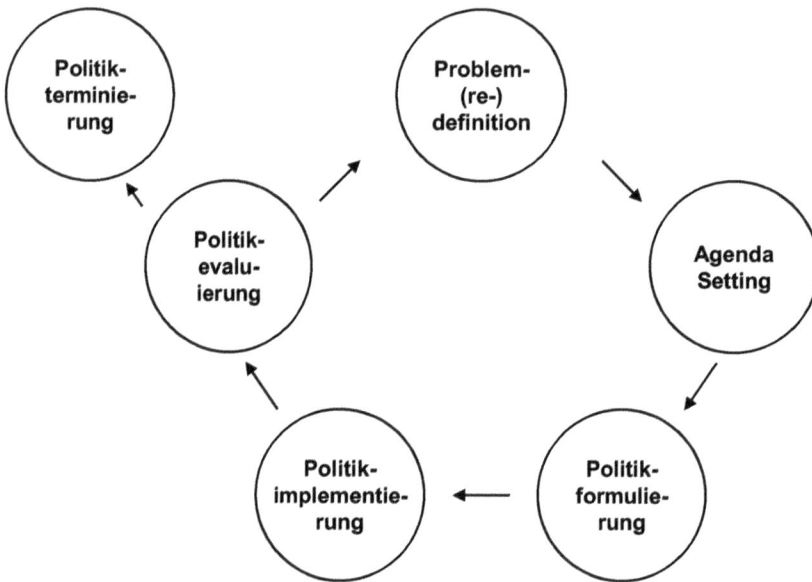

Abb. 2.1.2 Zyklusmodell nach Werner Jann und Kai Wegrich

Phase I: Das Problem
Problemwahrnehmung und Agenda-Setting

Leitfragen:

- Was ist ein Problem?
- Wie erlangt ein Problem politische Relevanz?
- Wie kommt ein Problem auf die politische Agenda?

Am Beginn jedes Policy Cycle steht zunächst ein Problem, das im weiteren Phasenverlauf idealerweise Schritt für Schritt einer angemessenen politischen Lösung zugeführt wird. Ganz allgemein werden Zustände und Ereignisse dann als Problem wahrgenommen, wenn sie faktisch nicht dem entsprechen, was als normal oder wünschenswert gilt. Probleme deuten also auf eine mehr oder weniger große Abweichung des Ist-Zustandes vom Soll-Zustand hin.

Dabei unterliegen Vorstellung und Wahrnehmung davon, was ist und was sein soll der Subjektivität der beteiligten Akteure. Was für den einen wünschenswert ist, erscheint dem anderen als unerträgliche Zumutung. Wo für manche Reformen unausweichlich sind, beharren andere auf dem Erhalt des Status-Quo. Je nach Betroffenheit und Interesse erfahren einzelne Personen, Personengruppen und auch ganze Organisationen die Wirklichkeit höchst unterschiedlich, ferner messen sie diese an individuellen Normvorstellungen und beurteilen sie damit insgesamt subjektiv. Der Policy Cycle startet also nicht mit einer objektiven Problemlage, sondern mit einer subjektiven Problemperzeption.

Nicht jedes Problem erlangt mit seiner Wahrnehmung durch einzelne Akteure umgehend politische Relevanz. Problemlagen ergeben sich zunächst in den gesellschaftlichen Subsystemen. Sie lassen sich beispielsweise charakterisieren als soziale, wirtschaftliche, ökologische oder technologische Problemlagen und sind damit zunächst ihren jeweiligen Systemkontexten überlassen. Dabei ist es durchaus vorstellbar, dass ein Problem zu einer Lösung kommt, ohne jemals mit dem politischen System in Berührung gekommen zu sein.

Entscheidend dafür, ob ein Problem in die politische Sphäre vordringt, sind wiederum die betroffenen und interessierten Akteure. Sie nehmen Probleme nicht nur wahr, sondern interpretieren diese fortlaufend auf der Grundlage ihrer eigenen kulturellen, weltanschaulichen oder kulturellen Deutungsmuster. Entwickeln die Akteure in diesem Zusammenhang den Willen zu einer politischen Problemlösung und verfügen sie zudem über die notwendigen Handlungsressourcen – darunter Zeit, Macht und Wissen – nehmen sie sich der Vermittlung des Problems an das politische System an.

Die Akteure widmen sich dieser Vermittlungsaufgabe, indem sie das Problem als politisch relevant thematisieren, dabei ist die erfolgreiche Aufnahme des Problems in den politischen Bearbeitungsprozess jedoch nicht automatisch garantiert. Nicht zuletzt auf Grund der fortgeschrittenen Diversifizierung postmoderner Gesellschaften kann davon ausgegangen werden, dass es eine nicht gerade überschaubare Vielzahl an Akteuren gibt, die eine politische Bearbeitung ihrer individuellen Problematiken anstreben. Das politische System sieht sich in der Folge mit einem gewaltigen Input-Aufkommen konfrontiert und es wäre naiv anzunehmen, dass es dazu in der Lage ist, diese Transformationsaufgabe auch nur annähernd zufrieden stellend zu erfüllen – Systemüberforderung droht.

Um den Problem-Input auf einem zu bewältigenden Level zu halten, müssen die vermittelten Themen daher zunächst einen Filter- bzw. Selektionsprozess durchlaufen, an dessen Ende eine kompakte politische Agenda steht. Dabei ist die öffentliche Aufmerksamkeit ein zentrales Kriterium dafür, welche Themen ignoriert werden und welche Themen sich letztendlich auf der politischen Tagesordnung wieder finden. Eine Konkurrenz unter den Akteuren bezüglich der politischen Themensetzung ist damit vorhersehbar.

Die so genannte ‚Agenda-Setting-Hypothese' schreibt in diesem Zusammenhang den Massenmedien eine große Bedeutung zu.[84] Diese folgen bei der Auswahl der Themen, die sie kommunizieren und damit der öffentlichen Aufmerksamkeit zuführen, einer eigenen Logik.

Massenmediale Thematisierung und Berichterstattung konzentriert sich nicht automatisch auf gesellschaftspolitische Problemlagen, deren Bearbeitung besonders dringend erscheint. Zugang zur Medienagenda finden vielmehr Themen, die sich neben gesellschaftlicher Relevanz besonders durch ihre Aktualität und Wertgeladenheit auszeichnen. Ferner erweist sich

---

[84] Weitere Informationen zur Agenda-Setting-Hypothese finden sich bei Sarcinelli, Ulrich 1998: Politikvermittlung und Demokratie in der Mediengesellschaft, Opladen: Westdt. Verlag.

ein zu hohes inhaltliches Abstraktions- bzw. Komplexitätsniveau als eher hinderlich, nur was auch konkret und klar darstellbar und damit massentauglich ist, erreicht genügend öffentliche Aufmerksamkeit und in der Folge die Chance auf Wahrnehmung durch das politische System.

Neben den Medien tragen natürlich auch andere Akteure aus dem intermediären Bereich und aus dem politischen System selbst zum Entstehen der politischen Agenda bei. Unterschieden werden kann hier zwischen ‚outside initiation‘ und ‚inside initiation‘. Als klassische Akteure der outside initiation sind nicht-staatliche Organisationen wie Parteien oder Interessengruppen zu nennen. Diese transportieren teilweise unter Zuhilfenahme der öffentlichen Meinung und damit über die Medien, teilweise über direkte Kommunikationskanäle gesellschaftliche Probleme aus der Systemumwelt in den politischen Prozess, initiieren diesen also von außen. Übernehmen institutionalisierte Akteure, die selbst Bestandteile des politischen Systems sind, die Thematisierung lösungsbedürftiger Problematiken, handelt es sich dementsprechend um inside initiation. Im Allgemeinen werden in diesem Zusammenhang Regierungsmitglieder oder Verwaltungsbeamte, die einen politischen Missstand zunächst wahrnehmen, aktiv und stoßen dann den Problembearbeitungsprozess von innen an.

Die politische Agenda ist als ‚To-do-Liste‘ des politischen Systems heiß umkämpft. Unterschiedlichste Akteure konkurrieren darum, ihre Themen günstig auf der ohnehin sehr begrenzten Agenda zu platzieren. Waren Sie bei diesem Unternehmen erfolgreich und konnten ihr Problempaket als Input an das politische System vermitteln, ist die erste Phase des Policy Cycle abgeschlossen. Es folgt nun in der nächsten Phase die inhaltliche Gestaltung und Diskussion adäquater Lösungsprogramme und letztendlich die Festlegung auf eine Alternative.

Phase II: Das Programm
Politikformulierung und Entscheidung

Leitfragen:

- Was ist ein politisches Programm?
- Wie wird ein politisches Programm entwickelt?

Nicht nur die Wahrnehmung von Problemen und deren Bewertung als politisch relevant erfolgt anhand höchst subjektiver Einschätzungen dessen, was Wirklichkeit ist und wie sie sein soll. Betroffene und Interessierte konstruieren ferner individuelle Vorstellungen darüber, wie der angestrebte Soll-Zustand auf bestem Wege zu erreichen sei. Derartige Spekulationen entstehen im Allgemeinen auf der Basis individueller Zielsetzungen und ideologisch-normativer Überzeugungen, orientieren sich an Mutmaßungen darüber, was machbar ist und beinhalten damit eine ganze Reihe an themenbezogenen Kausalannahmen, deren Stimmigkeit letztendlich vor allem von der jeweiligen Akteursperspektive auf das Thema abhängt.

Stand in der vorangegangenen Phase die Konkurrenz der Akteure um Berücksichtigung ihrer Themen auf der politischen Agenda im Vordergrund, geht es jetzt um den Wettbewerb verschiedener Programmalternativen und die Diskurshoheit. Dabei finden inhaltliche Formulierung und Diskussion von Handlungskonzepten zur bestmöglichen Problembearbeitung längst nicht mehr nur im institutionellen Rahmen und den dafür vorgesehenen Organen, wie sie beispielsweise in der Form von Parlamentsausschüssen bestehen, statt. Interessierte nicht-staatliche Akteure wirken auch nach der Vermittlung ihres Themas an das politische System an der Programmentwicklung mit und nicht selten entsteht dabei ein komplexes Kommunikationsnetzwerk aus Entscheidungs- und Interessenträgern, das auch Raum für strategische Programmallianzen birgt.

Das Programm:

- Welche Ziele sollen erreicht werden?
- Wer sind die Programmadressaten?
- Wer sind die Träger der Programm-Maßnahmen?
- Welche Mittel werden zur Durchführung der Maßnahmen eingesetzt?

Das politische Programm, dessen inhaltliche Ausgestaltung aus den Diskussions- und Verhandlungsprozessen der Engagierten resultiert, weist im Wesentlichen folgende Grobstruktur auf: Den zentralen Bezugspunkt des Programms bilden die intendierten Ziele, die es verfolgt. Daran geknüpft müssen Adressaten und Träger der zur Zielerreichung für notwendig erachteten politischen Maßnahmen festgelegt werden. Letztendlich gilt es zu klären, mit welchen Mitteln die geplanten Maßnahmen umzusetzen sind. Es kommen dabei nicht nur finanzielle sondern auch personelle, informationelle oder technische Ressourcen in Betracht, deren Einsatz zur Zielerreichung beitragen kann.

In allen genannten Programmdimensionen besteht selbstverständlich hohes Diskussionspotenzial bei den am Planungsprozess beteiligten Akteuren. Während für manche Interessierte die reine Wirksamkeit der Maßnahmen im Vordergrund steht, orientieren sich andere bei der Bewertung und Auswahl geeigneter Instrumente verstärkt an normativen Konzepten wie beispielsweise Soziale Gerechtigkeit, Nachhaltigkeit oder Eigenverantwortlichkeit. Ferner besteht selten Einigkeit über Ursachen und Wirkungszusammenhänge innerhalb der zu bearbeitenden Problematik, was letztendlich zu höchst unterschiedlichen Lösungsansätzen führt. Die Phase der Programmformulierung ist damit geprägt von Zielkonflikten und Auseinandersetzungen um die ‚richtige Lösung'.

Formulierungs- und Planungsprozesse zur Programmentwicklung finden in der Regel innerhalb eines institutionalisierten Rahmens statt, dessen Struktur in mehr oder weniger verbindlichem Ausmaß durch rechtliche Verfahrensregeln und Kompetenzzuteilungen des jeweiligen politischen Systems vorgegeben ist. Ferner stellen bereits bestehende politische Programme und Richtlinien zur Problematik zusätzliche Orientierungspunkte bei der Programmdiskussion dar. Diese verläuft dadurch aber nicht zwangsläufig rational und automatisch Ziel orientiert, vielmehr lässt sich die Programmphase als ein unzusammenhängender und inkrementeller Vorgang charakterisieren. Wechselhaftes Beteiligungsengagement, pragmatische Präferenzsetzung und begrenzte Rationalität auf Seiten der mitwirkenden Akteure gelten dafür als zentrale Ursachen.

Am Ende der Programmformulierungsphase steht schließlich die Entscheidung für ein politisches Handlungskonzept, mit dessen Hilfe die Problemlage behoben werden soll. Diese Entscheidung obliegt in der Regel einem mit Entscheidungskompetenz ausgestattetem Or-

gan, welches das erarbeitete Programm in eine verbindliche Form gießt. Als Verwaltungs-
vorschrift, Verordnung oder Gesetz erhält die Policy dann hoheitlichen Charakter, ergänzend
oder alternativ dazu besteht allerdings auch die Möglichkeit informeller Abmachungen mit
Adressaten und Trägern des Programms. Der Policy Cycle steht damit am Übergang zur
Umsetzungsphase, deren idealtypischer Verlauf unter Berücksichtigung möglicher Schwierigkeiten im folgenden Abschnitt dargestellt wird.

Phase III: Die Umsetzung
Implementation

Leitfragen:

- Welche Implementationsinstrumente kommen zum Einsatz?
- Welche Faktoren bedingen eine erfolgreiche Umsetzung?

Was für die beiden vorangegangenen Phasen galt, muss auch für den Prozess der Verwirklichung eines beschlossenen politischen Programms angenommen werden: Der Verwaltungs-
apparat ist keine Black-Box, der automatisch umsetzt, was ihm aufgetragen wird. Die Umsetzungsphase und das Zusammenwirken der daran beteiligten Akteure weisen eine spezifische Dynamik auf und sind damit Gegenstand einer eigenen Forschungsrichtung im Bereich
der Politikwissenschaft – die Implementationsforschung. Als klassische Vertreter dieser Disziplin sind u. a. die Verwaltungswissenschaftler Renate Mayntz und Adrienne Windhoff-
Heritier sowie Klaus König und Nicolai Dose zu nennen, die sich mit den Determinanten des
Umsetzungserfolgs befassen.

Die Implementationsphase weist drei Arbeitsaspekte auf. Einerseits kommt es zur Konkretisierung des Programms, dabei werden abstrakte Ziele und allgemeine Strategiepläne zu ex-
pliziten Vorgaben und Handlungsanweisungen transformiert und an die ausführenden Akteure weitergegeben. Die Bereitstellung und der Einsatz von Ressourcen bilden einen weiteren
Aspekt. Diese können materieller, personeller oder informationeller Art sein, ferner zählt
auch der Einsatz rechtlicher Sanktionsmittel bis hin zum Gebrauch der Staatsgewalt durch
die Aktivierung polizeilicher und militärischer Kräfte zum Ressourcenkatalog. Letztendlich
bleibt zu erwähnen, dass Handlungsanweisungen und Vorgaben zum Einsatz von Ressourcen
nicht immer strikt nach Schema F umgesetzt werden können, wenn der Programmerfolg auch
in speziellen Einzelfällen gewährleistet bleiben soll. Nicht selten erfordert die Programmumsetzung von den ausführenden Akteuren pragmatische Anpassungen, Härtefälle und unvor-
hergesehene Situationen bedürfen einer Einzelfallentscheidung, was den Interpretations- und
Handlungsspielraum der ausführenden Stellen punktuell erweitert.

Auch wenn die Konkretisierung des Programms und die verbindliche Festlegung der Implementationsinstrumente, zu denen vor allem regulative, finanzielle und informationelle Steuerung zählen, den Spielraum der mit der Programmumsetzung Beauftragten einschränken,
kommt es immer wieder zu Umsetzungsproblemen. Während von staatlichen Implementati-
onsträgern wie beispielsweise Behörden und einzelne Beamte aufgrund der hierarchischen
Organisation der öffentlichen Verwaltung in der Regel noch eher erwartet werden kann, dass
Anweisungen zuverlässig ausgeführt werden, ist damit bei nicht-staatlichen Programmadres-

saten weniger zu rechnen. Da letztere häufig auf der Grundlage freiwilliger Kooperationsbereitschaft an der Programmumsetzung beteiligt sind, ergeben sich je nach Programmtypus unterschiedliche Kontroll- und Vollzugsprobleme, die besonders dann auftreten, wenn der Programminhalt auf Widerstand stößt. Nach Renate Mayntz lassen sich die folgenden Programmtypen und ihre Auswirkungen auf den Implementationserfolg unterscheiden.

Tabelle 1.2: Übersicht verschiedener Programmtypen und Vollzugsprobleme[85]

	Regulative Programme	*Anreizprogramme*	*Leistungsprogramme*
Wirkungsweise	Direkte Verhaltensbeeinflussung; gute Umsetzbarkeit von Zielen; ruft bei Adressaten Widerstand hervor	Motiviert Adressaten positiv; wirkt indirekt; tatsächliche Wirkung oft unsicher; Möglichkeit, sich zu entziehen	Motiviert Adressaten positiv; Sicherung des Angebots, aber nicht Inanspruchnahme
Aufwand	Relativ hoher administrativer Aufwand, speziell Kontroll- und Sanktionsaufwand; hohe Befolgungskosten möglich	Relativ geringer administrativer Aufwand, hohe direkte Haushaltsbelastung	Hoher administrativer und direkter finanzieller Aufwand
Vollzugsprobleme	Tendenz zu Normverstößen; ungleiche Durchsetzung je nach Widerstandspotential der Adressaten	Unerwünschte Selektivität bei Inanspruchnahme; Mitnahmeeffekte; Nutzung des Angebots ohne Verhaltensänderung (Unterlaufen)	Effizienzmängel infolge unzureichender Fähigkeit/Motivation der Vollzugsträger; Gefahr von Überinvestition oder Unterinvestition

Ohne Kooperationsbereitschaft der Adressaten und Träger des politischen Programms ist die Wahrscheinlichkeit eines Implementationserfolgs sehr gering, fehlende Kontroll- und Sanktionsmöglichkeiten stellen weitere Hemmnisse bei der Programmumsetzung dar. Derartige Probleme treten vor allem dann auf, wenn nicht-staatliche Akteure in dieser Phase eine wichtige Rolle spielen, aber auch im Bereich der öffentlichen Verwaltung kann es zu Umsetzungsdefiziten kommen. Implementationseffizienz und -verlässlichkeit sind besonders dann gefährdet, wenn eine Vielzahl an Personen oder Organen Entscheidungskompetenz besitzen und Zuständigkeiten unklar sind. Dagegen zeichnen sich politische Strukturen mit einem niedrigen Grad an Politikverflechtung durch eine gesteigerte Durchsetzungskraft aus.

Phase IV: Die Bewertung
Evaluation

Leitfragen?

• Wurde das Problem gelöst?
• Wie ist das Verhältnis zwischen Kosten und Nutzen zu bewerten?
• Terminierung oder Neuformulierung?

---

[85] Mayntz 1982.

Am Ende des Policy Cycle steht idealtypisch die Evaluierung des vorangegangenen Problembearbeitungsprozesses und der Ergebnisse. Mit Blick auf die ursprüngliche Problemlage gilt es in dieser Phase zu beurteilen, ob die vormalige Diskrepanz zwischen Ist-Zustand und Soll-Zustand reduziert oder gar aufgehoben werden konnte. Die Evaluation orientiert sich dabei zentral an den im Programm formulierten Zielen und daran, inwiefern diese durch die umgesetzten Maßnahmen verwirklicht werden konnten. Je klarer und eindeutiger in der Planungsphase artikuliert wurde, was erreicht werden soll, desto konkreter lassen sich abschließend Erfolg oder Misserfolg messen. Darüber hinaus beurteilen betroffene und interessierte Akteure anhand ihrer eigenen subjektiven Maßstäbe, ob sich die Situation aus ihrer Sicht zum Positiven verändert hat.

Nicht nur die Ergebnisse des Programms werden in der Evaluationsphase einer kritischen Bewertung unterzogen. Das Augenmerk der Beteiligten und nicht zuletzt der Öffentlichkeit richtet sich auch auf das Kosten-Nutzen-Verhältnis und in diesem Zusammenhang darauf, ob die aufgebrachten Ressourcen und Energien angesichts der Schwere und Intensität der zu bearbeitenden Problematik ein vertretbares Ausmaß angenommen haben. Wie aus der Programmtypologie nach Renate Mayntz hervorgeht, entstehen bei der Programmumsetzung einerseits finanzielle Kosten in Form von direkter Haushaltsbelastung, andererseits sind auch administrative Kosten zu berücksichtigen, da Durchsetzung und Durchsetzungskontrolle die Leistungskapazitäten der öffentlichen Verwaltung sowohl personell als auch technisch beanspruchen.

Nach Abschluss des Evaluationsprozesses sind zwei Folgeszenarien vorstellbar. So kann es aus unterschiedlichen Gründen zur Terminierung, d. h. zur Beendigung des Programms kommen. Dabei hat sich im besten Fall ein umfassender Programmerfolg eingestellt, die ursprüngliche Problemlage wurde restlos behoben und die Fortführung politischer Maßnahmen ist nicht weiter erforderlich. Eine Programmbeendigung kann aber auch aus weitgehender Erfolglosigkeit resultieren. Zeigen die implementierten Maßnahmen nicht die erwartete Wirkung, liegt es nahe, das Programm abzubrechen. Ausschlaggebend für die Entscheidung zur Terminierung der Policy kann überdies eine akute Ressourcenknappheit sein, die eine Fortsetzung der geplanten Maßnahmen unmöglich macht. In den beiden letztgenannten Fällen muss der Problembearbeitungsprozess insgesamt als gescheitert beurteilt werden, das zugrunde liegende Problem besteht weiterhin fort.

Neben der Programmterminierung besteht eine weitere Option in der Neuformulierung des Programms. Wurde der bisherige Prozess einer subtilen Evaluation unterzogen, stehen an diesem Punkt eventuell neue Informationen zur Verfügung, die eine adäquatere Programmplanung ermöglichen oder sogar erfordern. Ferner treten im Rahmen der Erstumsetzung möglicherweise nicht-intendierte Effekte auf, die zusätzlicher Maßnahmen bedürfen. In diesem Fall landet die Policy wieder in einer der Anfangsphasen. Je nach dem, ob die Thematik aufgrund ihrer Eigenschaften nach wie vor auf der Agenda des politischen Systems steht oder ob sie bereits durch andere Themen verdrängt wurde, beginnt sofort eine neue Programmphase oder der Policy Cycle wird erneut mit einer Problemphase initiiert.

Abschließend bleibt zu erwähnen, dass politische Programme immer auf ein komplexes Gefüge bereits bestehender Policies treffen. Neue Regelungen und Steuerungsmaßnahmen haben nicht nur gewollte oder unabsichtliche Effekte auf andere Programme sondern werden

zwangsläufig auch von diesen in ihrer Wirkungsweise und damit in ihrer Erfolgswahrschein-
lichkeit determiniert bzw. zumindest beeinflusst. Vor allem in Politikfeldern, die eine hohe
Regelungsdichte aufweisen, kann daher mit Hindernissen und unerwarteten Störeffekten bei
der Politikformulierung und -umsetzung gerechnet werden. Aufgrund dieser Policy Dynamik
erscheint eine Programm übergreifende Evaluation bisweilen sinnvoll, diese kann dann auch
zur Terminierung oder Neuformulierung bereits bestehender Programme führen.[86]

---

[86] Vgl. Jann 1981, S. 35.

Beispiel: Der Bologna-Prozess

Phase I:

Auslöser für den in diesem Exkurs behandelten politischen Prozess war zunächst die Notwendigkeit einer Internationalisierung von Bildungspolitik, die in der Problemwahrnehmung der europäischen Bildungsminister über die vorangegangenen Jahrzehnte nicht mit dem starken Zustrom von Studenten Schritt gehalten hatte und somit große Defizite im Bereich von universitären Strukturen, sowie Investitionen und Kompetenzverteilung aufwies. Insbesondere die Bildungsminister aus Deutschland, Frankreich, Italien und Großbritannien hatten sich für einen internationalen Hochschulrahmen ausgesprochen und das Thema auf die Agenda gesetzt.

Phase II:

Der Rahmen des Bologna-Prozesses wurde im Januar 1997 durch die ‚Lissabonner Konvention' gesetzt, die zunächst sechs bestehende Vereinbarungen im Hochschulbereich umfasste. Als Ziele wurden darin die Akzeptanz der im Ausland erworbenen Qualifikationen, die Transparenz bei Anerkennungsentscheidungen, sowie die Einführung eines Diplomzusatzes formuliert. Gegner des Bologna-Prozesses in Deutschland befürchteten bereits zu diesem Zeitpunkt eine Verminderung der Studienqualität. Dieser erste Abschnitt des Prozesses verlief auf einer überstaatlichen Ebene, gemäß institutionalisierten Verfahrensregeln, die u. a. bestimmte Kompetenzverteilungen beinhalten.

Phase III:

Als nächster Schritt folgte am 25.Mai 1998 die sog. ‚Sorbonne-Erklärung', bei der sich die Bildungsminister Deutschlands, Englands, Frankreichs und Italiens für die Schaffung eines europäischen Hochschulraumes aussprachen und die konsequente Förderung von Mobilität und ein europaweit kompatibles Studiensystem forderten. Die Konkretisierung dieser Ziele wurde am 19. Juni 1999 mit der ‚Erklärung von Bologna' verabschiedet und von Delegierten aus 29 europäischen Nationen unterzeichnet. Die Entscheidung zur Unterzeichnung der Erklärung obliegt dem einzelnen Staat auf nationaler Ebene. In Deutschland besitzt der Bund darüber hinaus die Legitimation, im Rahmen der konkurrierenden Gesetzgebung Rahmenvorschriften für die allgemeinen Grundsätze des Hochschulwesens zu erlassen.

Die Umsetzung und Ausgestaltung der Vorgaben von Bologna erfolgt dann auf regionaler oder lokaler Ebene in Form von Landeshochschulgesetzen und Verordnungen. Die Länder haben hierbei den Vorteil eines hohen Implementierungspotentials, auf Grund von ‚kürzeren Wegen' und informellen Absprachen, oder auch patrimonialen Strukturen. Die Umsetzung der Vorgaben durch die Bologna-Erklärung beinhaltet die folgenden regulativen Programme (vgl. Tabelle 1.2 R. Mayntz Programmtypologie): Studienstrukturreform, Regelstudienzeit, Parallelität von Strukturen, Konversation statt Konzeption, Studiengebühren, Leistungsberechnung, Transparenz, Internationalisierung, Akkreditierung und Qualitätssicherung, Studium und Beruf, sowie der Umfang der Reform. Diese Ziele wurden auf weiteren Bologna-Verhandlungen im Laufe der Implementierungsphase genauer definiert. Hierzu zählen die Nachfolgekonferenzen in Prag (2001), Berlin (2003), Bergen (2005) und London (2007).

Phase IV:

Da zu diesem Zeitpunkt noch keine vollständige Programmterminierung in Aussicht steht, kann eine endgültige Evaluation nicht erfolgen. Allerdings wird schon jetzt deutlich, dass bestimmte Kernpunkte der Bologna-Vorgaben auch in Zukunft weiter ausgebaut werden müssen. Diese Entwicklungen werden in der Bundesrepublik Deutschland von der nationalen Arbeitsgruppe ‚Fortführung des Bologna-Prozesses', die, unter gemeinsamen Vorsitz vom Bundesministerium für Bildung und Forschung (BMBF) und der Konferenz der Kultusminister (KMK), mehrmals im Jahr tagt, koordiniert. Dieser Ausschuss berät auch in Zukunft darüber, ob der Prozess zu einer Terminierung gelangt oder ob die Notwendigkeit einer Reformulierung besteht. Letzteres ist im Bezug auf den Bologna-Prozess wahrscheinlich.[87]

2.1.3   Kritik

Die Policy Cycle-Heuristik diente Politikwissenschaftlern lange Zeit als verlässliches Analyseraster und findet auch heute noch in vielen wissenschaftlichen Arbeiten Anwendung. Dies liegt nicht zuletzt an der guten Handhabbarkeit des Phasenmodells selbst, es strukturiert den Forscherblick bereits vor und liefert durch seine eindeutige idealtypische Konstruktion eine stabile Grundlage zur wissenschaftlichen Betrachtung realer politischer Prozesse. Doch genau in dieser bestechenden Einfachheit, die sich insbesondere dem umfassenden Bekenntnis zu einer zweidimensionalen Prozesslogik und der kategorischen Ausblendung von nichtsequentiellen Abläufen verdankt, liegt auch die große Schwäche des Policy Cycle. Bei genauerer Betrachtung des Politikbetriebs wird schnell klar, dass es sich bei der Zyklus-Metapher um nicht viel mehr als eine Utopie, eine Wunschvorstellung handelt, die von der Realität selten bestätigt wird.

---

[87]   Vgl. Nagel 2006.

Die beiden US-amerikanischen Policyforscher Paul A. Sabatier und Hank C. Jenkins-Smith formulieren in Auseinandersetzung mit dem Policy Cycle[88] fünf zentrale Kritikpunkte:

1. Das Phasenmodell beinhaltet eine detaillierte Beschreibung der einzelnen Arbeitsschritte und -phasen, verzichtet jedoch gänzlich auf eine kausale Verkettung der einzelnen Phasen. Warum und wie beispielsweise die Programmphase in die Umsetzungsphase übergeht bzw. wie die Annahme einer linearen Abfolge der einzelnen Arbeitsschritte zu erklären ist, bleibt weitgehend unklar.
2. Eine empirische Überprüfung des Phasenkonzepts ist aufgrund der fehlenden Kausalannahmen nicht möglich. Es erfüllt damit nicht die Anforderungen, die an eine wissenschaftliche Theorie gestellt werden.
3. Die starke Orientierung des Policy Cycle am politischen System führt zu einer einseitigen Top-Down-Perspektive auf den Prozess der Politikentwicklung und -durchführung. Im Mittelpunkt der einzelnen Phasen stehen staatliche Akteure und Institutionen, die von ihren Steuerungsstellen aus auf eine nachgeordnete Systemumwelt Einfluss nehmen. Dass diese Umwelt sowohl während des Problemverarbeitungsprozesses als auch nach dessen Abschluss reagiert und somit permanent mitbeteiligt ist, wird systematisch ausgeblendet. Das Analyseblickfeld muss damit als eingeschränkt bezeichnet werden.
4. Die tatsächliche Ebenen- und Interaktionsvielfalt der Politikproduktion wird vom Phasenmodell weitgehend ignoriert. Die einzelnen Phasen beschreiben eine vereinfachte Politikarena, in der die Akteure wenig komplexe Interaktionsbeziehungen wie beispielsweise Diskussion oder hierarchische Durchsetzung verwirklichen. Tatsächlich werden politische Probleme aber nicht nur auf einer Steuerungsebene bearbeitet, es sind je nach Themengebiet mehrere Ebenen, die ihrerseits ebenfalls miteinander interagieren, am Prozess beteiligt. Auch hier scheint der zweidimensionale Blick des Policy Cycle auf die Politikentwicklung und -umsetzung ursächlich für ein weiteres analytisches Defizit zu sein. Sabatier und Jenkins-Smith äußern in diesem Zusammenhang auch den Vorwurf des ‚stagism‘ bzw. der ‚paradigmatischen Phaseneinteilerei‘, die einer differenzierteren Erfassung der realen Dynamik und Komplexität politischer Prozesse entgegenstehe.
5. Ebenfalls unberücksichtigt bleibt die Eigenwirkung, die die Policyforschung selbst auf den politischen Problembearbeitungsprozess hat. Wie bereits eingangs erwähnt, soll die Phasenheuristik helfen, Politik besser zu verstehen und Optimierungsmöglichkeiten aufzuzeigen. Insofern die Policyforschung diesem selbstgesetzten Anspruch gerecht wird, nimmt sie zwangsläufig beratender Weise Einfluss auf ihren Forschungsgegenstand, indem sie den politischen Akteuren neues Wissen und Informationen zur Verfügung stellt. Die damit intendierten Lernprozesse sowie deren Konsequenzen auf den Verlauf der Politikproduktion blendet der Policy Cycle jedoch vollständig aus.

Ergänzend kritisiert auch Werner Jann das Zyklusmodell. Aus seiner Sicht ist Politik ein äußerst undurchsichtiger Prozess, der in seiner realen Ausgestaltung bei Weitem nicht der klaren Struktur und stringenten Phasensequenz des Policy Cycle folgt. Laut Jann liegt die angenommene präzise Trennung der Prozessabschnitte in der Wirklichkeit nicht vor, viel-

---

[88] Parsons 1995, S. 79ff.

mehr sei beobachtbar, dass die einzelnen Phasen und Arbeitsschritte miteinander verwoben sind, teilweise parallel zueinander ablaufen und sich gegenseitig beeinflussen.[89]

Natürlich kann es nicht bei der Kritik bleiben, aus ihr entsteht einerseits die Notwendigkeit besserer Theorien jenseits der Phasenheuristik und damit weiters der Anspruch an die Policy-forschung, präzisere Zugänge zur Analyse der Politikproduktion zu schaffen. Einige Ansätze, die sich diesem Anspruch verschrieben haben, sollen in den folgenden Kapiteln eingehend dargestellt werden.

---

[89] Vgl. Jann 1981, S. 31ff.

2.1.4   Literatur

Anderson, James E., 2000: Public Policy Making. An Introduction, Boston: Houghton Mifflin.

Bauer, Michael W., 2006: Politikbeendigung als policyanalytisches Konzept, in: Politische Vierteljahresschrift 47 (2), S. 147–168.

Braun, Dietmar, 1998: Der Einfluss von Ideen und Überzeugungssystemen auf die politische Problemlösung, PVS 39, S. 797–818.

Braun, Dietmar/ Giraud, Olivier, 2003: Steuerungsinstrumente, in: Klaus Schubert/ Nils C. Bandelow, (Hg.): Lehrbuch der Politikfeldanalyse, München: Oldenbourg.

Downs, Anthony, 1972: Up and down with Ecology – The 'Issue-Attention Cycle', in: Public Interest 28, S. 38–50.

Easton, David, 1979: A Framework for Political Analysis, Chicago: Chicago Univ. Press.

Héritier, Adrienne, 1993: Policy Analyse. Elemente der Kritik und Perspektiven der Neuorientierung, in: Policy Analyse: Kritik und Neuorientierung, Opladen: Westdeutscher Verlag, S. 9–36.

Jann, Werner, 1981: Kategorien der Policy Forschung, Speyerer Arbeitshefte 37, Hochschule für Verwaltungswissenschaften Speyer.

Jann, Werner / Wegrich, Kai, 2003: Phasenmodelle und Politikprozesse: Der Policy Cycle, in: Schubert, Klaus / Bandelow, Nils (Hg.): Lehrbuch der Politikfeldanalyse, München: Oldenburg-Verlag.

Jenkins, W. I., 1978: Policy Analysis: A Political and Organisational Perspective, London: Palgrave Macmillan.

Jones, Bryan D./ Baumgartner, Frank R., 2005: The Politics of Attention, Chicago: University of Chicago Press.

Nagel, Alexander Kenneth, 2006: Der Bologna-Prozess als Politiknetzwerk, Wiesbaden: VS Verlag.

König, Klaus/ Dose, Nicolai, 1989: Klassifizierungsansätze staatlicher Handlungsformen. Eine steuerungstheoretische Abhandlung, Speyerer Forschungsberichte 83, Speyer: Forschungsinstitut für öffentliche Verwaltung.

Lasswell, Harold D., 1956: The Decision Process. Seven Categories of Functional Analysis, University of Maryland, College Park.

Lindblom, Charles E., 1968: The Policy Making Process, New York: Englewood Cliffs.

March, James G., 1988: Decisions and Organizations, Oxford: Blackwell.

May, Judith V./ Wildavsky, Aaron B., 1978: The Policy Cycle, Beverly Hills, Sage Yearbook in Politics and Public Policy, Vol. 5.

Mayntz, Renate, 1977: Die Implementation politischer Programme: Theoretische Überlegungen zu einem neuen Forschungsgebiet, in: Die Verwaltung, Heft 1/1977.

Mayntz, Renate (Hg.), 1980: Implementation politischer Programme. Empirische Forschungsberichte, Königstein/Ts.: Athenäum.

Mayntz, Renate (Hg.), 1983: Implementation politischer Programme II – Ansätze zur Theoriebildung, Opladen: Westdeutscher Verlag

Parsons, Wayne, 1995: Public Policy. An Introduction to the Theory and Practice of Policy Analysis, Cheltenham. S. 79ff

Sarcinelli, Ulrich, 1998: Politikvermittlung und Demokratie in der Mediengesellschaft, Opladen: Westdt. Verlag.

Schneider, Volker/ Janning, Frank, 2006: Politikfeldanalyse. Akteure, Diskurse und Netzwerke in der öffentlichen Politik, Wiesbaden: VS Verlag.

Windhoff-Héritier, Adrienne, 1980: Politikimplementation. Ziel und Wirklichkeit politischer Entscheidungen, Königstein: Hain.

Windhoff-Héritier, Adrienne, 1987: Policy Analyse: eine Einführung, Frankfurt/Main; New York: Campus Verlag.

Wollmann, Helmut, 1980: Politik im Dickicht der Bürokratie. Beiträge zur Implementationsforschung, Opladen: Westdeutscher Verlag.

2.2   Institutionen und Interaktion

Defizite in der staatlichen Steuerungsleistung und Bürokratieversagen der vergangenen Jahrzehnte lassen eine Reformulierung staatlicher Governance-Strukturen immer notwendiger
erscheinen. Der Staat in seiner herkömmlichen Rolle als hierarchische Institution, die das
gesellschaftliche Zusammenleben ‚top-down' regelt, kann seiner Steuerungsaufgabe in Konfrontation mit wachsender Komplexität und Autonomiebestrebung seiner Steuerungsobjekte
nicht hinreichend nachkommen – globale Wirtschaftsverflechtungen, Klimawandel und tiefgreifende Veränderungen der Gesellschaftsstruktur bilden dabei u. a. besonders dringende
Herausforderungen, die gemeistert werden wollen.

Steuerungslücken in den gesellschaftlichen Teilsystemen sind die Folge von Staatsversagen,
sodass die Notwendigkeit einer institutionellen Anpassung an derart veränderte Rahmenbedingungen entsteht. Dieser Anpassungsprozess vollzieht sich in Form einer Enthierarchisierung, der Staat rückt von seinem Steuerungsmonopol ab und lagert Regulierungsaufgaben,
die ursprünglich in seiner Verantwortung standen, an die ehemals reinen Adressaten staatlicher Steuerungsbemühung aus. Die Grenzen zwischen Staat und Zivilgesellschaft verschwimmen und öffnen den Produktionsbereich öffentlicher Politiken für eine Vielzahl an
nicht-staatlichen Akteuren, von deren Kooperationsbereitschaft nicht zuletzt die Chance auf
eine gute ‚Public Policy' abhängt.

Institutionalistische Ansätze der Policyforschung wie das Institutional Analysis and Development Framework (IAD) der Wirtschaftsnobelpreisträgerin Elinor Ostrom sowie der Akteurzentrierte Institutionalismus der beiden Verwaltungswissenschaftler Renate Mayntz und
Fritz Scharpf beschäftigen sich gezielt mit den institutionellen Bedingungen demokratischer
Policy Prozesse mit dem Ziel der Optimierung des öffentlichen Institutionendesigns. Beide
Rahmenwerke sollen in diesem Kapitel vorgestellt werden.

2.2.1   Institutional Analysis and Development Framework

Mit ihrem Institutional Analysis and Development Framework (IAD) stellt die USamerikanische Politologin und Trägerin des Wirtschaftsnobelpreises Elinor Ostrom der Institutionen orientierten Forschung nicht nur einen interdisziplinär nutzbaren Ansatz zur Verfügung, sondern widmet sich gleich einer Vielzahl von Herausforderungen, mit denen die Institutionenanalyse im Allgemeinen zu kämpfen hat. Diese sollen zumindest teilweise mit dem
IAD überwunden werden.[90]

Dabei scheint zunächst der Institutionenbegriff an sich für eine Reihe an Problemen bei der
Analyse von Institutionen verantwortlich zu sein, Analysten legen ihn zum Teil auf sehr
unterschiedliche Weise aus. Während manche Forschungsprojekte mit einem eher weiten

---

[90]   Vgl. Ostrom 2007, S.21–64.

Institutionenbegriff arbeiten, der sowohl komplette Organisationen als auch einzelne Regeln und Normen sowie konkrete Handlungsstrategien einzelner Individuen umfasst, erfolgen andere Analysen auf der Grundlage eines sehr engen Begriffs, der beispielsweise lediglich schriftlich fixierte, formale Regelwerke als Institutionen wahrnimmt. Dies erschwert die Vergleichbarkeit von Forschungsergebnissen und die Entwicklung aufeinander aufbauenden Wissens über Institutionen auf der Grundlage empirischer Studien.

Das IAD nach Elinor Ostrom wendet einen eher weiten Institutionenbegriff an, der dennoch sehr klar umrissen ist. Als Institution gelten einerseits Regeln, die als gemeinsame Vorschriften von allen Betroffenen gleichermaßen verstanden werden und deren Einhaltung durch Überwacher mit entsprechenden Sanktionsmöglichkeiten gewährleistet wird. Darüber hinaus können Normen in Form von gemeinsamen Vorschriften, die von allen Teilnehmern bzw. Mitgliedern eines Handlungskomplexes über externe sowie interne Anreize und Kosten durchgesetzt werden, als Institutionen erfasst werden. Schließlich deckt der Institutionenbegriff auch individuelle Strategien ab, die von einzelnen Akteuren innerhalb der aus Normen und Regeln bestehenden Anreizstruktur ausgewählt und umgesetzt werden. Diese Auswahl erfolgt zudem auf Grund von Erwartungen, die Individuen an das mögliche Verhalten anderer Teilnehmer haben.

Eine Herausforderung liegt in der allgemeinen Unsichtbarkeit von Institutionen, was ihre Analyse erschwert. Institutionen sind in erster Linie gesellschaftliche Konstrukte, deren Wirksamkeit zwar unzweifelhaft vorhanden, aber schwer messbar ist. Vor allem informelle Regeln entfalten neben den offiziellen und häufig schriftlich fixierten Vorschriften großen Einfluss auf das Verhalten von Individuen. Diesem Umstand trägt das IAD mit einem besonderen Focus auf den so genannten ‚working rules' oder ‚rules in use' Rechnung, welche faktisch und unmittelbar Anwendung finden.

Das Disziplinen übergreifende Forschungsinteresse an der Institutionenanalyse stellt zwar eine große Bereicherung für den akademischen Diskurs in diesem Bereich dar, beinhaltet aber auch viele Hemmnisse und Stolpersteine, die nicht zuletzt der großen wissenschaftlichen Sprach- und Methodenvielfalt geschuldet sind. Wirtschaftswissenschaftler und Soziologen, Historiker, Geografen sowie Politikwissenschaftler – um nur einige wenige zu nennen – setzen ihre eigenen Techniken, Heuristiken und Terminologien zur Untersuchung und zum Verständnis von Institutionen ein. Ein gemeinsames Set sprachlicher Mittel zur interdisziplinären Diskussion der Erkenntnisse wäre aus Ostroms Sicht dringend erforderlich. Ihren Erläuterungen zum Institutional Analysis and Development Framework schickt sie daher einige grundlegende Gedanken zu wissenschaftlichen Rahmenwerken, Theorien und Modellen voraus, die später noch dargestellt werden sollen.

Institutionenforschung kann nur unter Berücksichtigung einer Vielzahl von Analyseebenen sinnvolle Ergebnisse hervorbringen, da mit einer gegenseitigen Beeinflussung der einzelnen Handlungsebenen gerechnet werden muss. Entscheidungen auf der konstitutionellen Ebene beziehen sich meist auf die gemeinsamen Verfahrensweisen und haben damit starken Einfluss auf die kollektive Handlungsebene, indem sie das Entscheidungsverhalten der dort aktiven Teilnehmer prägen. Letztendlich wirken Entscheidungen auf der konstitutionellen Makroebene immer auch indirekt auf das Mikrolevel der Individuen, Bürger und Wähler und deren tagtägliches Entscheidungsverhalten ein. Diesem Anspruch wird das IAD ausdrücklich gerecht, indem es mehrere Handlungsebenen benennt und miteinander verknüpft.

Letztendlich sind nicht nur die verschiedenen Handlungsebenen im Kontext ihrer wechselseitigen Beeinflussungen zu analysieren, sondern auch die Regeln, die zum institutionellen Gerüst assoziiert werden. Ihre motivierende und abschreckende Wirkung entfalten diese in einem komplexen Kombinationszusammenhang aus vielen Regeln. Sie wirken also einerseits nicht für sich alleine sondern miteinander, andererseits hat jede Regeländerung auch Auswirkungen auf viele andere Regeln.

Trotz der multidisziplinären Einsatzmöglichkeiten des Institutional Analysis and Development Frameworks hat der erstmals 1982 in Elinor Ostroms und Larry Kisers Werk ‚The Three Worlds of Action: A Methatheoretical Synthesis of Institutional Approaches' veröffentlichte Ansatz besonderen Wert für die Politikwissenschaft und dort insbesondere für die Policyforschung. Das Framework ermöglicht systematische Antworten auf die zentrale Frage: Wie ermöglichen es unterschiedliche Governance-Systeme Individuen, Probleme demokratisch zu lösen? Das Erkenntnisinteresse richtet sich also auf die Analyse und Optimierung institutioneller Strukturen mit dem Ziel, optimale Politikergebnisse bzw. Policies zu ermöglichen.[91]

Frameworks, Theorien und Modelle

Mit dem Anspruch einer verbesserten interdisziplinären Intelligibilität für institutionenanalytische Forschungsergebnisse setzt Elinor Ostrom große Erwartungen in das IAD. Vor allem im Bereich der Theorien erwartet sie größtmögliche Kompatibilität, das Rahmenwerk soll sowohl mit mikroökonomischen Verhaltenstheorien als auch soziologischen Handlungstheorien kombinierbar sein. Grundlage eines verbesserten gemeinsamen Verständnisses der Institutionenanalyse ist daher zunächst die klare Abgrenzung verschiedener konzeptueller Level voneinander, diese bestehen in Form von Frameworks, Theorien oder Modellen.

Frameworks oder Rahmenwerke stellen den breitesten Zugriff auf einen Forschungsgegenstand oder -bereich dar. Sie identifizieren zunächst ein Set von Variablen, das für die weitere Analyse von Institutionen Relevanz haben könnte und spezifizieren dieses dann, indem sie die Variablen einzelnen Klassen zuordnen und ihre Beziehungen untereinander feststellen. Darüber hinaus verweist ein Framework auf einzelne Theorien, die für die Analyse einzelner Aspekte relevant sein könnten, dabei ist die Kombination des Rahmenwerks mit Theorien aus den unterschiedlichsten Disziplinen denkbar.[92] Es entsteht damit ein intellektuelles Gerüst, das zum Einen für eine kohärente Denkstruktur sorgt und zum Anderen die für Vergleiche und Evaluationen notwendige Klarheit gewährleistet.[93]

Theorien basieren im Allgemeinen auf einem Framework, sind aber wesentlich spezifischer bei der Identifikation derjenigen Elemente, welche besondere Relevanz für die Beantwortung

---

[91] Vgl. Kiser/ Ostrom 1982, S. 79–222.

[92] Vgl. Ostrom 2007, S. 21–64.

[93] Vgl. Ostrom et al. 1994.

bestimmter Fragestellungen besitzen. Sie enthalten darüber hinaus konkrete Annahmen und Mutmaßungen über die einzelnen Elemente und setzen wiederum mehrere Phänomene miteinander in Kausalbeziehungen. Die Konkretisierung von Voraussetzungen, die für das Eintreten bestimmter Ereignisse erfüllt sein müssen, bildet eine weitere Spezifikation, welche Theorien leisten. Insgesamt besteht die Aufgabe von Theorien darin, Phänomene auf eine Art und Weise miteinander zu verbinden und zu erklären, die sich über das konkrete Ereignis hinaus generalisieren lässt und schließlich als Interpretationsmuster für empirische Daten dienen kann.

Je nachdem, welches Phänomen in den Analysefokus rückt und unter welchen Begleitumständen es auftritt, kommen verschiedene Theorien für eine Anwendung in Betracht. Beispielsweise wäre die mikroökonomische Verhaltenstheorie in einer Situation, in der mehrere Individuen untereinander um knappe Ressourcen konkurrieren, zur Anwendung sehr geeignet, während die kooperative Spieltheorie sinnvoll erscheinen kann, wenn Individuen offen miteinander verhandeln und verbindliche Abkommen schließen. Für das IAD spielt vor allem die Theorie der Allmendegüter bzw. der unreinen öffentlichen Güter eine zentrale Rolle. Allmendegut (common-pool ressource) wird in den Wirtschaftswissenschaften ein Gut genannt, von dessen Nutzung andere nicht oder nur mit unverhältnismäßigem Aufwand ausgeschlossen werden können, wobei unter den Nutzern Rivalität herrscht. Die so genannte ‚Tragik der Allmende‘ bezeichnet in diesem Zusammenhang ein Modell, wonach eine effiziente Nutzung von Allmendegütern äußerst unwahrscheinlich und die langfristige Zerstörung dieser Güter sehr wahrscheinlich ist.

Modelle weisen sich gegenüber den Theorien als noch präziser und spezifischer aus, sie bestehen aus einem beschränkten Set von Parametern und Variablen und sind im besten Fall stark mit einzelnen Theorien verknüpft, was ihre Interpretation erleichtert. Je besser ein Modell an ein spezifisches Problem angepasst ist und je genauer die grundlegenden Annahmen zu dem zu untersuchenden Phänomen passen, desto größer kann die Erklärungskraft von Modellen eingeschätzt werden. Hypothesentests oder Ergebnisvorhersagen gehören zu den gutstrukturierten Modellen, die Aussagen in einer engen Verknüpfung mit Theorien ermöglichen. Unter Umständen stellen Modelle auch eine adäquate Alternative zu empirischen Studien dar.

Das Institutional Analysis and Development Framework
Das IAD gilt mittlerweile als Klassiker unter den Ansätzen der Institutionenanalyse. Entwickelt von Elinor Ostrom zusammen mit anderen Teilnehmern des ‚Workshop in Political Theory and Policy Analysis‘ an der Indiana University in den 1980er Jahren, hat das Framework viele spätere Ansätze der Policyforschung grundlegend beeinflusst und der Forschungsrichtung damit eine erste Struktur gegeben. Als ein Ansatz, der eine starke Nähe zur Neuen Institutionenökonomik aufweist, erscheint das IAD besonders geeignet für die Analyse von Phänomenen, bei denen sowohl das Organisationskonzept ‚Markt‘ als auch ‚Hierarchie‘ eine Rolle spielen.

Das IAD ist ein institutionelles Framework, dessen Fokus auf den individuellen Akteuren, welche innerhalb von Institutionen agieren und Entscheidungen treffen, liegt. Mit Hilfe des IAD wird es möglich zentrale Strukturvariablen zu identifizieren, die bis zu einem gewissen

Grad in allen institutionellen Arrangements eine Rolle spielen, sich in ihrer Bedeutung aber häufig voneinander unterscheiden. Zentrale Elemente des IAD Frameworks sind die so genannte ‚action arena', in der die zu analysierenden Handlungen (actions) stattfinden, die aus Interaktion resultierenden Muster (patterns) sowie die Bewertung der Ergebnisse (evaluative criteria) der Interaktion.

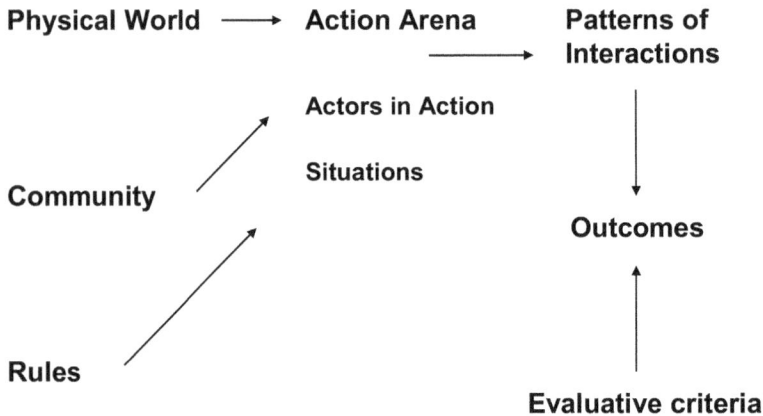

Physical World ⟶ **Action Arena**   **Patterns of**
                                              Interactions

                        Actors in Action

                        Situations

Community

                                              Outcomes

Rules

                                              Evaluative criteria

Abb. 2.2.1 The Institutional Analysis and Development Framework

Basis des Institutional Analysis and Development Framework ist die grundlegende Annahme, dass Policy Prozesse (action arena) und ihre Ergebnisse (outcomes) bis zu einem bestimmten Grad von Variablen beeinflusst werden, die außerhalb des Individuums liegen. Es werden dabei insgesamt vier Typen von Variablen beschrieben:

- Gegebenheiten der physischen Welt (physical world)
- Regeln, die Anreize und Einschränkungen für bestimmte Handlungen darstellen (rules)
- Eigenschaften der Gemeinschaft, welcher die handelnden Individuen angehören (community)
- Interaktionen mit anderen Individuen (interactions)

Erste Analyseeinheit und Rahmen für die Diagnose und Bewertung des Policy Prozesses ist die action arena. Dieses komplexe Konzept besteht aus zwei Variablensets: die action situation und der Akteur (actor). Nach Identifikation der action arena besteht ein erstes Analysegerüst, mit dessen Hilfe es möglich wird, das Verhalten von Individuen innerhalb institutioneller Arrangements zu analysieren, vorherzusagen und zu erklären.[94]

Action situation bezeichnet in diesem Zusammenhang die soziale Sphäre, in der Individuen interagieren, Güter und Dienstleistungen austauschen, an der Verwendung und Bereitstellung

---

[94] Ebd.

von Gütern teilnehmen, Probleme lösen oder Konflikte miteinander austragen. Als analytisches Konzept erlaubt die action situation diejenigen Strukturen isoliert zu betrachten, die unmittelbare Auswirkungen auf das regelmäßige menschliche Handeln sowie die Ergebnisse dieses Handelns haben. Daraus ergibt sich in der Folge eine erste Ansatzmöglichkeit für Strukturreformen zur Optimierung der outcomes.

Die action situation besteht aus mehreren Strukturelementen, darunter befinden sich zunächst die Teilnehmer selbst. Relevant ist dabei die Anzahl der Individuen, die gemeinschaftliche Ressourcen nutzen, ihre Eigenschaften und ihre Position im Gesamtkontext, d. h. auf welchen Handlungs- oder Entscheidungsebenen sie aktiv werden. Darüber hinaus ist von Interesse, welche Handlungen bzw. Techniken in der jeweiligen Situation erlaubt sind und wie sie sich auf das Endresultat auswirken. Potenziell verzögerte Folgen, die erst lange Zeit nach einer Handlung eintreten, bzw. das Ergebnis einer Kettenreaktion, aber auch die eventuell ungleichmäßige Verteilung der Auswirkungen auf Betroffene, gehören ebenfalls zur action situation.

Auch die Frage danach, inwiefern die Teilnehmer und ihr Handeln kontrolliert werden, d. h. ob sie aus eigener Initiative tätig werden können oder dafür die Erlaubnis anderer Akteure benötigen, ist von Bedeutung. Eine weitere Strukturvariable stellt die Verfügbarkeit von Informationen dar. Welche Informationen haben die Nutzer eines Gutes über das Gut selbst, über Bereitstellungskosten und Gewinne oder darüber, wie sich ihr eigenes Handeln auf die gemeinsamen Resultate auswirkt? Letztendlich gehören Kosten und Gewinne einer möglichen Handlung bzw. eines möglichen outcome zum Variablenset der action situation.

Zusammen mit dem Konzept der action situation bildet das Konzept des Akteurs die action arena. Akteure sind entweder einzelne Individuen oder eine Gruppe von Individuen, die als korporativer – also geschlossener – Akteur handelt und damit ebenfalls als Handlungseinheit betrachtet wird. Im IAD verfügen Akteure über vier Charakteristika:

* Spezifische Wertpräferenzen, nach denen sie eine potenzielle Handlung und deren Folgen beurteilen.
* Die Art und Weise, wie sie Wissen und Informationen nutzen, verarbeiten, zurückhalten und wo sie danach suchen bzw. wie sie Kontingenzen und Unsicherheiten reduzieren.
* Individuelle Kriterien, auf deren Grundlage Akteure sich für eine bestimmte Vorgehensweise entscheiden.
* Die Ressourcen, die ein Akteur in die Situation mit einbringt.

Eine Aktion oder Handlung bezeichnet jenes Tun, dem ein Individuum einen subjektiven Sinn oder eine instrumentelle Bedeutung zuweist. Daher sind Annahmen darüber, nach welchen Kriterien Akteure welche Handlungen und Folgen bewerten, welche Ressourcen, Überzeugungen und Informationen sie besitzen oder welche Kapazitäten sie zu deren Verarbeitung nutzen können, für die Vorhersagbarkeit einer Handlung unverzichtbar. Mehrere Theorien kommen für das Akteurskonzept in Betracht. Zu nennen wäre zunächst das zuletzt kontrovers diskutierte Konzept des ‚homo oeconomicus'. Danach verfügen Akteure jederzeit über vollständige Information und wohlgeordnete Präferenzen, ihr Ziel ist die Maximierung der Auszahlungen bei gleichzeitig möglichst niedrigen Kosten.

Für die Modellierung der Akteure nach Maßgabe der neoklassischen Wirtschaftstheorie als Nutzenmaximierer spricht aus Sicht des IAD vor allem die Konkurrenz der Nutzer untereinander. Auch wenn vollständige Information und Klarheit der Präferenzen nicht automatisch unterstellt werden kann, wie Kritiker oft einwerfen, kann dennoch davon ausgegangen werden, dass Individuen lernfähig sind und nach einer gewissen Anzahl an Wiederholungen einer Handlungssituation dem Modell des ‚homo oeconomicus' immer näher kommen. Darüber hinaus wenden vor allem die Sozialwissenschaftler unter den Institutionenforschern einen breiter gefassten Kosten- und Gewinnbegriff an, nicht nur materielle Faktoren spielen eine Rolle sondern auch die investierte Zeit oder die Qualität vertrauensvoller Beziehungen.

Für die Analyse überschaubarer Probleme mit stark kompetetivem Charakter erweisen sich vor allem die Spieltheorie als auch die neoklassische Theorie als geeignete Konzepte zur Akteursbeschreibung. In eher komplexen Situationen, die sich durch große Unsicherheit und mehrdeutige Informationen auszeichnen, erscheint die ‚Theorie eingeschränkter Rationalität' (bounded rationality) für das IAD Framework sehr brauchbar. Danach versuchen Akteure zwar, sich rational zu verhalten, unterliegen dabei aber umfangreichen Beschränkungen. Die Kapazitäten zur Verarbeitung von Informationen können unter Umständen beeinträchtigt sein, besteht Zeitdruck, werden Entscheidungen oft ohne vollständiges Wissen über die jeweilige Situation getroffen, darüber hinaus besteht selten Klarheit darüber, wie der Wert und die Auswirkungen des eigenen Handelns auf die gemeinsamen Ergebnisse im Vergleich zu den Handlungen anderer einzuschätzen sind. Die Situation ist damit durch und durch von Unsicherheit geprägt, Akteure verhalten sich dann verstärkt opportunistisch, was das Unsicherheitsniveau der Situation insgesamt nochmals erhöht, Normen und Regeln wirken Opportunismus und Unsicherheit in diesem Fall entgegen.

Insgesamt gilt: Je stabiler die Situationsbedingungen sind, desto eher lassen sich Aktionen und Ergebnisse vorhersagen, eine Evaluation des kompletten Prozesses und der outcomes kann dann anhand folgender Kriterien erfolgen:

• Ökonomische Effizienz
• Belastungsgerechtigkeit
• Verteilungsgerechtigkeit
• Zuordenbarkeit der Verantwortung
• Konformität mit allgemeinen moralischen Standards
• Anpassungsfähigkeit

Zu den externen Einflussvariablen der action arena gehören zunächst die Gegebenheiten der physischen Welt. Allgemein ist dabei die Beschaffenheit des Gutes oder der Ressource selbst, die gemeinschaftlich verwaltet werden soll, von Interesse, ebenso wie die Faktoren, die Einfluss auf den Wert oder die Verfügbarkeit dieser Ressource haben. Darüber hinaus spielen die räumliche Variabilität und vor allem die Möglichkeit, Akteure von der Ressourcennutzung auszuschließen, eine entscheidende Rolle. Ein weiterer Aspekt ist die Beschränkung individueller Strategie- und Handlungsoptionen durch den Umstand, dass nicht alle Aktionen physikalisch möglich und demnach realisierbar sind.

Regeln als Institutionen stellen im IAD eine besonders wichtige Variable dar, die die action arena von außen beeinflusst. ‚Regeln‘ bezeichnet in diesem Zusammenhang Aussagen darüber, welche Handlungen in welchen Situationen erforderlich, verboten oder erlaubt sind und welche Sanktionen im Falle einer Regelverletzung verhängt werden. Einerseits werden Regeln als hilfreiches Instrument dafür angesehen, die Beziehungen zwischen Individuen zu ordnen und die gegenseitige Vorhersehbarkeit zu steigern. Andererseits sind Regeln oft Ziel von Problemlösungsversuchen, in der Hoffnung, dass eine Regeländerung zu besseren Ergebnissen führt. Nicht nur staatliche oder hierarchische Organisationen verfügen über Regeln, vielmehr versteht sich der Begriff als so genante rules in use und bezeichnet damit also alle jenen formalen und informalen Vorschriften, an die sich Individuen faktisch halten.

Für die Institutionenforschung ist es nicht immer einfach, die tatsächlichen rules in use offen zu legen, da sie in den seltensten Fällen schriftlich verfasst sind und Individuen oft Schwierigkeiten damit haben, die Regeln, die sie tatsächlich befolgen, zu benennen. Befragungen erweisen sich in diesem Zusammenhang also nur begrenzt als erfolgversprechende Methode.

Letztendlich haben die Eigenschaften und Merkmale der Gemeinschaft (community), in welche die handelnden Individuen integriert sind, großen Einfluss auf die action arena. Community meint in diesem Zusammenhang die Gesamtheit aller akzeptierten Verhaltensnormen und Werte. Dabei ist der Grad an Homogenität der Wertpräferenzen innerhalb der Gemeinschaft ausschlaggebend dafür, wie leicht es Individuen fällt, gemeinsam verbindliche sowie wirksame Regelungen zu entwickeln. Ferner beeinflussen gemeinsame Sozialisationserfahrungen und Wertorientierungen das Ausmaß, in dem individuelle Akteure eine Handlungssituation (action situation) ähnlich verstehen und interpretieren.

Die durch das IAD Framework beschriebene action arena, externen Einflussvariablen und Ergebnisse des Policy Prozesses sowie deren Bewertung bilden einen analytischen Rahmen, der sich in mehrere Handlungsebenen auffächern lässt. Das IAD erweist sich damit als multidimensionaler Ansatz, der eine Berücksichtigung wechselseitiger Beeinflussung zwischen den verschiedenen Ebenen gewährleistet.

Die operationale Handlungsebene beschreibt dabei die unterste Ebene, hier sind alltägliche Handlungen zu verorten, welche auf die physische Welt unmittelbar einwirken und von den Individuen mehr oder weniger routiniert ausgeführt werden. Darüber liegt die kollektive Handlungsebene, auf der Akteure Regeln für operationale Handlungen erschaffen. Die outcomes dieser Ebene haben also direkten Einfluss auf die Handlungsbedingungen der untersten Ebene. Die konstitutionelle Ebene umfasst diejenigen Akteure, die über Zugangs- und Verfahrensregeln der Kollektivebene entscheiden und damit auch indirekten Einfluss auf die unterste Ebene haben.

Governing the Commons
In ihrem im Jahr 1990 erschienenen Werk ‚Governing the Commons: The Evolution of Institutions for Collective Action‘ widmet sich Elinor Ostrom der Frage, unter welchen Bedingungen Kommunen, die über natürliche Ressourcen verfügen, selbstorganisierend institutionelle Arrangements zu deren Verwaltung entwickeln können. Zentrale Annahme ist dabei die ‚Tragik der Allmende‘, durch welche der Bestand der Ressourcen bedroht ist – ein Umstand,

auf den im Allgemeinen mit Privatisierung oder Zentralisierung reagiert wird. Durch mehrere vergleichende Studien konnte Ostrom allerdings zeigen, dass effiziente Selbstverwaltung
durch die Kommunen selbst möglich ist.[95] Folgende Prinzipien erwiesen sich dabei als Erfolgs fördernd:

- Klar definierte Grenzen
- Auf lokale Besonderheiten angepasste Regeln
- Operationale Regeln können von den betroffenen Individuen mitgestaltet werden
- Die Regelüberwacher sind den Betroffenen gegenüber verantwortlich
- Gestaffelte Sanktionen bei Regelverstößen
- Gute Zugangsmöglichkeit zu Konfliktlösungsmechanismen
- Anerkennung des Rechts auf Selbstverwaltung durch übergeordnete Behörden

Diese verallgemeinerten Prinzipien haben wesentlichen Einfluss auf das Gelingen gemein-
schaftlicher Güterverwaltung durch institutionelle Arrangements. Sie enthalten einerseits
Anreize für konformes Verhalten der Beteiligten sowie Mechanismen gegenseitiger Kontrolle, andererseits beinhalten sie auch dynamische Elemente, die für ein Höchstmaß an Flexibilität und Anpassungsfähigkeit sorgen.

2.2.2   Akteurzentrierter Institutionalismus

Der von den beiden deutschen Politikwissenschaftlern Renate Mayntz und Fritz Scharpf
entwickelte Ansatz des Akteurzentrierten Institutionalismus stellt eine vielseitig einsetzbare
Forschungsheuristik dar, die weit über den stark vereinfachenden Blick des Policy Cycle auf
den politischen Prozess hinausgeht. Unter Zuhilfenahme grundlegender Annahmen der
Spieltheorie zu Handlungsorientierungen und -intentionen politischer Akteure konstruieren
Mayntz und Scharpf ein Analysewerkzeug, mit dem es möglich wird, das Zustandekommen
politischer Entscheidungen aus dem komplexen sowie ebenenübergreifenden Zusammenwirken einzelner Akteure zu erklären.

In seinem Werk ,Interaktionsformen‘, das die wesentlichen Erkenntnisse und Annahmen
zum Akteurzentrierten Institutionalismus enthält, formuliert Fritz Scharpf seine Erwartungen
an die Policyforschung. Sie soll dazu beitragen, den politischen Entscheidungsprozess und
die Bedingungen, unter denen er stattfindet, besser zu verstehen und damit die Grundlage für
die Optimierung dieser Bedingungen schaffen. Das politische System, als maßgeblicher
Träger des Politikentwicklungsprozesses, ist laut Scharpf hinsichtlich seiner Fähigkeit, besonders wirksame sowie legitime Entscheidungen hervorzubringen, zu beurteilen. Je nach
Art des zu bearbeitenden Problems, der Konstellation der beteiligten politischen Akteure und
den Formen ihres Zusammenwirkens variiert diese Fähigkeit.[96]

---

[95]   Ostrom 1990.

[96]   Vgl. Scharpf 2000, S. 40.

Der Akteurzentrierte Institutionalismus stellt ein nützliches Analyse-Tool dar, mit dessen Hilfe das Zustandekommen politischer Entscheidungen aus den oben genannten Rahmenbedingungen erklärt werden kann. Die interaktionsorientierte Policyforschung ist damit dazu in der Lage, vergangene politische Entscheidungsprozesse unter der Annahme rationaler Verhaltensweisen aller Beteiligten nachzuzeichnen und die für die Qualität der Entscheidung relevanten Bedingungen festzustellen. Auf der Basis breit angelegter empirischer Erhebungen bzw. Prozessdokumentationen lassen sich dann Konzepte zur systematischen Verbesserung des institutionellen Rahmens entwickeln.

Anwendungsmöglichkeiten:

- Genaue Beschreibung realer Akteurkonstellationen
- Feststellung des Konfliktniveaus und der Konfliktart innerhalb von Akteurkonstellationen
- Beurteilung der Konfliktlösungsfähigkeit des politischen Systems für einzelne Politikprobleme
- Entwicklung institutioneller Verbesserungsvorschläge

Der Ansatz geht zunächst davon aus, dass Politikergebnisse nicht automatisch die bestmögliche Lösung für ein politisches Problem darstellen, sondern als abhängige Resultate aus dem Zusammenwirken vieler Akteure entstehen, die sich teilweise erheblich bezüglich ihrer Zielvorstellungen und Eigenschaften unterscheiden. Der Vorstellung, staatliches Handeln richte sich gezielt sowie effizient auf öffentliche Problemlagen und produziere optimale Lösungsprogramme, die dann einseitig und hierarchisch in einer großteils passiven Politikumwelt umgesetzt werden, wird damit eine Absage erteilt. Vielmehr wirken staatliche Strukturen als Institutionen auf die handelnden Akteure und den Verlauf ihrer Interaktion ein, beeinflussen das Politikergebnis demnach nur indirekt.[97]

Neben Verfassungsgrundsätzen und -organen, darunter beispielsweise der Parlamentarismus und das Parteiensystem sowie die Regierung und ihre Beziehungen zu privaten Akteuren, umfasst der Institutionenbegriff, wie ihn der akteurzentrierte Institutionalismus gebraucht, auch nicht-staatliche Regelsysteme. Diese können in Form von Verbandssatzungen oder Regelungen zur Unternehmensorganisation bestehen. Insgesamt wird angenommen, dass Institutionen die Interaktion der an der Politikproduktion beteiligten Akteure stark strukturieren.

Sie prägen maßgeblich deren Wahrnehmung davon, was ist und was sein soll, sie statten die Akteure mit Kompetenzen und Handlungsressourcen, darunter beispielsweise Wissen oder finanzielle Mittel, aus und schaffen damit ein Mindestmaß an gegenseitiger Einschätzbarkeit und Berechenbarkeit, welches eine strategische Herangehensweise an die Interaktion erst ermöglicht. Die strukturierende Wirkkraft von Institutionen richtet sich damit sowohl auf die einzelnen Akteure selbst als auch auf die Interaktion zwischen den Akteuren – eine Annah-

---

[97] Vgl. Scharpf 2000, S. 34

me, die dem Akteurzentrierten Institutionalismus erlaubt, mehrere Ebenen der Politikproduktion in die Analyse mit einzubeziehen.[98]

Als Akteure und damit als Träger der politischen Interaktion kommen Handlungseinheiten in Frage, die sich hinsichtlich ihres Komplexitätsgrades teilweise stark unterscheiden können. Dabei haben kollektive und korporative Akteure, darunter beispielsweise Parteien, Unternehmen oder sonstige zielgerichtete Organisationen, als Analyseobjekte der oberen bis mittleren Ebene höchste Relevanz. Auf der unteren Ebene rücken individuelle Akteure, die als Mitglieder übergeordneter Akteure verschiedene interne Rollen und Aufgaben übernehmen, ins Blickfeld des Ansatzes. Sie sind in ihrem Handeln durch die institutionelle Struktur der übergeordneten Handlungseinheit geprägt, darüber hinaus erfasst der Forschungsansatz auch organisationsinterne und -übergreifende Zusammenschlüsse oder Netzwerke als eigenständige Akteure.

Abb. 2.2.2 Übersicht komplexe Akteure

Institutionalisierte Regeln, die in zeitlicher und räumlicher Hinsicht variabel, aber innerhalb ihres jeweiligen Bereichs relativ stabil bleiben, sind daher die Hauptursache für Verhaltensregelmäßigkeiten, die wir beobachten und in unseren Erklärungen verwenden können.[99] Das beobachtbare Handeln der Akteure lässt sich zum einen auf diese Regelungen zurückführen, zum anderen wird nach der Erfassung aller relevanten institutionellen Einflüsse klar, wo und in welcher Form informelle, d. h. nicht-institutionalisierte Wirkkräfte zu Abweichungen vom erwarteten Akteurverhalten geführt haben. Auf der Grundlage des Wissens um die institutionellen Bedingungen, unter denen Akteure ein spezifisches Politikproblem bearbeiten, können in einem weiteren Schritt Akteurkonstellationen beschrieben, typisiert und hinsichtlich des vorliegenden Konfliktniveaus sowie der Konfliktart unterschieden werden. Dies lässt letztendlich Rückschlüsse auf die Konflikt- und damit Problemlösungsfähigkeit des politischen Systems für einzelne Politikbereiche zu und erlaubt die Entwicklung von Vorschlägen zur systematischen Optimierung institutioneller Prozessbedingungen.[100]

Institutionen sind Handlungskontexte im Sinne von Regelsystemen, sie regeln:

- Verteilung von Kompetenzen und Handlungsressourcen

---

[98] Vgl. Schneider/ Janning 2006, S. 93.

[99] Scharpf 2000.

[100] Ebd., S.90.

- Zielvorstellungen und gemeinsame kognitive Orientierung
- Interaktion mit anderen Akteuren
- Institutionen konstituieren komplexe Akteure als Handlungseinheiten

Ausgangsschema: Spieltheorie

Die Vorstellung, dass politische Entscheidungen mit dem Ziel, die bestmögliche Lösung für ein politisches Problem durchzusetzen, einseitig und hierarchisch vom Gesetzgeber getroffen werden, hält Fritz Scharpf für unrealistisch.[101] Aus seiner Sicht erfolgt Politikentwicklung und Entscheidung aus dem Zusammenwirken mehrerer Akteure, die sowohl hinsichtlich des jeweiligen Politikproblems als auch bezüglich politischer Lösungen höchst unterschiedliche Wahrnehmungen und Zielvorstellungen haben. Kein einzelner Akteur kann eine politische Entscheidung im Alleingang und nach seinem Gusto treffen, die Interessen und zielgerichteten Verhaltensweisen aller anderen beteiligten Akteure prägen die jeweilige Handlungssituation als externe Faktoren und müssen daher bei der Strategiewahl berücksichtigt werden.

Scharpf nimmt also an, dass grundsätzlich Interdependenz im Sinne einer gegenseitigen Abhängigkeit zwischen den an einem Politikproblem interessierten Akteuren besteht. Jede Handlung hat mehr oder weniger große Auswirkungen auf die Handlungsbedingungen und damit auf die Erfolgschancen aller. Diese Interdependenz zwingt die Akteure zum strategischen Handeln, ihre Ziele können Sie nur dann erfolgreich verfolgen, wenn sie das Verhalten der anderen richtig einschätzen und angemessen darauf reagieren. Politische Prozesse erscheinen unter dieser Perspektive als Spiel, bei dem es Gewinner und Verlierer gibt. Während einige Akteure ihr Policy Ziel durch geschicktes Taktieren weitgehend verwirklichen können, laufen strategisch weniger versierte Akteure Gefahr, von ihren ‚Mitspielern' übervorteilt zu werden.

Bevor jedoch weiter darauf eingegangen wird, inwiefern spieltheoretische Ansätze dazu geeignet sind, die politische Wirklichkeit zu erklären, bedarf es einer kurzen Klärung dessen, was man unter einem Spiel versteht. Ein Spiel besteht in der Regel aus drei elementaren Bestandteilen: die ‚Spieler', ihre ‚Strategien' und die ‚Auszahlungen'. Die Spieler zeichnen sich dadurch aus, dass sie zu zielgerichtetem sowie Nutzen maximierenden Handeln in der Lage sind, sich im Großen und Ganzen also rational verhalten und daher aus mehreren Handlungsoptionen stets jene wählen, die sie ihrem Ziel am nächsten bringen. Die Gesamtheit aller möglichen Handlungsalternativen, die einem Spieler zur Zielerreichung zur Verfügung stehen, lässt sich unter dem Begriff der Strategie fassen. Mit Auszahlungen sind letztendlich die verschiedenen Ergebnismöglichkeiten des Handelns gemeint. Deren Wert bemisst sich auf Grundlage der Präferenzen der Spieler. Manche Ergebnisse entsprechen weitgehend der Vorstellung bzw. dem Ziel eines Spielers, womit dieser eine hohe Auszahlung erreicht hätte. Untertrifft das Ergebnis die Präferenz eines Spielers, ergibt sich für diesen lediglich eine geringe Auszahlung.

---

[101] Ebd., S. 24.

Je nach Variante des Spiels ergeben sich für die strategische Entscheidungssituation, in der sich die Spieler befinden, unterschiedliche Bedingungen. Bei einem kooperativen Spiel besteht die Möglichkeit der Absprache unter den Spielern, bevor diese eine Entscheidung treffen. Das ermöglicht es ihnen, ihre Ziele bis zu einem bestimmten Punkt gemeinsam zu verfolgen und gewährleistet ein hohes Maß an gegenseitiger Vorhersehbarkeit und strategischer Sicherheit, da die getroffenen Absprachen für die Spieler verbindlich sind. Dagegen zeichnen sich die Entscheidungssituationen in nicht-kooperativen Spielen durch ein hohes Unsicherheitslevel aus. Die Spieler treffen hier keine Absprachen, sondern fällen ihre Entscheidungen in Unkenntnis der Strategieentscheidungen aller anderen. Das wahrscheinliche Verhalten der Mitspieler können die Akteure bei ihrer Entscheidung höchstens auf der Grundlage vorangegangener Erfahrungen und mit strategischem Wissen über die Ziele und die Entscheidungssituation der anderen erraten, zuverlässig und sicher sind diese Einschätzungen jedoch ganz und gar nicht.

Bei nicht-kooperativen Spielen treten die Akteure zueinander in strategische Interaktion. Einerseits sind sie sich darüber im Klaren, dass das Handeln der anderen Auswirkungen auf ihre eigenen Erfolgschancen hat, sie sind sich also ihrer Interdependenz bewusst. Andererseits reagieren sie auf diese Interdependenz, indem sie das Verhalten der anderen Akteure antizipieren, ihre Strategien gegebenenfalls anpassen und so ihre eigenen Aussichten auf Zielerreichung optimieren. Diese grundlegenden Annahmen der Spieltheorie nutzt Fritz Scharpf für seinen Ansatz des Akteurzentrierten Institutionalismus indem er sie auf politische Prozesse anwendet und insbesondere den Vorgang der strategischen Interaktion als Erklärungsmodell für verschiedene Akteurkonstellationen sowie die aus ihnen hervorgehenden Politikergebnisse heranzieht.

Zu den Spielern zählen in diesem Zusammenhang individuelle und kollektive bzw. korporative Akteure, wie sie beispielsweise in Form von Regierungen, Ministerien, Parteien oder Unternehmen und ihren Einzelmitgliedern bestehen. Sie alle haben als politische Akteure Interesse daran, an der Gestaltung und Umsetzung von Politikinhalten teilzunehmen. Dabei spielt es zunächst keine Rolle, ob sie formal mit Entscheidungs- und Steuerungskompetenz ausgestattet sind oder ihre politischen Ziele als zivilgesellschaftliche Organisationen informell oder indirekt verfolgen. Scharpf geht davon aus, dass diese Akteure im Hinblick auf ihre Ziele zweckgerichtet, also rational handeln und darüber hinaus wissen, dass ihre politischen Erfolgschancen in mehr oder weniger großem Ausmaß von den Entscheidungen anderer Akteure, die an der Materie interessiert sind, beeinflusst werden.

Gleichzeitig treffen sie ihre Entscheidungen in dem Wissen, dass sie für alle anderen Beteiligten eine strategische Größe darstellen und damit Auswirkungen auf deren Entscheidungssituation haben. Als Resultat aller Einzelentscheidungen steht am Ende des politischen Prozesses ein Politikergebnis bzw. eine politische Lösung, die die Interessen der einzelnen Akteure mehr oder weniger umfassend verwirklicht.

Vor allem als Modell zur Erklärung von Interaktions- und Entscheidungsvorgängen innerhalb einer Gruppe politischer Akteure sowie dem Zustandekommen politischer Resultate besitzt die Spieltheorie laut Scharpf großen Wert. Über den Nutzen des Rational-Choice-Ansatzes für die Policyforschung äußert er sich folgendermaßen:

‚Wenn gezeigt werden kann, dass das tatsächliche Ergebnis das Produkt der für alle beteiligten Parteien unter den gegebenen Umständen bestmöglichen Strategieentscheidung war, dann hat diese Art der Erklärung eine Überzeugungskraft, die von alternativen Erklärungsstrategien nicht so leicht erreicht werden kann.'[102]

Und in der Tat erscheint es angesichts gescheiterter Planungspolitiken der letzten Dekaden sinnvoll, eine neue, akteurzentrierte Perspektive auf die Entwicklung öffentlicher Policies einzunehmen. Nicht die wünschbaren Politikergebnisse und bestmögliche Wege zu ihrer Verwirklichung stehen vordergründig im Erkenntnisinteresse dieses Ansatzes der Politikfeldanalyse sondern das Verhalten der an einem Politikproblem interessierten Akteure sowie die Bedingungen, unter denen sie handeln sollen erforscht werden. Haben wir erst beschrieben und verstanden, durch welche Faktoren die einzelnen Akteure in ihrer Entscheidungsfindung beeinflusst werden, auf welche Weise sie interagieren und wie einzelne Akteurkonstellationen letztendlich zu charakterisieren sind, verfügen wir über das notwendige Wissen, die Entstehungsprozesse verschiedener Policies nachzuvollziehen.

Ein unverzichtbarer Ausgangspunkt spieltheoretischer Überlegungen zu solchen Prozessen besteht in der grundlegenden Annahme, den Akteuren könnten die Eigenschaften von Spielern zugeschrieben werden. Dies ermöglicht einerseits erst die (Re-)Konstruktion oder Modellierung von Entscheidungsprozessen aus dem Akteurverhalten, andererseits liegt hier die große Schwachstelle des Ansatzes. Regierungsmitgliedern, Behörden, Parteien oder Wirtschaftsunternehmen kann zweifelsohne ein hohes Maß an Rationalität in ihren Überlegungen sowie Zielstrebigkeit in ihrem Handeln unterstellt werden. Wie die Wirklichkeit zeigt, unterliegen sowohl individuelle als auch komplexe Akteure gewissen Beschränkungen, die ihre vollständige Erfassung durch Rational-Choice-Modelle mehr oder weniger unmöglich macht.

Zunächst dürfen die organisationellen sowie individuellen Kapazitäten zur kognitiven Verarbeitung von strategisch relevanten Informationen und darauf aufbauend die Fähigkeit, die richtigen Schlussfolgerungen daraus zu ziehen, nicht überschätzt werden. Ferner kann nicht davon ausgegangen werden, dass alle an einem politischen Prozess Beteiligten über dieselben Informationen verfügen bzw. diese auf gleiche Weise interpretieren. Vielmehr ist davon auszugehen, dass Subjektivität die Wahrnehmung und Deutung der Realität durch die Akteure prägt und auch unterschiedliche Vorstellungen bezüglich der Relevanz oder Priorität von Informationen vorherrschen. Darüber hinaus entscheiden Menschen und Organisationen keineswegs immer unter der Prämisse des größtmöglichen Nutzens und der optimalen Zielverwirklichung. In ihrem Handeln folgen sie auch immer Intentionen, die ihren Ursprung in den vorangegangenen Sozialisationserfahrungen und damit in der gesellschaftlichen sowie Politischen Kultur haben.[103]

Der Bedeutung von politischer und gesellschaftlicher Kultur für das Akteurverhalten trägt Fritz Scharpf bei der Weiterentwicklung seines Ansatzes vom reinen Rational-Choice-Modell zum Akteurzentrierten Institutionalismus Rechnung. Die Kultur, verstanden als Ausdruck einer kollektiven Konstruktion gesellschaftlicher Wirklichkeit, dient dem Menschen

---

[102] Ebd., S. 32.

[103] Ebd., S. 25.

und darüber hinaus auch menschlichen Organisationen als Orientierungshilfe jenseits von subjektiver Wahrnehmung. Sie bildet damit die gemeinsame Grundlage aller jener, die sich einer Kultur zugehörig fühlen und ermöglicht damit erst soziale und letztendlich politische Interaktion. Akteure, die in ihrem Denken und Wollen auf dieselbe kulturelle Ordnung bezogen sind, teilen damit ein Stück Wirklichkeit. Diese Gemeinsamkeit macht sie für einander einschätzbar und in ihrem künftigen Verhalten zu einem bestimmten Grad berechenbar.

Institutionen manifestieren die gemeinsame Kultur auf einem verbindlicheren Niveau, sie repräsentieren geteilte Werte und fördern bzw. fordern deren Verwirklichung. In Form von normativ ausgerichteten und oftmals sanktionierten Regelsystemen wirken sie auf individuelle sowie komplexe Akteure ein und prägen auf diese Weise deren Intention. Die gegenseitige Einschätzbarkeit erreicht so ein noch höheres Ausmaß, Interaktion wird dadurch weiter vereinfacht. Die Wirkkraft der Institutionen reduziert die Anzahl der möglichen Strategieoptionen der Akteure, die Handlungssituation gestaltet sich damit für alle überschaubarer. Wenn davon ausgegangen werden kann, dass ein Akteur aufgrund drohender Sanktionen bestimmte Entscheidungen nicht treffen wird, ist sein Verhalten damit deutlich besser vorherzusehen. Daraus ergibt sich die Möglichkeit, die wahrscheinlichen künftigen Entscheidungen anderer in die eigenen Überlegungen zur Strategiewahl mit einzubeziehen.

Über eine reine Reglementierung des Verhaltens hinaus prägen Institutionen auch die Fähigkeiten und Wahrnehmungen der Akteure. Wo Rationalität und kognitive Leistungsfähigkeit ihre Grenzen erreichen, stellen sie Orientierungshilfen zur Verfügung, indem sie durch ihre normative Wirkkraft Überzeugungen im Sinne der von ihnen repräsentierten Ideen und Werte formen. So geben Parteien ihren Mitgliedern politische sowie weltanschauliche Leitbilder, wie sie beispielsweise im Liberalismus, Konservatismus oder Sozialismus bestehen, an die Hand. Unternehmensverfassungen können neben der Gewinnmaximierung auf ein besonderes Bewusstsein der Organisation gegenüber dem Umweltschutz oder der Entwicklung neuer Technologien hinweisen. Auch die Zuweisung von Aufgaben und Zielvorgaben für deren Erfüllung sind Bestandteile institutioneller Regelsysteme, die sowohl Wahrnehmung als auch Präferenzen ihrer Adressaten prägen. Durch die Festlegung von Rollen, Kompetenzen und Verantwortlichkeiten nehmen Institutionen darüber hinaus Einfluss auf deren Fähigkeiten. Während manche Organisationsmitglieder dazu befugt sind, finanzielle Ressourcen einzusetzen oder uneingeschränkten Zugang zu den internen Wissens- und Informationsbeständen haben, unterliegen andere in ihrem Handlungsspielraum institutionell festgelegten Restriktionen.[104]

Politische Akteure sind also nach wie vor als Spieler wahrzunehmen, die ihre Entscheidungen zielgerichtet und im Rahmen ihrer Möglichkeiten rational treffen. In ihre Strategieplanung beziehen sie die erwartbaren Verhaltensweisen anderer Spieler mit ein und passen ihre eigenen mit dem Ziel eines optimalen Auszahlungsergebnisses an. Dabei prägen Institutionen maßgeblich sowohl Zielvorstellungen als auch Verfügbarkeit von Handlungs- und Entscheidungsressourcen und damit insgesamt die Berechenbarkeit der Spieler. Auf der Grund-

---

[104] Ebd., S. 51.

lage von institutionell geformten Präferenzen und Wahrnehmungen wählen sie dann den bestmöglichen Handlungsverlauf.[105]

Der Akteurzentrierte Institutionalismus
Fritz Scharpf entwickelt seinen Ansatz des Akteurzentrierten Institutionalismus als ein analytisches Werkzeug, das es ermöglicht politische Prozesse aus der Perspektive der handelnden Akteure auf mehreren Ebenen zu erfassen. Als oberste Ebene rücken die gesellschaftspolitische Umwelt und der institutionelle Kontext in den analytischen Fokus. Die Akteure interagieren innerhalb dieser, ihr Entscheidungshandeln und ihre Interaktion werden durch sie beeinflusst. Eine mittlere Ebene bilden die Akteure selbst, sie verfügen über spezifische Eigenschaften, Überzeugungen und Fähigkeiten, die unterscheidbar und beschreibbar sind und damit weitere Rückschlüsse auf die relevanten Handlungsintentionen und -orientierungen erlauben. Auf der untersten Ebene offenbart sich das Innenleben der Akteure. Vor allem kollektive und korporative Akteure, die sich aus kleineren Handlungseinheiten wie Mitgliedern oder Angestellten zusammensetzen, sind hier von Interesse. Ihre interne Organisation wird dabei ebenfalls als Regelsystem im Sinne einer Institution begriffen.[106]

Unter der Annahme, dass politische Prozesse und ihre Ergebnisse maßgeblich durch die Interaktion der an ihnen beteiligten Akteure bestimmt werden, lässt sich mit dem Akteurzentrierten Institutionalismus eine große Bandbreite an Fragestellungen bearbeiten. Den unabhängigen Bezugspunkt dieser Fragestellungen bildet dabei eine spezifische öffentliche Politik, die unter anderem als politisches Programm, Gesetz oder Verordnung in Erscheinung treten kann. Davon ausgehend ermöglicht eine umfangreiche Analyse der genannten Ebenen und darüber hinaus die Erfassung der dort auftretenden Akteurkonstellationen eine Beantwortung folgender Fragen:[107]

- Warum war ein Akteur an der Entwicklung einer konkreten Policy beteiligt?
- Welche Konfiguration oder Konstellation von Akteuren hat die Entwicklung einer Policy hervorgebracht?
- Welche Akteureigenschaften haben zur Entwicklung einer konkreten Policy geführt?

Damit verfolgt Scharpf nicht nur einen akteurzentrierten Ansatz sondern zieht zusätzlich die feststellbaren Beziehungsmuster unter den Akteuren als Erklärungshilfen heran. Insgesamt liefert der Ansatz des Akteurzentrierten Institutionalismus ein äußerst feinmaschiges Analysetool, das bei gründlicher Anwendung und umfangreicher empirischer Datenlage die Konstruktion realitätsnaher Modelle von hochkomplexen Entscheidungssituationen ermöglicht. Dabei darf allerdings nicht in Vergessenheit geraten, dass politische Akteure nicht nur im Rahmen der mehr oder weniger bekannten institutionellen und kulturellen Rahmenbedingungen intentional handeln. Ein gewisser Grad an Subjektivität bleibt immer auch Bestandteil ihrer Entscheidungsgrundlage und eröffnet damit Handlungsspielräume, die sich einer Ana-

---

[105] Ebd., S. 66.

[106] Ebd., S.75.

[107] Schneider/ Janning 2006, S. 84ff.

lyse durch institutionalistische Ansätze entziehen. Der Akteurzentrierte Institutionalismus beansprucht daher nicht, Aussagen über die Determinanten politischer Prozesse treffen zu können, er stellt nach wie vor eine Forschungsheuristik dar, die keine absoluten Ergebnisse liefern kann und will.[108]

Akteure

Politische Akteure stehen als die handelnden Einheiten im Analysefokus des Ansatzes, aus ihrer Interaktion entstehen Politikprodukte – also Policies. Dabei interessieren vor allem die akteurspezifischen Handlungsorientierungen und -wahrnehmungen sowie die Fähigkeiten, mit deren Hilfe sie gemäß ihren Präferenzen Ziele verfolgen und verwirklichen.[109] Eine systematische Erfassung aller relevanten Akteureigenschaften erfolgt nach unterschiedlichen Kriterien.

Akteure können zunächst hinsichtlich ihrer Komplexität sowie der internen Kohäsion unterschieden werden. Auf der untersten Ebene befinden sich dabei die ‚individuellen Akteure‘, die an politischen Prozessen normalerweise im Interesse einer größeren Gruppe von Individuen, beispielsweise einer Organisation oder einer Bewegung, teilnehmen und dementsprechend in deren Auftrag handeln. Individuen sind daher als Bestandteile übergeordneter, ‚komplexer Akteure‘ zu sehen, diese bilden den institutionellen Handlungskontext der individuellen Akteure.

Der Einfluss nicht-organisierter individueller Akteure auf die Politikproduktion kann in modernen Massendemokratien als verschwindend gering eingeschätzt werden. Die Arena der politischen Interessenvermittlung ist dominiert von Organisationen und Bündnissen, einzelne Individuen erhalten zu ihr nur selten Zugang. Daher kommt den komplexen Akteuren und ihren Subtypen für die Policyforschung gesteigerte Bedeutung zu. Sie vereinen mehrere individuelle Akteure mitsamt ihren Eigenschaften und Fähigkeiten zu einer größeren Handlungseinheit, die genauso wie ihre interagierenden Mitglieder die Fähigkeit zum intentionalen Handeln besitzt. Komplexe Akteure können somit aus zwei Perspektiven beschrieben werden: Nach außen lassen sie sich durch die ihnen zur Verfügung stehenden Handlungsressourcen und die Fähigkeit, diese einzusetzen – also ihre Handlungsfähigkeit – charakterisieren. Nach innen weisen sie eine spezifische institutionelle Struktur auf, die unter anderem die interne Arbeitsteilung regelt und die Handlungsorientierung ihrer Mitglieder prägt. Aus der Interaktion der in einem komplexen Akteur organisierten Individuen resultieren dann Handlungen bzw. Verhaltensweisen, die diesem in seiner Gesamtheit zugeschrieben werden.

Interagieren mehrere komplexe Akteure miteinander, erreicht dieses Zusammenwirken nicht selten ein Ausmaß an Komplexität, das eine vollständige Analyse der Situation mit Berücksichtigung der internen Perspektive für jeden einzelnen Akteur nicht nur mühsam macht, sondern im Hinblick auf die Genauigkeit der Ergebnisse nicht unbedingt einen signifikanten Mehrwert schafft. Es muss daher von Fall zu Fall entschieden werden, ob eine Herleitung der Handlungen aller interagierenden komplexen Akteure aus ihrer inneren Verfasstheit und dem

---

[108] Scharpf 2000, S. 74.

[109] Ebd., S. 95.

Handeln der individuellen Teilakteure heraus sinnvoll ist, oder ob die der Interaktion zugrunde liegenden Entscheidungen vereinfachend der oberen Akteureinheit und damit dem komplexen Akteur selbst zugeordnet werden.[110]

Die an einem komplexen Akteur beteiligten Individuen verfolgen mit ihrer Interaktion ein gemeinsames Ziel. Sie organisieren sich daher gemäß den internen Regeln und nutzen das übergeordnete Akteurkonstrukt nicht nur als Tauschplattform zur Verwirklichung ihrer eigenen Ziele. Von diffusen, netzwerkartigen Beziehungsgeflechten unterscheiden sie sich also aufgrund des höheren Integrationsniveaus, das ihre Wahrnehmung als eine kompakte Handlungseinheit erst ermöglicht.[111] Darüber hinaus lassen sich innerhalb der Gruppe der komplexen Akteure weitere Akteurtypen voneinander abgrenzen.

Innerhalb der Gruppe der komplexen Akteure bilden die korporativen Akteure und die kollektiven Akteure zwei zentrale Grundtypen. Sie unterscheiden sich im Grad der Abhängigkeit der übergeordneten Handlungsebene von der Ebene der individuellen Akteure und weisen infolgedessen Unterschiede hinsichtlich ihrer Handlungsfähigkeit auf.

Korporative Akteure zeichnen sich in diesem Zusammenhang durch eine sehr hohe Unabhängigkeit von ihren Mitgliedern aus. Deren Interessen werden innerhalb des Akteurs durch Verträge neutralisiert bzw. bereits auf der unteren Ebene abgedeckt, wirken daher nicht bis auf die obere Handlungsebene des korporativen Akteurs ein. Der übergeordnete Akteur selbst unterliegt der Steuerung durch eine Führungsschicht, die diesen nach innen top-down regelt, also mit einer institutionellen Struktur ausstattet, an der sich die individuellen Akteure verbindlich orientieren. Aus diesem hierarchisch festgelegten Regelsystem konstituieren sich sowohl die Identität als auch die Fähigkeiten des korporativen Akteurs. Nach außen formuliert die Führungsschicht Ziele sowie Präferenzen des Akteurs und trifft alle notwendigen Strategieentscheidungen. Daraus ergibt sich für korporative Akteure eine sehr ausgeprägte Handlungsfähigkeit, aufgrund der weitgehenden Unabhängigkeit der oberen Handlungsebene von den Individualpräferenzen der internen Teilakteure erreichen sie ein Höchstmaß an Effizienz und Effektivität hinsichtlich der Verwirklichung ihrer Strategien.

Dagegen ist die Handlungsfähigkeit kollektiver Akteure eher beschränkt, da keine von den Mitgliederinteressen abgekoppelte Führungsschicht existiert. Sie sind in ihrem Handeln an die Interessen und Präferenzen der Mitglieder gebunden, es besteht also eine starke Abhängigkeit des Akteurs von seinen internen Teilakteuren. Je nachdem, wie stark diese Abhängigkeit ausgeprägt ist, lassen sich weitere Untertypen kollektiver Akteure bilden. Das Maß an Verfügungsgewalt des kollektiven Akteurs über die Handlungsressourcen seiner Mitglieder dient dabei als ein Unterscheidungskriterium, eine weitere Dimension zur Unterscheidung liegt im Grad der Kollektivierung und Repräsentation der Mitgliederinteressen durch den übergeordneten Akteur.

So gewähren individuelle Teilakteure in manchen Organisationen weitgehend automatisch Zugriff auf kritische Handlungsressourcen wie beispielsweise Geld, Wissen oder soziale

[110] Ebd., S. 97.

[111] Ebd., S. 98.

Beziehungen und überantworten den Einsatz dieser im Sinne des gemeinsamen Ziels damit der Kollektivebene. In weniger stark integrierten Organisationen behalten die Mitglieder dagegen die Verfügungsgewalt über ihre Ressourcen und entscheiden selbst über deren Einsatz. Hinsichtlich der zweiten Unterscheidungsdimension lassen sich Akteurtypen bilden, die die Einzelinteressen ihrer Mitglieder entweder sehr umfassend aufnehmen und verfolgen, oder nur einen Teil davon auf der kollektiven Ebene vereinen. Es lassen sich so vier Arten kollektiver Akteure unterscheiden: Koalitionen, soziale Bewegungen, Clubs und Verbände.

Bezug der Handlungsorientierungen

		separate Ziele	kollektive Ziele
Kontrolle der Handlungs- ressourcen	separat	**Koalition**	**Soziale Bewegungen**
	kollektiv	**Club**	**Verband**

Abb. 2.2.3 Arten kollektiver Akteure

Auf dem untersten Integrationsniveau befinden sich die Koalitionen. Ihre Mitglieder orientieren sich neben den kollektiven Interessen zu einem guten Teil auch an ihren Individualpräferenzen und geben bei weitem nicht die vollständige Kontrolle über ihre eigenen Handlungsressourcen an die Kollektivebene ab. Dennoch stellen Koalitionen Kollektivakteure dar, die über einen längeren Zeitraum stabil existieren und von den gemeinsamen Präferenzen und Zielen der Koalitionäre getragen werden. Um diese zu verwirklichen, koordinieren die Mitglieder ihre Strategien und Ressourcen miteinander, Erfolge bemessen sie dann auf der Grundlage ihrer individuellen Erwartungen. Bei langfristigem Erfolg nehmen die Koalitionsmitglieder dann auch kurzfristig Verluste hin, ohne endgültig aus der Koalition auszusteigen oder den kollektiven Einsatz ihrer kritischen Handlungsressourcen zu verweigern. Diese bleiben zwar prinzipiell unter der Verfügungsgewalt der Teilakteure, es besteht jedoch ein gemeinsamer Wille zum koordinierten strategischen Ressourceneinsatz.

Eine deutlich umfangreichere Kollektivierung der Interessen liegt bei sozialen Bewegungen vor. Auf der Basis gemeinsamer moralischer oder ideologischer Überzeugungen, die oft Ziele in unterschiedlichen Bereichen beinhalten, kooperieren hier mehrere Mitglieder freiwillig und beinahe erfolgsunabhängig. Kritische Handlungsressourcen bleiben in sozialen Bewegungen genauso wie in Koalitionen unter der Kontrolle der individuellen Teilakteure, jedoch ist ihre Koordination sehr schwierig, da normalerweise keine institutionalisierte Führungsstruktur existiert. Soziale Bewegungen sind in ihrem strategischen Handlungsspielraum nach außen dadurch erheblich beschränkt und müssen trotz der stark ausgeprägten Interessenüberschneidung im Inneren als eher unflexibel bezeichnet werden.

Clubs konstituieren sich auf der Grundlage individueller Eigeninteressen und -präferenzen, integrieren diese jedoch nur teilweise bzw. innerhalb eines bestimmten Themenbereichs. Die Kollektivierung der Handlungsressourcen erfolgt regelmäßig in Form von Mitgliedsbeiträgen, die der kollektiven Handlungsebene dann zur Strategieverfolgung zur Verfügung stehen. Formalisierte Entscheidungsprozesse, an denen die Clubmitglieder auf festgelegte Art und Weise partizipieren, prägen insgesamt das Handeln des Clubs als Kollektivakteur.

Das höchste Integrationsniveau erreichen innerhalb dieser Vierertypologie die Verbände. Auf Grund umfangreicher Kollektivierung der kritischen Handlungsressourcen auf der übergeordneten Akteurebene verfügen sie über ein Höchstmaß an Handlungsfähigkeit und strategischer Effektivität. Auf der Kollektivebene liegen nicht nur die Verfügungskontrolle über die Ressourcen der Mitglieder sondern auch die strategische Entscheidungsgewalt, dort werden Ziele und Präferenzen gebildet und auch die notwendigen Handlungsentscheidungen zur Verwirklichung dieser getroffen.

		Kollektive Akteure				
Aggregierte Akteure						Korporative Akteure
	Koalition	Club	Soziale Bewegung	Verband		
Handlung	individuell	gemeinsam	gemeinsam	gemeinsam	gemeinsam	Organisation
Ziel	individuell	individuell	individuell	kollektiv	kollektiv	Organisation
Ressourcen	individuell	individuell	kollektiv	individuell	kollektiv	Organisation
Entscheidungen	individuell	Vereinbarung	Abstimmung	Konsens	Abstimmung	hierarchisch

Abb. 2.2.4 Aggregierte, kollektive und korporative Akteure

Die interne Strukturiertheit eines kollektiven Akteurs determiniert dessen Handlungsfähigkeit erheblich, dabei spielt nicht nur der Kollektivzugriff auf Handlungsressourcen sowie das Ausmaß der Interessenschnittmenge eine Rolle. Entscheidend ist darüber hinaus, inwiefern Wahrnehmung und Kognition der einzelnen Mitglieder übereinstimmen bzw. voneinander abweichen und ob sie dazu in der Lage sind, wichtige Informationen effektiv zu kommunizieren. Da die Mitgliederinteressen und -präferenzen, wie bereits veranschaulicht wurde, nicht zwangsläufig im erforderlichen Ausmaß auf der Kollektivebene repräsentiert werden bzw. das Kollektivinteresse erst aus internen Entscheidungsprozessen heraus entwickelt wird, determiniert die gemeinsame Fähigkeit zur Lösung von inneren Konflikten zusätzlich die strategische Handlungsfähigkeit des Akteurs.[112]

---

[112] Ebd., S. 108.

Orientierung und Präferenzen der individuellen Akteure
In diesem Zusammenhang soll noch mal auf die Situation der individuellen Akteure innerhalb eines komplexen Akteurs eingegangen werden. Zunächst muss davon ausgegangen
werden, dass die Präferenzen und Wahrnehmungen von Individuen subjektiv und über einen
gewissen Zeitraum wandelbar sind, so dass eine permanente kognitive Konvergenz innerhalb
von Akteuren eher selten erreicht wird. Eine gewisse Synkronisierung der individuellen
Akteure erfolgt allerdings durch deren gemeinsame Bezogenheit auf die größere Einheit.
Innerhalb dieser übernehmen sie institutionell definierte Rollen, die in Entscheidungs- und
Handlungssituationen Orientierung geben. Da Individuen nicht selten in mehreren verschiedenen korporativen oder kollektiven Akteuren soziale Rollen übernehmen, besteht generell
die Gefahr eines Rollenkonflikts. Divergieren die Orientierungsmuster in ihren Zielvorgaben
oder Verhaltensregeln, kann dies zu Entscheidungskonflikten bei den Betroffenen führen, die
sich für das Kollektiv unter Umständen Strategie gefährdend auswirken.[113]

Auch in ihrer kognitiven Orientierung sind individuelle Teilakteure zu einem bestimmten
Grad durch die übergeordnete Ebene geprägt. Es existiert eine Schnittmenge gemeinsamen
Wissens über die Gegebenheiten und Zusammenhänge sowohl innerhalb als auch außerhalb
des Kollektivakteurs. Diese kollektiven Wissensbestände unterliegen ebenso wie die individuellen Präferenzen und Wahrnehmungen einem Wandel, der vor allem durch Lernprozesse
erklärt werden kann. Werden neue Erkenntnisse, die für die Organisation und ihren Strate-
gieerfolg relevant erscheinen, verarbeitet, hat dies unweigerlich Auswirkungen auf die kognitive Orientierung der Mitglieder, darüber hinaus können auch die individuellen Teilakteure
Träger bzw. Auslöser kollektiver Lernprozesse sein.[114]

Die Orientierungen und Präferenzen individueller Akteurmitglieder ändern sich demnach
von Zeit zu Zeit. Dennoch ergibt sich für eine strukturierte Momentaufnahme der Mitgliederpräferenzen die Möglichkeit der Gliederung in drei einfache Grundkomponenten:[115]

• Interesse
• Normen
• Identitäten

Das Individualinteresse oder Eigeninteresse bildet eine erste Dimension bei der Betrachtung
der Mitgliederpräferenzen. Ein grundsätzliches Interesse von Individuen liegt im Streben
nach Selbsterhaltung, welches sie normalerweise auch innerhalb größerer Kollektive oder
Korporationen verwirklichen wollen. Darüber hinaus stellen der Erhalt von Entscheidungs-
autonomie sowie der Wunsch nach Wachstum und Entwicklung grundlegende Eigeninteressen dar, individuelle Teilakteure richten ihr Handeln nach ihnen aus. Zu welchem Grad und
auf welche Weise sie ihre Eigeninteressen verwirklichen können, ist dabei nicht zuletzt durch
den institutionellen Rahmen der Kollektivakteure, denen sie angehören, geprägt.

---

[113] Ebd., S. 113.

[114] Mehr dazu im Kapitel Advocacy Coalitions in diesem Buch.

[115] Scharpf 2000, S. 116ff.

Eine weitere Dimension besteht in den normativen Erwartungen, die Mitglieder an die Inhaber von Rollen und Positionen innerhalb eines komplexen Akteurs haben. Dabei geht es vor allem darum, unter welchen Bedingungen und mit welchem Ziel diese individuellen Teilakteure agieren oder reagieren. Derartige Erwartungen entspringen direkt dem Wunsch nach gegenseitiger Einschätzbarkeit, die Voraussetzung für eine produktive Interaktion zwischen den individuellen Akteuren ist. Die Beständigkeit von Normen und ihre Verwirklichung durch Rollenträger bilden damit eine weitere Präferenz von individuellen Akteuren.

Ebenfalls entscheidend für die Effizienz und Sicherheit einer Interaktion ist Klarheit über die Präferenzen der Beteiligten. Je unbestimmter die Präferenzen der individuellen Teilakteure erscheinen, desto unberechenbarer sind sie in ihrem Verhalten während der Interaktion. Die Möglichkeit des strategischen Antizipierens erfährt dann eine Beschränkung, darüber hinaus werden die anzunehmenden Interaktionsergebnisse immer kontingenter. Individuelle Teilakteure schaffen sich daher eine Selbst-Identität, die es ihnen ermöglicht, Entscheidungsunsicherheit und Komplexität abzubauen und für ihre Interaktionspartner einschätzbarer zu werden. Sie verringern so die Kosten der Interaktion und machen diese effizienter.

Institutionen

Auch wenn die Intentionen der handelnden politischen Akteure keinesfalls absolut durch ihre Eigenschaften sowie den institutionellen Kontext, in dem sie aktiv sind, determiniert werden, stellen Informationen über Akteure und Institutionen die zentrale Grundlage zur Einschätzung der erwartbaren Akteurintentionen dar.[116] Vor allem Institutionen erweisen sich immer wieder als dankbare weil besonders leicht zugängliche und verlässliche Informationsquellen. Wie bereits weiter oben erwähnt, bestehen Institutionen zumeist in Form von normativ ausgerichteten Regelsystemen, ihre Erfassung lässt Rückschlüsse auf das künftige Verhalten der Akteure zu und gibt Einblick in den von allen geteilten Wissensbestand, der eine gemeinsame objektive Wirklichkeit beschreibt.

Indem sie als sanktionierte Regeln Einfluss auf die Konsequenzen bestimmter Verhaltensweisen und damit auf das erwartbare Auszahlungsergebnis für einzelne Entscheidungen nehmen, schränken sie die Anzahl der Erfolg versprechenden Strategien ein. Darüber hinaus stellen Institutionen objektive Regelwerke dar, die für alle von ihnen betroffenen Akteure sichtbare Forderungen, Ver- und Gebote oder Ziele repräsentieren. Sie werden damit zu einem Bestandteil der von allen Akteuren geteilten Wirklichkeit. Wissen über die Institutionen bedeutet daher Wissen über die gemeinsamen kulturellen Bezugspunkte, die die Grundlage oder sogar Voraussetzung für produktive soziale Interaktion darstellen.[117] Neben den großen institutionellen Kontexten, innerhalb deren politisches Handeln stattfindet, strukturieren institutionelle Regelsysteme die Akteure auch nach innen. Dies gilt insbesondere für komplexe Akteure, die realtypisch beispielsweise als Parteien, Verbände oder Gewerkschaften in Erscheinung treten.

---

[116] Ebd., S. 78.

[117] Ebd., S. 81.

Diese sind als Träger politischer Prozesse für die Policyforschung von gesteigertem Interesse, nicht-organisierte individuelle Akteure werden deshalb aus dem Analysefokus zwar nicht ausgeschlossen, in ihrer Relevanz erhalten sie jedoch eine Einstufung, die deutlich hinter den korporativen und kollektiven Akteuren zurückbleibt. Diese konstituieren sich als institutionelle Regelsysteme, die die interne Organisation und Arbeitsteilung, ihre generelle normative Ausrichtung und die Wahrnehmung ihrer Umwelt strukturieren.

Wirft man einen genaueren Blick auf die regulierende Wirkung von Institutionen, ergibt sich eine große Fülle an Regelungsaspekten. Institutionen korporativer und kollektiver Akteure legen fest, wie Mitgliedschaft in der Organisation definiert ist, geben also Auskunft darüber, wer dazugehört und wer nicht. Ferner regeln sie, welche Handlungsweisen ihrer Mitglieder in welchen Situationen legitim sind, weisen ihnen Handlungskompetenzen zu und formulieren verbindliche Ziele, an denen sich die Mitglieder bei ihren Entscheidungen orientieren. Auch der Zugriff auf Handlungsressourcen sowie Kriterien zur Bewertung ihrer Aktionen und der Ergebnisse werden institutionell geregelt.

Institutionen prägen damit die Wahrnehmung ihrer Mitglieder gegenüber relevanten Ereignissen und Gegebenheiten außerhalb der Organisation und geben ihnen Orientierungshilfen, nach welchen Präferenzen wahrgenommene Phänomene verarbeitet werden sollen. Individuelle Wahrnehmungsprozesse werden damit insgesamt objektiver, darüber hinaus verbessern Institutionen durch festgelegte Wahrnehmungsstandards die kognitive Verarbeitungsfähigkeit der individuellen Teilakteure.

Institutionelle Regeln organisieren und regulieren demnach soziales Verhalten und machen das Handeln all jener, die einem solchen Regelsystem unterliegen, bis zu einem gewissen Grad nicht nur nachvollziehbar sondern auch berechenbar. Das Erfolgsrisiko der Interaktion wird dadurch minimiert, die Menge der möglichen Strategien eines Akteurs erscheint relativ überschaubar, wenn genügend Informationen über seine institutionelle Verfasstheit vorliegen. Diese gegenseitige Vorhersehbarkeit und das gemeinsame Wissen übereinander bilden die Grundlage zur gemeinsamen Politikproduktion.

Eine Einschränkung dessen, was Akteure übereinander wissen und für ihre Antizipationen heranziehen können, ergibt sich zum einen aus dem bereits genannten Resthandlungsspielraum, der den Mitgliedern eines komplexen Akteurs auch bei weitreichender Verregelung noch offen bleibt. Zum anderen stellen Institutionen keine statischen Gebilde dar, sie wurden von einzelnen Individuen geschaffen und bleiben auch nach ihrer Konstitution veränderbar, sind damit also gelegentlichen Wandlungs- und Anpassungsprozessen unterworfen.[118]

Akteurkonstellationen und Interaktionsmodus
An der Produktion öffentlicher Politik ist in der Regel eine Vielzahl kollektiver und korporativer Akteure beteiligt. Sie alle unterscheiden sich zunächst hinsichtlich ihrer Ziele sowie der Handlungsressourcen, die sie zur Verwirklichung dieser einsetzen können. Anhand der verfügbaren Informationen, die über die institutionelle Struktur der Akteure gewonnen werden

---

[118] Burns et. al. 1985, S. 79f.

konnte, lassen sich Wahrnehmungen, Präferenzen sowie Fähigkeiten der an einer konkreten Policyproduktion beteiligten Akteure weiter systematisch beschreiben. Das interne Integrationsniveau der einzelnen Akteure ist ebenfalls aus ihrer institutionellen Verfasstheit ablesbar und lässt damit weitere Rückschlüsse auf die Handlungsfähigkeit der Akteure zu.

Policyanalyse anhand des Akteurzentrierten Institutionalismus nach Fritz Scharpf beschränkt sich jedoch nicht nur auf eine reine Beschreibung der politischen Akteure. Von Interesse ist darauf aufbauend vielmehr die Akteurkonstellation, aus der ein bestimmtes Politikergebnis hervorgegangen ist sowie der Interaktionsmodus, nach dem die einzelnen Akteure diese Politik gemeinsam produziert haben. Akteurkonstellation und Interaktionsmodus bilden zusammen das, was Scharpf analog zur Spieltheorie als Spiel versteht. Damit bestehen zwei zusätzliche Konzepte, aus denen sich ein politischer Handlungsverlauf und sein Ergebnis systematisch herleiten lassen.[119]

Während bei der Analyse der Akteurkonstellation die beteiligten Spieler, ihre Strategieoptionen sowie mögliche Strategiekombinationen als Erklärung für Präferenzen und Ergebnisse herangezogen werden, stellt der Miteinbezug des Interaktionsmodus eine analytische Ergänzung dar, die eine Darstellung des Einflusses der Regeln, nach denen die einzelnen Akteure miteinander interagieren, auf das Politikergebnis ermöglicht. Der vorliegende Interaktionsmodus bildet damit einerseits eine weitere institutionelle Ebene oberhalb der kollektiven und korporativen Akteure, regelt aber auch das Zusammenwirken der individuellen Akteure innerhalb eines komplexen Akteurs.

Scharpf unterscheidet insgesamt vier grundlegende Interaktionsmodi, die den institutionellen Handlungskontext von Akteurkonstellationen konstituieren:

- nicht-kooperatives Spiel
- kooperatives Spiel
- Abstimmungsspiel
- hierarchisches Spiel

Das nicht-kooperative Spiel erfordert im Vergleich zu den anderen Modi den höchsten Strategieaufwand, gleichzeitig bleibt die Erwartungssicherheit eher niedrig. Die einzelnen Akteure treffen keine verbindlichen Kollektiventscheidungen sondern sind darauf angewiesen, die möglichen Entscheidungen der anderen Akteure anhand von Informationen über deren Fähigkeiten und Präferenzen möglichst zutreffend einzuschätzen. Auf der Basis dieser Antizipationen, die aufgrund der nicht-determinierenden Wirkung von Institutionen immer auch ein gewisses Restrisiko bergen, verwirklichen sie dann jene Strategieoptionen, die ein optimales Auszahlungsergebnis versprechen. Ob dieses tatsächlich realisiert werden kann, ist dabei keinesfalls gewiss.

Wesentlich vorhersehbarer gestaltet sich die Interaktion nach dem Modus des kooperativen Spiels. Die Akteure entscheiden hier nicht auf der Grundlage von Mutmaßungen über das mögliche Verhalten der anderen beteiligten Akteure sondern treffen ihre Strategieentschei-

---

[119] Scharpf 2000, S. 88.

dungen nach Absprache. Diese erfolgt in der Regel in Form von Verhandlungsprozessen, bei denen die Präferenzen und Fähigkeiten der einzelnen politischen Akteure kommunikativ abgeglichen und die Wahl der jeweiligen Strategien verbindlich festgelegt werden. Die an einer Policy beteiligten politischen Akteure sind also nicht auf eine richtige Einschätzung der Entscheidungen anderer angewiesen sondern wissen vor der Strategiewahl, wie ihre Mitspieler agieren werden und haben damit die Möglichkeit, ihre eigene Strategie anzupassen.

Bei Interaktionen nach dem Modus des Abstimmungsspiels werden Strategieentscheidungen nicht nur im Vorfeld verhandelt und immer wieder angepasst, vielmehr kommt es zu einer Kollektiventscheidung mehrerer Akteure. Dabei verwirklicht die Akteurmehrheit eine gemeinsame Strategie, die durch die aufeinander abgestimmten Einzelentscheidungen der an dieser Mehrheit beteiligten Akteure getragen wird. Die Präferenzen der Akteurminderheit sowie deren strategisches Verhalten finden in diesem Fall keine Beachtung und sind für das letztendliche Politikergebnis irrelevant. Ähnliches gilt auch für das hierarchische Spiel, hier entscheidet jedoch nicht die Mehrheit sondern ein einzelner Akteur, der aufgrund seiner Eigenschaften und Fähigkeiten dazu in der Lage ist, seine Zielen durch unilaterale Strategieentscheidungen zu erreichen.

Welche Interaktionsmodi innerhalb eines komplexen Akteurs oder in einem Politikfeld zum Einsatz kommt, wird in der Regel durch Institutionen gesteuert. Sie legen die Verfahren, nach denen die Akteure interagieren, verbindlich fest. Je nachdem, welche der beschriebenen Modi zur Anwendung kommen, lassen sich mehrere Interaktionsformen voneinander unterscheiden. Scharpf bildet in diesem Zusammenhang vier Grundtypen:

	Institutioneller Kontext			
	Anarchisches Feld	**Netzwerk**	**Verband**	**Organisation**
Einseitiges Handeln	X	X	X	X
Verhandlung	(X)	X	X	X
Mehrheits-entscheidung	-	-	X	X
Hierarchische Steuerung	-	-	-	X

Abb. 2.2.5 Interaktionsformen

Liegen genügend Informationen über die Akteurkonstellation sowie die Interaktionsform vor, lassen sich fundierte Aussagen über die allgemeine Problemlösefähigkeit ganzer Interaktionssysteme treffen und darüber hinaus Vorschläge zur Optimierung formulieren. Während manche Interaktionsmodi in einer bestimmten Akteurkonstellation zu höchst effektiven Lösungen führen, beeinträchtigt der Einsatz anderer Modi die Problemlösungsfähigkeit von Akteurkonstellationen.[120]

Für die strukturierte Erklärung von Politikergebnissen auf der Basis des Akteurzentrierten Institutionalismus empfiehlt sich die Einhaltung folgender Arbeitsschritte:

• Darstellung des Politikproblems Charakterisierung der relevanten Akteure anhand ihrer Präferenzen und Fähigkeiten
• Feststellung des Konfliktniveaus anhand von Konvergenz oder Divergenz der Präferenzen
• Übersetzung des Politikproblems auf die Akteurkonstellation in Form von Strategien und Auszahlungen
• Feststellung der vorliegenden Interaktionsform und Ermittlung ihres Einflusses auf das Politikergebnis

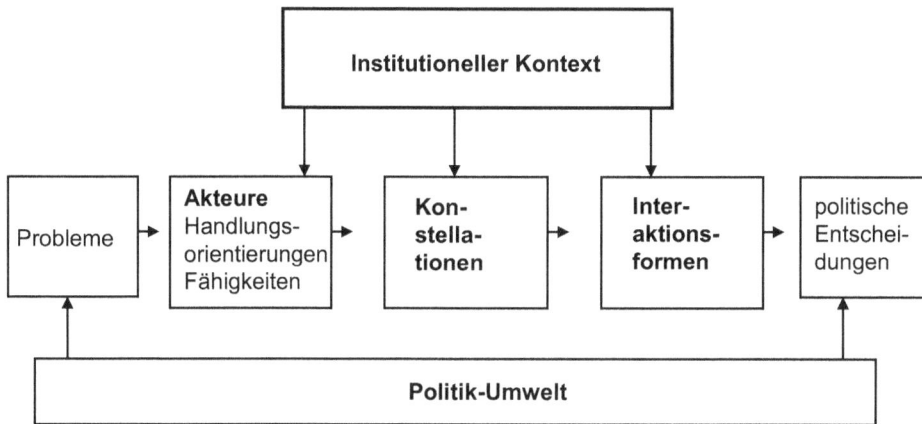

Abb. 2.2.6 Gegenstandsbereich der interaktiven Policyforschung

---

[120] Ebd., S. 94.

2.2.3   Literatur

Alchian, Armen A., 1950: Uncertainty, Evolution, and Economic Theory. Journal of Political Economy 58: 211–221.

Almond, Gabriel A. und Sidney Verba, 1963: The Civic Culture. Political Attitudes and Democracy in Five Nations. Princeton: Princeton University Press.

Alt, James E. und K. A. Shepsle (Hg.), 1990: Perspectives on Positive Political Economy. Cambridge: Cambridge University Press.

Axelrod, Robert, 1970: Conflict of Interest. Chicago: Markham.

Axelrod, Robert (Hg.), 1976: Structure of Decision. The Cognitive Maps of Political Elites. Princeton: Princeton University Press.

Axelrod, Robert, 1984: The Evolution of Cooperation. New York: Basic Books.

Bagehot, 1994: Games People Play. The Economist: 51.

Bartolini, Stefano, 1996: Collusion, Competition, and Democracy. Florenz: European University Institute.

Bartos, Otimar, 1978: Negotiation and Justice. In: Heinz Sauermann (Hg.), Bargaining Behavior. Tübingen: Mohr, S. 103–126.

Bennett, Peter G. (Hg.), 1987: Analyzing Conflict and its Resolution. Oxford: Clarendon Press.

Benz, Arthur, 1992: Mehrebenen-Verflechtung. Verhandlungsprozesse in verbundenen Entscheidungsarenen. In: Arthur Benz (Hg.), Horizontale Politikverflechtung. Zur Theorie von Verhandlungssystemen. Frankfurt am Main: Campus, S. 147–205.

Benz, Arthur (Hg.), 1992: Horizontale Politikverflechtung. Zur Theorie von Verhandlungssystemen. Frankfurt am Main: Campus.

Binmore, Ken, 1987: Why Game Theory Doesn't Work. In: Peter G. Bennett (Hg.), Analyzing Conflict and its Resolution. Oxford: Clarendon Press, S. 23–42.

Binmore, Ken, 1994: Playing Fair. Game Theory and the Social Contract. Cambridge, MA: MIT Press.

Brennan, Geoffrey und James M. Buchanan, 1985: The Reason of Rules. Constitutional Political Economy. Cambridge: Cambridge University Press.

Breuer, Michael, Thomas Faist und Bill Jordan, 1995: Collective Action, Migration, and Welfare States. International Sociology 10: S. 369–386.

Buchanan, James M. (Hg.): Toward a Theory of the Rent-Seeking Society. College Station: Texas A&M University Press.

Budge, Ian. 1973: Consensus Hypothesis and Conflict of Interest. An Attempt at Theory Integration. British Journal of Political Science 3: S. 73–98.

Burns, Tom R., Thomas Baumgartner und Phillipe Deville, 1985: Man, Decisions, Society. The Theory of Actor-System Dynamics for Social Scientists. New York: Gordon and Breach.

Burt, Ronald S., 1982: Toward Structural Theory of Action. Network Models of Social Structure, Perception, and Action. New York: Academic Press.

Campbell, Richmond und Lanning Snowden (Hg.), 1985: Paradoxes of Rationality and Co-operation. Prisoner's Dilemma and Newcomb's Problem. Vancouver: University of British Columbia Press.

Coase, Ronald H., 1937: The Nature of the Firm. Economica 17: S. 386–405.

Coase, Ronald H., 1960: The Problem of Social Cost. Journal of Law and Economics 3: S. 1–44.

Cohen, Joshua, 1981: Deliberation and Democratic Legitimacy. In: Allan Hamlin und Philip Petty (Hg.), The Good Polity. Normative Analysis of the State. Oxford: Basil Blackwell, S. 17–34.

Coleman, James S., 1964: Introduction to Mathematical Sociology. New York: Free Press.

Coleman, James S., 1986: Individual Interests and Collective Action. Cambridge: Cambridge University Press.

Colman, Andrew M., 1982: Game Theory and Experimental Games. The Study of Strategic Interaction. Oxford: Pergamon Press.

Cook, Brian J. und B. Dan Wood, 1989: Principal-Agent Models of Political Control of Bureaucracy. American Politcal Science Review 83: S. 965–978.

Dahl, Robert A., 1956: A Preface to Democratic Theory. Chicago: University of Chicago Press.

Danto, Arthur, 1985: Narration and Knowledge. New York: Columbia University Press.

Dearborn, DeWitt C. und Herbert A. Simon, 1958: Selective Perception. A Note on the Departmental Identification of Executives. Sociometry 21: S. 140–144.

Dennett, Daniel C. (Hg.), 1981: Brainstorms. Philosophical Essays on Mind and Psychology. Cambridge, MA: MIT Press.

Dennett, Daniel C., 1981: Intentional Systems. In: Daniel C. Dennett (Hg.), Brainstorms. Philosophical Essays on Mind and Psychology. Cambridge, MA: MIT Press, S. 3–22.

Downs, Anthony, 1957: An Economic Theory of Democracy. New York: Harper & Row.

Downs, Anthony, 1961: Inside Bureaucracy. Boston: Litte, Brown.

Easton, David, 1965: A Systems Analysis of Political Life. New York: John Wiley.

Edelman, Murray, 1964: The Symbolic Uses of Politics. Urbana: University of Illinois Press.

Elias, Norbert, 1987: Die Gesellschaft der Individuen. Frankfurt am Main: Suhrkamp.

Elias, Norbert, 1987: Wandlungen der Wir-Ich-Balance. In: Die Gesellschaft der Individuen. Frankfurt am Main: Suhrkamp, S. 207–315.

Elster, Jon, 1991: Rationality and Social Norms. Archive Europeénne de Sociogie 32: S. 109–129.

Evans, Peter (Hg.), 1985: Bringing the State back in. Cambridge: Cambridge University Press.

Fishburn, Peter C. und D. Marc Kilgour, 1990: Binary 2x2 Games. Theory and Decision 29: S. 165–182.

Fisher, Roger und William Ury: Getting to Yes. Negotiating Agreement without giving in. Boston: Houghton Mifflin.

Friedman, Milton, 1953: Essays in Positive Economics. Chicago: University of Chicago Press.

Gage, Robert W. und Myrna P. Mandell (Hg.), 1990: Strategies for Managing Intergovernmental Policies and Networks. New York: Praeger.

Gintis, Herbert, 1992: New Economic Rules of the Game. Challenge 35: S. 47–53.

Grossman, Sanford J. und Oliver D. Hart, 1983: An Analysis of the Principal-Agent Problem. Econometrica 51: S. 7–45.

Haas, Peter M., 1992: Introduction. Epistemic Communities and International Policy Coordination. International Organization 46: S. 1–35.

Habermas, Jürgen, 1962: Strukturwandel der Öffentlichkeit. Untersuchungen zu einer Kategorie der bürgerlichen Gesellschaft. Neuwied: Luchterhand.

Habermas, Jürgen, 1973: Legitimationsprobleme im Spätkapitalismus. Frankfurt am Main: Suhrkamp.

Habermas, Jürgen, 1981: Theorie des kommunikativen Handelns. Frankfurt am Main: Suhrkamp.

Habermas, Jürgen, 1989: Towards a Communication Concept of Rational Collective Will-Formation. A Thought Experiment. Ratio Iuris 2: S. 144–154.

Hackerthorn, Douglas D., 1989: Collective Action and the Second-Order Free-Rider Problem. Rationality and Society 1: S. 78–100.

Hall, Peter A. (Hg.), 1989: The Political Power of Economic Ideas. Keynesianism Across Nations. Princeton: Princeton University Press.

Hall, Peter A., 1992: The Movement from Keynesianism to Monetarism. Institutional Analysis and British Economic Policy in the 1970s. In: Sven Steinmo und Cathleen Thelen (Hg.), Structuring Politics. Historical Institutionalism in Comparative Analysis. Cambridge: Cambridge University Press, S. 90–113.

Hall, Peter A., 1993: Policy Paradigms, Social Learning, and the State. The Case of Economic Policymaking in Britain. Comparative Politics 25: S. 275–296.

Hall, Peter A. und Rosemary C. R. Taylor, 1996: Political Science and the Three New Institutionalisms. Political Studies 44: S. 936–957.

Hamlin, Allan und Philip Petty (Hg.), 1981: The Good Polity. Normative Analysis of the State. Oxford: Basil Blackwell.

Hardin, Garrett, 1968: The Tragedy of the Commons. Science 162.

Hardin, Russell, 1971: Collective Action as an Agreeable n-Prisoners' Dilemma. Behavioral Science 16: S. 472–481.

Hardin, Russell, 1985: Individual Sanctions, Collective Benefits. In: Richmond Campbell und Lanning Snowden (Hg.), Paradoxes of Rationality and Cooperation. Prisoner's Dilemma and Newcomb's Problem. Vancouver: University of British Columbia Press, S. 339–354.

Hasanyi, John C., 1977: Rational Behavior and Bargaining Equilibrium in Games and Social Situations. Cambridge: Cambridge University Press.

Hasanyi, John C., 1995: A New Theory of Equilibrium Selection for Games with Complete Information. Games and Economic Behavior 8: S. 91–122.

Hirschman, Albert O., 1970: Exit, Voice and Loyalty. Responses to Decline in Firms, Organizations and States. Cambridge, MA: Harvard University Press.

Hoffmann-Riem, Wolfgang, 1990: Verhandlungslösungen und Mittlereinsatz im Bereich der Verwaltung. Eine vergleichende Einführung. In: Wolfgang Hoffmann-Riem und Eberhard Schmidt-Aßmann (Hg.), Konfliktbewältigung durch Verhandlungen. Baden-Baden: Nomos, S. 13–41.

Hoffmann-Riem, Wolfgang und Eberhard Schmidt-Aßmann (Hg.), 1990: Konfliktbewältigung durch Verhandlungen. Baden-Baden: Nomos.

Holler, Manfred J. und Gerhard Illing, 1993: Einführung in die Spieltheorie. Berlin: Springer.

Holmstrom, Bengt, 1982: Moral Hazard in Teams. Bell Journal of Economics 13: S. 324–340.

Janis, Irving, 1972: Victims of Groupthink. Boston: Houghton Mifflin.

Kalai, Ehud und Meir Smorodinsky, 1975: Other Solutions to Nash's Bargaining Problem. Econometrica 43: S. 513–518.

Kaufmann, Franz X. (Hg.), 1986: Guidance and Control in the Public Sector. The Bielefeld Interdisciplinary Project. Berlin: DeGruyter.

Kellow, Aynsley, 1988: Promoting Elegance in Policy Theory. Simplifying Lowi's Arenas of Power. Policy Studies Journal 16: S. 713–724.

Kiser Larry L./Ostrom, Elinor, 1982: The Three Worlds of Action. A Metatheoretical Synthesis of Institutional Approaches, in: Kiser Larry L./Ostrom, Elinor (Hg.): Strategies of political inquiry, Beverly Hills, S. 79–222.

Knoke, David, 1990: Networks of Political Action. Towards Theory Construction. Social Forces 68: S. 1041–1063.

Levi, Margaret, 1988: Of Rule and Revenue. Berkeley: University of California Press.

Liebowitz, S. J. und Stephen E. Margolis, 1994: Network Externality. An Uncommon Tragedy. Journal of Economic Perspectives 8: S. 133–150.

Lijphart, Arend, 1968: The Politics of Accommodation. Pluralism and Democracy in the Netherlands. Berkeley: University of California Press.

Lijphart, Arend, 1984: Democracies. Patterns of Majoritarian and Consensus Government in Twenty-One Countries. New Haven: Yale University Press.

Lijphart, Arend, 1991: Majority Rule in Theory and Practice. The Tenacity of a Flawed Paradigm. International Social Science Journal 129: S. 483–493.

Lindblom, Charles, 1977: Politics and Markets. New York: Basic Books.

Luhmann, Niklas, 1969: Legitimation durch Verfahren. Neuwied: Luchterhand.

Luhmann, Niklas, 1988: Die Wirtschaft der Gesellschaft. Frankfurt am Main: Suhrkamp.

Luhmann, Niklas, 1988: Warum AGIL? Kölner Zeitschrift für Soziologie und Sozialpsychologie 40: S. 127–139.

March, James G. und Johan P. Olsen, 1995: Democratic Governance. New York: Free Press.

March, James G. und Herbert A. Simon, 1958: Organizations. New York: John Wiley.

Mayntz, Renate, 1977: Die Implementation politischer Programme. Theoretische Überlegungen zu einem neuen Forschungsgebiet. Die Verwaltung 1.

Mayntz, Renate, 1980: Implementation politischer Programme. Empirische Forschungsberichte. Königstein: Athenäum.

Mayntz, Renate, 1983: Implementation politischer Programme II. Ansätze zur Theoriebildung. Opladen: Westdeutscher Verlag.

Mayntz, Renate, 1992: Verbände zwischen Mitgliederinteressen und Gemeinwohl. Gütersloh: Bertelsmann.

Mayntz, Renate und Birgitta Nedelmann, 1987: Eigendynamische soziale Prozesse. Anmerkungen zu einem analytischen Paradigma. Kölner Zeitschrift für Soziologie und Sozialpsychologie 39: S. 648–686.

Mayntz, Renate und Fritz W. Scharpf, 1975: Policy Making in the German Federal Bureaucracy. Amsterdam: Elsevier.

Mayntz, Renate und Fritz W. Scharpf, 1995: Der Ansatz des Akteurzentrierten Institutionalismus. In: Renate Mayntz und Fritz W. Scharpf (Hg.), Gesellschaftliche Selbstregelung und politische Steuerung. Frankfurt am Main: Campus.

Mayntz, Renate und Fritz W. Scharpf (Hg.), 1995: Gesellschaftliche Selbstregelung und politische Steuerung. Frankfurt am Main: Campus.

Milgrom, Paul R. und John Roberts, 1990: Bargaining Costs, Influence Costs, and the Organization of Economic Activity. In: James E. Alt und K. A. Shepsle (Hg.), Perspectives on Positive Political Economy. Cambridge: Cambridge University Press, S. 57–89.

Mohr, Matthias und Kjell Hausken, 1996: Conflict, Interest, and Strategy. A Risk-Limit Approach to Conflict.

Nash, John F., 1950: The Bargaining Problem. Econometrica 18: S. 155–162.

Nash, John F., 1951: Non-Cooperative Games. Annals of Mathematics 54: S. 286–295.

Niskanen, William A., 1971: Bureaucracy and Representative Government. Chicago: Rand McNally.

North, Douglass C., 1990: Institutions, Institutional Change, and Economic Performance. Cambridge: Cambridge University Press.

Offe, Claus, 1972: Strukturprobleme des kapitalistischen Staates. Frankfurt am Main: Suhrkamp.

Olson, Mancur, 1965: The Logic of Collective Action. Public Goods and the Theory of Groups. Cambridge, MA: Harvard University Press.

Ostrom, Elinor, 1986: A Method of Institutional Analysis. In: Franz X. Kaufmann (Hg.), Guidance and Control in the Public Sector. The Bielefeld Interdisciplinary Project. Berlin: DeGruyter, S. 459–475.

Ostrom, Elinor, 1990: Governing the Commons. The Evolution of Institutions for Collective Action. Cambridge: Cambridge University Press.

Ostrom, Elinor, 1996: Institutional Rational Choice. An Assessment of the IAD Framework. Paper Prepared for the 1996 Annual Meetings of the American Political Science Association.

Ostrom, Elinor, 2007: Institutional Rational Choice. An Assessment of the Institutional Analysis and Development Framework, in: Sabatier, Paul A. (Hg.): Theories of the policy process, Boulder, S. 21–64.

Ostrom, Elinor, Roy Gardner und James Walker, 1994: Rules, Games, and Common-Pool Resources. Ann Arbor: ßUniversity of Michigan Press.

Polanyi, Karl, 1957: The Great Transformation. The Political and Economic Origins of our Time. Boston: Beacon Press.

Pruitt, Dean G., 1981: Negotiation Behavior. New York: Academic Press.

Puttnam, Robert D., 1988: Diplomacy and Domestic Politics. The Logic of Two-Level-Games. International Organization 42: S. 429–460.

Quirk, Paul, 1989: The Cooperative Resolution of Policy Conlict. American Politcal Science Review 83: S. 905–921.

Riker, William H., 1962: The Theory of Political Coalitions. New Haven: Yale University Press.

Rosenberg, Alexander, 1988: Philosophy of Social Science. Boulder, Colo.: Westview Press.

Rubinstein, Ariel, 1982: Perfect Equilibrium in a Bargaining Model. Econometrica 50: S. 97–109.

Sauermann, Heinz (Hg.), 1978: Bargaining Behavior. Tübingen: Mohr.

Scharpf, Fritz W., 1970: Demokratietheorie zwischen Utopie und Anpassung. Konstanz: Universitätsverlag.

Scharpf, Fritz W., 1985: Die Politikverflechtungs-Falle. Europäische Integration und deutscher Föderalismus im Vergleich. Politische Vierteljahresschrift 26: S. 323–356.

Scharpf, Fritz W., 1986: Policy Failure and Institutional Reform. Why should Form Follow Function? International Social Science Journal 108: S. 179–191.

Scharpf, Fritz W., 1989: Decision Rules, Decision Styles, and Policy Choices. Journal of Theoretical Politics 1: S. 149–176.

Scharpf, Fritz W., 1990: Games Real Actors could Play. The Problem of Mutual Predictability. Rationality and Society 2: S. 471–494.

Scharpf, Fritz W., 1991: Games Real Actors Could Play. The Challenge of Complexity. Journal of Theoretical Politics 3: S. 277–304.

Scharpf, Fritz W., 1994: Games Real Actors Could Play. Positive and Negative Coordination in Embedded Negotiations. Journal of Theoretical Politics 6: S. 27–53.

Scharpf, Fritz W., 2000: Interaktionsformen. Akteurzentrierter Institutionalismus in der Politikforschung, Opladen: Leske+Budrich.

Schmalz-Bruns, Rainer, 1995: Reflexive Demokratie. Die Demokratische Transformation moderner Politik. Baden-Baden: Nomos.

Schneider, Volker / Janning, Frank, 2006: Politikfeldanalyse. Akteure, Diskurse und Netzwerke in der öffentlichen Politik, Wiesbaden: VS Verlag.

Schotter, Andrew, 1981: The Economic Theory of Soial Institutions. Cambridge: Cambridge University Press.

Sen, Amartya, 1977: Rational Fools. Critique of the Behavioral Foundations of Economic Theory. Philosophy and Public Affairs 6: S. 317–344.

Simon, Herbert A., 1962: The Architecture of Complexity. Proceedings of the American Philosophical Society 106: S. 467–482.

Simon, Herbert A., 1991: Organizations and Markets. Journal of Economic Perspectives 5: S. 25–44.

Soziale Systeme, 1984: Grundriß einer allgemeinen Theorie. Frankfurt am Main: Suhrkamp.

Steinmo, Sven und Cathleen Thelen (Hg.), 1992: Structuring Politics. Historical Institutionalism in Comparative Analysis. Cambridge: Cambridge University Press.

Streeck, Wolfgang, 1992: Inclusion and Secession. Questions on the Boundaries of Associative Democracy. Politics and Society 20: S. 513–520.

Streeck, Wolfgang und Philippe C. Schmitter., 1985: Community, Market, State – and Associations? European Sociological Review 1: S. 119–138.

Thompson, James D., 1967: Organizations in Action. Social-Science Basis of Administrative Theory. New York: McGraw-Hill.

Tsebelis, George, 1990: Nested Games. Rational Choice in Comparative Politics. Berkeley: University of California Press.

Weber, Max, 1947: The Theory of Social and Economic Organization. Translated by A. M. Henderson and Talcott Parsons. New York: Free Press.

2.3   Punctuated Equilibrium Theory

Mit den in diesem Buch vorgestellten Ansätzen und Modellen verfügt die Policyforschung über hilfreiche Werkzeuge, Veränderungen oder Stabilität im Bereich der Public Policy nachzuvollziehen. Policy Wandel tritt in diesem Zusammenhang als Resultat eines Polic Making-Prozesses in Erscheinung, der sich – mit regelmäßigen Unterbrechungen – durch schrittweise Anpassungen bereits bestehender Policies als inkrementeller Modifikationsvorgang vollzieht.

Externe Ereignisse, die unvorhersehbar und akut aus der Umwelt des politischen Systems auf die Prozessbedingungen einwirken, dienen dabei oft als erklärende Variablen für grundlegende Umbrüche, die nicht an die bisherige Politik anknüpfen. Und in der Tat scheinen sich politische Prozesse in den verschiedenen Politikbereichen überwiegend durch Stabilität und stückweise Veränderungen auszuzeichnen. Dramatische Brüche mit der inkrementellen Vergangenheit, die einen tief greifenden Policy Wandel darstellen, bilden eher die Ausnahme – dennoch finden sie von Zeit zu Zeit statt.

Während sich klassische Ansätze der Policyforschung kontinuierlichem Wandel und umfassenden Umbrüchen unter der Annahme zuwenden, es handele sich dabei um voneinander getrennte Phänomene, vereint die Theorie des ‚Punctuated Equilibrium‘ beide Aspekte zu einem Gegenstandsbereich, indem sie radikale Brüche als evolutionäre Sprünge innerhalb einer über lange Phasen graduell verlaufenden Entwicklung begreift. Mit besonderem Augenmerk auf die Prozessphasen ‚issue definition‘ und ‚agenda-setting‘ wird das Eintreten solcher Evolutionssprünge zum einen auf die Eigenschaften und strukturellen Interaktionsbedingungen des politischen Mehrebenen-Systems sowie der daraus resultierenden Zwischen-Ebenen-Dynamik zurückgeführt.

Zum anderen basiert der Ansatz auf der Annahme begrenzt-rationaler Verhaltensweisen seitens der an Entscheidungsprozessen beteiligten Individuen. Diese sind aufgrund ihrer kognitiven Beschränktheit dazu gezwungen, Aufmerksamkeit seriell d. h. nacheinander einzusetzen, sich also einem ‚issue‘ nach dem anderen zuzuwenden – ein Umstand, der auch für die Operationsweise makropolitischer Institutionen und dort vor allem für die der Regierung charakteristisch ist.

2.3.1   Negative Feedback-Prozesse und Equilibrium

Auf Grundlage der Beobachtungen und Schlussfolgerungen von Baumgartner und Jones lassen sich das politische System selbst und die Wirkkraft seiner Institutionen als zentrale Stabilisatoren des Policy Making-Prozesses identifizieren. Zu bearbeitende Sachverhalte – so genannte issues – stehen in der Regel über lange Zeiträume hinweg unter der Kontrolle von spezialisierten Netzwerken, die Politik auf der Subsystem-Ebene fernab der öffentlichen Aufmerksamkeit kontinuierlich weiterentwickeln. Neuen Ideen gegenüber, die einen radikalen Bruch mit den bisherigen Zielvorstellungen und Entscheidungsstilen innerhalb dieser

Spezialistenkonglomerate bedeuten, stellt sich die Subsystem-Ebene als äußerst geschlossen dar.

Nach Annahme der Autoren kontrolliert eine monopolistische Triade des etablierten Interesses – so genannte ‚iron triangles' oder ‚subgovernments' – die Agenda weitgehend in Eigenregie, solange diese in den wesentlichen Aspekten inhaltlich übereinstimmt.[121] Sie setzt sich allgemein aus der jeweiligen Regierungsbehörde, den Haushaltsausschüssen und den politikfeldspezifischen Arbeitsgruppen zusammen. Gegenläufige Interessen und ihre Vertreter bleiben außen vor und können von der etablierten Triade zeitweilig sogar dann vom Entscheidungsprozess ausgeschlossen werden, wenn die interne Konsensbildung noch nicht vollständig abgeschlossen ist. Damit stabilisiert das etablierte Interesse die Entwicklung in einem Politikfeld über lange Zeiträume hinweg, so dass insgesamt ein annähernd statischer Zustand erreicht wird.

Dies gilt vor allem dann, wenn das ‚image' des aktuellen Politikstils weitgehend öffentliche Akzeptanz findet und dessen Inhalte ohne Irritationen von den Institutionen der Makroebene verwirklicht werden. Nur durch intensive Mobilisierungsleistung erhalten innovative Ideengruppen die Chance, etablierte Policy Making-Strukturen bzw. Policy Monopole aufzubrechen und die Stasis gradueller Politikentwicklung zu durchbrechen – es kommt dann zu erheblichen Sprüngen im Policy Making-Prozess. Politische Systeme begünstigen demnach den Status Quo und halten damit über lange Phasen ein Policy Making-Equilibrium aufrecht, in denen Policy Wandel nur marginal möglich ist.

So genannte ‚negative Rückkopplungsprozesse' – ein Begriff, der ebenfalls der Terminologie der Evolutionsbiologie entnommen ist – spielen für die Stabilisierung der Politikentwicklung in den einzelnen Politikfeldern eine wichtige Rolle. Entscheidungen werden von der etablierten Triade auf der Grundlage früherer Erfahrungen getroffen, Irrtümer und Erfolge aus der Vergangenheit fließen immer auch in die Vorbereitung und Konkretisierung künftiger Policies mit ein. Bei der Bewertung früherer Entscheidungen und ihres Erfolgs in der gesellschaftlichen Wirklichkeit fungiert das öffentliche Meinungsklima als Gradmesser. Das vorherrschende Konglomerat reagiert auf diese Rückkopplung und kompensiert damit den wachsenden Druck, der von konkurrierenden Interessenträgern ausgeht.[122]

Misserfolge führen damit zu Anpassungsprozessen und nicht – wie man zunächst vermuten möchte – zu einer radikalen Ablösung der etablierten Triade. Anpassung kann in diesem Zusammenhang auch eine signifikante Abkehr von zentralen Zielen oder deren Radikalisierung bedeuten, allerdings nur innerhalb bestimmter Grenzen, denn auch hier kommen negative Rückkopplungsprozesse zum Tragen. Das etablierte Interessenkartell – und damit die öffentliche Politik – oszilliert also zwischen extremen, gerade noch akzeptierten Zuständen. Stringenz bleibt damit erhalten und manifestiert so das Equilibrium.[123]

---

[121] Vgl. Bardach 2008, S.336–366.

[122] Wlezien 1995, S. 981–1000.

[123] Bardach 2008, S. 336–366.

Spatial Model of Party Positioning (Anthony Downs)[124]

Vor allem in Zwei-Parteien-Systemen lässt sich beobachten, dass negative Feedback-Prozesse immer wieder Machtgleichgewichte (Equilibrium) herbeiführen. Die regierende Partei wird von der Wählerschaft zunehmend kritisch bewertet und richtet ihr Programm inhaltlich immer mehr an der öffentlichen Meinung aus. Resultat ist die Aufrechterhaltung des Machtgleichgewichts zwischen Partei und Wählerschaft. Negative Feedback-Prozesse innerhalb der regierenden Partei, die meist von der Mitgliederbasis bzw. der Stammwählerschaft ausgehen, verhindern gleichzeitig eine zu starke Ausrichtung an der politischen Mitte. Die Regierungspartei oszilliert damit zwischen gemäßigten und radikalen Positionen, die gleichzeitig die Grenzen ihrer Integrität und Stabilität markieren.

Dieses Gleichgewicht wird gelegentlich von Punktierungen unterbrochen, die ihre radikale Innovationskraft aus dem dynamischen Raum zwischen den Systemebenen ziehen. Gewaltenteilung und die daraus resultierenden Interaktionsaktivitäten der Institutionen sowie überlappende Zuständigkeitsbereiche öffnen den Bereich zwischen makropolitischer Ebene und der Ebene der Subsysteme für neue Akteure. Innerhalb der dort herrschenden Dynamik werden Newcomer während den Phasen umfassender Interessenmobilisierung aktiv und tragen den Wandel bis auf die Regierungsagenda.

Aus Sicht der Punctuated Equilibrium Theory lassen sich tiefgreifende Umbrüche im Bereich der Public Policy auf das Zusammenwirken von drei dynamischen Faktoren zurückführen:

- Neue Akteure mobilisieren Interessen, die von den etablierten Interessenträgern und Policy Makern – also dem vorherrschenden Policy Monopol – bisher ignoriert werden.
- Das Interaktionsfeld zwischen der Makroebene des politischen Systems und der Subsystemebene zeichnet sich durch eine besondere Dynamik aus, die maßgeblich Einfluss darauf hat, welchen issues Aufmerksamkeit geschenkt wird (Agenda-Setting).
- Entscheidungsprozesse erfolgen unter der Bedingung gebundener Rationalität – Zeitdruck, technische Ungewissheit und kognitive Beschränktheit bei der Verarbeitung von Informationen beeinträchtigen die Wahrscheinlichkeit rationaler Entscheidungsprozesse.

Technischer Fortschritt, globale Wirtschaftsverflechtungen, demographischer Wandel sowie supranationale Zusammenschlüsse stellen insbesondere den westlichen Industriestaat des 21. Jahrhunderts vor enorme Steuerungsherausforderungen. Regierungen sehen sich tagtäglich mit einer unüberschaubaren Vielzahl an issues konfrontiert, deren erfolgreiche Bearbeitung nicht zuletzt konstitutiv für die Akzeptanz des politischen Systems insgesamt ist. Um diesem anwachsenden Arbeitsdruck gerecht zu werden und die Kapazität der politischen Agenda zu erweitern, bildete das System unterhalb der Ebene der klassischen Institutionen – insbesondere Parlament und Regierung – eine komplexe Struktur Issue-orientierter Subsysteme heraus.

Politische Sachverhalte werden dort von so genannten Policy Experten – darunter u. a. Angehörige der Ministerialbürokratie, Interessenvertreter sowie Wissenschaftler – aufgenom-

---

[124] Downs 1968.

men und bearbeitet. Jedes Issue-Subsystem weist entweder eine dominierende oder mehrere konkurrierende Issue-Netzwerke auf, welche policies in ihrem Interesse entwickeln. Während auf Subsystem-Ebene sehr viele issues gleichzeitig bewältigt werden, rücken auf makropolitischer Ebene einzelne issues in den Vordergrund und ziehen die Aufmerksamkeit der Medien auf sich. Welche issues auf der Agenda der Makroebene landen, unterliegt dabei der Kontrolle des etablierten Experten-Netzwerks.

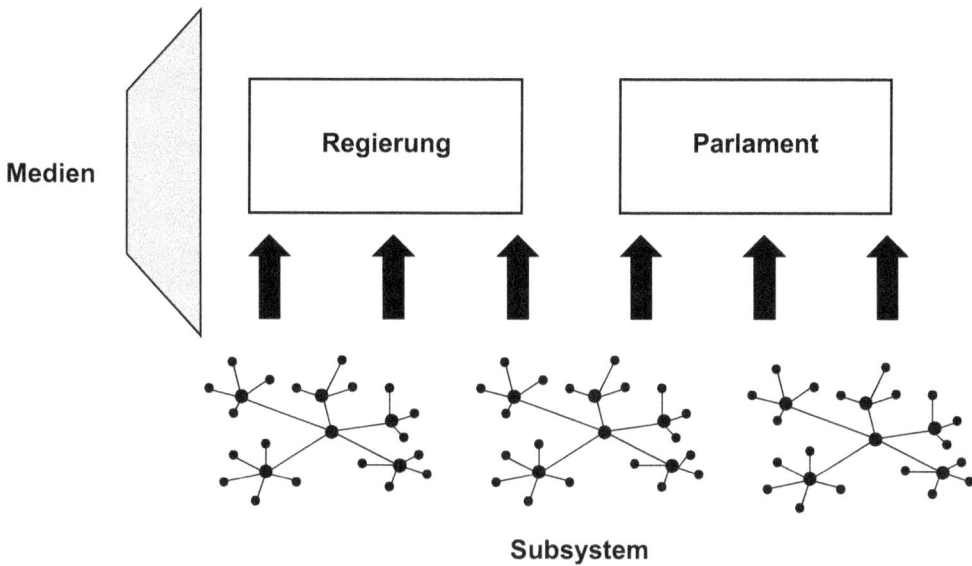

Abb. 2.3 *Makroebene und Subsystem-Ebene*

Issues, die Zugang zur Regierungsagenda finden, erzeugen Handlungsdruck und initiieren eine Diskussion über geeignete Lösungsmaßnahmen, die in den verschiedenen Verhandlungsforen des Policy Subsystems kommuniziert werden. Dort kommt es zur Artikulation unterschiedlicher Interessen und Ansprüche, wissenschaftliche Expertise wird eingeholt, um Argumentationslinien zu untermauern und die Einrichtung zusätzlicher institutioneller Strukturen in Form von Arbeitsgruppen und Gremien sorgt dafür, dass der issue auch über die Aufmerksamkeitsspanne der Medienöffentlichkeit hinaus Beachtung bei den politischen Entscheidern findet.

Baumgartner und Jones beschreiben in diesem Zusammenhang zwei Arten der issue expansion – also der Aufnahme neuer issues auf die Agenda des politischen Systems. Im ersten Szenario befördern mediale Aufmerksamkeit für einen Sachverhalt und öffentlicher Enthusiasmus, in der Angelegenheit aktiv zu werden, die Schaffung entsprechender politischer Arbeitsstrukturen und Institutionen. Diese bringen im Laufe der Zeit policies hervor, die zu einer Verbesserung des Status Quo im jeweiligen Sachbereich führen sollen, knüpfen aber dabei im Großen und Ganzen an bestehende Politiken an. Entscheidungen für einzelne Maßnahmen und Gesetze stellen hier also eine graduelle Weiterentwicklung von Politik unter der Kontrolle des jeweiligen Policy Monopols dar.

Diese erfolgt pfadabhängig und kann daher nicht als Bruch mit der inkrementellen Vergangenheit bezeichnet werden, zur Punktierung kommt es allerdings im zweiten Szenario. Reagiert das etablierte Monopol nicht adäquat auf den öffentlichen Handlungsdruck, der von neuen issues ausgeht, kommt es zur kritischen Mobilisierung der ausgeschlossenen Interessen. Diese dringen in das bestehende Monopol ein, beanspruchen Kontrolle über die Agenda und reißen diese im Falle erfolgreicher Mobilisierung und mit Unterstützung der Medienaufmerksamkeit an sich – der Weg für einen gänzlich neuen Politikstil ist frei, eine Punktierung tritt ein.

2.3.2   Aufmerksamkeit und Agenda

Die Aufmerksamkeit der Medien und der Öffentlichkeit ist ein entscheidender Faktor dafür, dass ein issue auf die Agenda der makropolitischen Strukturen und dort vor allem der Regierung gelangt. Während die parallele Bearbeitung von politischen Forderungen, Problemen und Bedürfnissen in den zahlreichen Gremien und Netzwerken des Subsystems weitgehend ohne öffentliche Beachtung erfolgt, erlangen einzelne Angelegenheiten, die auf die Makroebene des Systems vorrücken, größtmögliche Aufmerksamkeit. Die Wahrscheinlichkeit eines radikalen Wandels in diesem Politikbereich ist damit erhöht.

Vor allem bezüglich der Art und Weise, wie Informationen verarbeitet werden, unterscheiden sich die Ebene der Makropolitik und die Ebene der Subsysteme. Während die makropolitischen Institutionen, bspw. die Regierung oder das Parlament, seriell prozessieren – d.h. sie richten ihre Aufmerksamkeit und Bearbeitungskapazität immer auf nur eine Angelegenheit – beschäftigen sich die Entscheidungsstrukturen des Subsystems simultan mit einer Vielzahl von issues. Diese organisationale Zweiteilung von Politik erlaubt dem politischen System insgesamt ein Höchstmaß an Flexibilität, sie sichert zum einen die langsame und beständige Weiterentwicklung öffentlicher Politik in den Subsystemen und ermöglicht zum anderen die Aufnahme neuer Interessen, issues, Akteure sowie der Öffentlichkeit über die sichtbare Makroebene. Es wird damit ein dynamisches Feld eröffnet, innerhalb dessen große Umbrüche nicht immer zwingend notwendig aber prinzipiell möglich sind.

‚When a policy shifts to the macropolitical institutions for serial processing, it generally does so in an environment of changing issue definitions and heightened attentiveness by the media and broader publics.‘[125]

So lange ein issue im Subsystem verbleibt – es also nicht zur issue expansion kommt – und der Sachverhalt dort von einem etablierten Expertenkonglomerat ohne größere Zielkonflikte bearbeitet wird, verläuft die Politikentwicklung graduell und annähernd statisch. Das vorherrschende Monopol dämpft das Bedürfnis nach grundlegendem Wandel systematisch, indem Druck über schrittweise Anpassung der bestehenden Politik kompensiert wird. Radi-

---

[125] True et. al. 2007, S. 159.

kal andere Interessen und Forderungen nach umfassender Reform bleiben jedoch ausgeschlossen solange Bürger und Öffentlichkeit den vorherrschenden Politikstil gerade noch
akzeptieren und insgesamt eher inaktiv bleiben.

Mit steigendem Öffentlichkeitsdruck fühlen sich vor allem makropolitische Akteure mehr
und mehr zur Intervention gedrängt. Unabhängig davon, ob sie bereits vorher mit dem issue
beschäftigt waren oder nicht, entwickeln sie einen mitunter enormen Aktionismus, üben ihre
Autorität aus und initiieren eine Phase des substantiellen Policy Wandels, der sich nicht in
technischen Fragen erschöpft sondern an den grundsätzlichen Leitbildern des jeweiligen
Politikfelds rüttelt. Das Eingreifen dieser neuen Akteure bewirkt strukturelle Machtverschie-
bungen im Subsystem, führt zur Erschaffung neuer Institutionen und legitimiert wiederum
andere Gruppen zur Teilnahme an der Politikentwicklung – ein dynamischer Raum entsteht,
in dem einzelne Aspekte des jeweiligen issues reformuliert oder neue hinzugefügt werden,
neue und alte Entscheidungsstrukturen um Einfluss konkurrieren und die Bedingungen für
statische Politikproduktion damit insgesamt aufgehoben sind.

Das Equilibrium ist damit in seinen Grundfesten erschüttert, die Chancen für eine komplette
Restrukturierung des Policy Subsystems und die Etablierung eines neuen Monopols stehen
gut. Damit steuert der gesamte Policy Bereich nach der Punktierung wieder auf ein Equilibrium zu. Die neuen Strukturen bleiben auch nach dem Abklingen der öffentlichen und
makropolitischen Aufmerksamkeit bestehen und bilden damit die Grundlage für eine weitere
Phase der stabilen, graduellen Politikentwicklung. Der betreffende issue rückt langsam wieder von der Agenda der seriell-prozessierenden Institutionen, bzw. wird durch neue issues
verdrängt und ‚verschwindet‘ gewissermaßen in den Parallelstrukturen des Subsystems.

Großer Wandel in einem Politikbereich bedarf also zunächst nach einem Aufbrechen der
etablierten Strukturen im Subsystem. Dies geschieht durch das Eingreifen makropolitischer
Akteure, die aufgrund der gesteigerten Aufmerksamkeit der Medienöffentlichkeit zum Handeln gezwungen sind und das statische Mächtegleichgewicht – das Equilibrium – in den
Arbeitsstrukturen des Systems sukzessive außer Kraft setzen. Jede kleinere Veränderung der
institutionellen Subsystem-Ökonomie bringt neue dynamische Variablen ins Feld, sodass
eine Reorganisation der Politikentwicklung in diesem Bereich und darüber hinaus die Etablierung eines gänzlich neuen Policy Stils immer wahrscheinlicher wird:

‚So a landslide need not be caused by a large-scale event; it may be caused by a slow and
steady build up of very small changes.‘[126]

Insbesondere das Infragestellen und die daran geknüpfte Redefinition vorherrschender Policy
Leitbilder (Policy Images) befördert in diesem Zusammenhang den radikalen Bruch mit der
bisherigen graduellen Politikentwicklung.

---

[126] Ebd., S. 160.

2.3.3   Policy Leitbilder

Policy Leitbilder bzw. sogenannte Policy Images bilden die materielle Komponente des Politikentwicklungsprozesses. Sie bestehen einerseits aus Informationen und Wissenselementen, die den jeweiligen Politikbereich inhaltlich bestimmen – also den konkreten Gegenstandsbereich, andererseits enthalten sie auch emotionale sowie symbolische Appelle, auf die sowohl Öffentlichkeit als auch politische Akteure reagieren. Grundsätzliche Annahmen und Zielvorstellungen fließen in das Policy Image mit ein, darüber hinaus enthält es ein bestimmtes Verständnis über die ‚richtige' Art und Weise der Entwicklung von Lösungen. So kann beispielsweise Telekommunikationspolitik mit einem starken Bezug zu Fragen der inneren Sicherheit betrieben werden, bei der Policy Entwicklung stehen dann eher regulative Maßnahmen im Vordergrund.

Findet dieses Policy Image weitgehend Akzeptanz und öffentliche Unterstützung, liegt ein Policy Monopol vor, das Definitionsmacht über issues in diesem Bereich ausübt. Schwindet die Akzeptanz bei gleichzeitig zunehmender Unterstützung für ein konkurrierendes Policy Image, das neue Assoziationen und Kausalitäten auf den Gegenstandsbereich projiziert und damit zunehmend die Aufmerksamkeit makropolitischer Akteure auf sich zieht, beginnt das etablierte Monopol zu bröckeln. Interessenträger und Experten, die ein eigenes Policy Image-Set vertreten und dieses dem Leitbild des etablierten Monopols in allen Facetten entgegenstellen, bedrohen indirekt dessen Kontrolle über das Agenda-Setting, da sie die zu bearbeiten-den issues auf der Grundlage eines alternativen Deutungsmusters definieren und für diese Aufmerksamkeit generieren. Um beim Beispiel der Telekommunikationspolitik zu bleiben, bestünde ein alternatives Policy Image in der Perzeption der Thematik unter dem Aspekt der Informationsfreiheit, welcher neue Problematiken und Lösungsansätze innerhalb des Gegenstandsbereiches aufwirft.

Informationsverarbeitung und issue definition

Regierungen sind höchst komplexe Organisationen, die sich einem beständigen Informationenfluss aussetzen und Policies produzieren (Policy Making). Dabei reagieren sie nicht immer gleich auf den Informationsfluss, in manchen Fällen kommt es zu einer Überreaktion, in anderen Fällen wird zu wenig reagiert. Auslöser ist dabei entweder ein Ereignis, das Mängel in der bisherigen Politik erkennbar macht, oder die Eskalation einer langfristigen Problemanhäufung. Für die Problemerkennung und die anschließende Entwicklung passender Lösungen (policies) ist in diesem Moment entscheidend, welchen Aspekten der Problematik (issue) die meiste Aufmerksamkeit zugeteilt wird. ‚Issues' bezeichnet Themen, die enorme öffentliche Aufmerksamkeit genießen und dort höchst unterschiedlich interpretiert und kontrovers diskutiert werden. Im Hinblick auf das Ausmaß des Policy Wandels, den ein issue mit sich bringen kann, ist entscheidend, ob er als fundamentale Kritik an der bestehenden Politik definiert wird oder als grundsätzliche Bestärkung des bisherigen Policy Making-Stils auf die Agenda rückt.[127][128]

Findet ein neues image öffentliche Beachtung, werden davon auch neue potentielle Teilnehmer für die Politikentwicklung aktiviert und der Policy Bereich dehnt sich auf zusätzliche Verhandlungsorte – beispielsweise supranationale Institutionen, Organe der Verfassungsgerichtsbarkeit oder föderale Vertretungen – aus. Je mehr Verhandlungsarenen mit ihren jeweils eigenen Prozessbedingungen, Kompetenzen und Teilnehmersets involviert werden, desto umfangreicher gestaltet sich der Pool an Strategiemöglichkeiten für neue Akteure, die es sich zum Ziel gemacht haben, das etablierte Policy Monopol aufzubrechen und die Agenda-Kontrolle zumindest punktuell an sich zu reißen. Gelingt es der vorherrschenden Policy Community nicht, alternative Policy Images von der makropolitischen Agenda fernzuhalten und die dadurch entstandene Dynamik mit all ihren Auswirkungen auf die institutionelle Struktur des Subsystems abzudämpfen, kommt es zur Punktierung – die Politikentwicklung in diesem Bereich erfährt einen tiefgreifenden Umbruch.

Insgesamt gilt: Subsystem-Politik ist die Politik des Equilibriums und der Stasis. Dort regieren relativ geschlossene Expertenkonglomerate, die bei weitgehender Akzeptanz ihrer Policy Images durch die Öffentlichkeit beständig Policies in ihrem Interesse (weiter-)entwickeln. Negative Feedbackprozesse, die sich lediglich in Form von partieller Modifikation bisheriger Politiken innerhalb bestimmter Grenzen niederschlagen, jedoch niemals grundlegenden Wandel in diesem Politikbereich bewirken, prägen den Fortgang der Politikentwicklung mitunter über längere Phasen. Kontinuität und inkrementelle Anpassungsvorgänge begründen eine substanzielle Stabilität, die einem regelrechten Stillstand sehr nahe kommt.

Insbesondere die dezentrale Organisation des Policy Subsystems mit seinen Netzwerken, Arbeitsgruppen und Gremien absorbiert politischen Handlungsdruck von der makropolitischen Ebene, solange die Mobilisierung konkurrentieller Interessen kein kritisches Ausmaß erreicht. Erst eine intensive Aktivierung der Öffentlichkeit und der Medien ermöglichen

---

[127] Ebd., 155–188.

[128] Vgl. Nohlen 1998.

Veränderungen auf der Regierungsagenda zu Gunsten neuer Leitbilder und bisher nichtbe-achteter issues, die sich in der Folge auf makropolitischer Ebene immer weiter ausdehnen (spill over) und dort von seriell-prozessierenden Strukturen aufgegriffen werden. Die Bedin-gungen stehen jetzt ideal dafür, dass das Equilibrium kippt und den Weg für eine gänzlich neue Politik ebnet.

2.3.4   Entscheidungsprozesse unter Bedingungen begrenzter Rationalität

Ein umfassender Neustart in einem Politikbereich zeichnet sich dadurch aus, dass sowohl individuelle als auch kollektive Entscheidungen plötzlich anhand völlig neuartiger Kriterien und Annahmen, mit einer Zielsetzung, die sich von der vorherigen deutlich unterscheidet, sowie einer gesteigerten Aufmerksamkeitsintensität getroffen werden. Grundlegend für die Punktierung ist demnach sowohl ein Wandel der Präferenzen als auch der Aufmerksamkeits-verteilung – in anderen Worten: die notwendige Dynamik entsteht aus der Interaktion von Institutionen mit großem Aufmerksamkeitswert und einzelnen Policy Images mit ihren An-nahmen und Vorstellungen.

Die images enthalten die Definition von Problemen und issues sowie Lösungsvorschläge, die im Einklang mit bestimmten Interessen, Ideologien oder Weltanschauungen stehen und mit Hilfe symbolischer sowie emotionaler Rhetoriken mobilisiert werden. Mobilisierung für ein neues Policy Image bedeutet immer auch den Angriff auf das etablierte image und das dahin-ter stehende Policy Monopol. Dabei kann angenommen werden, dass enormer öffentlicher Enthusiasmus für ein Policy Image oder extreme Kritik an der bestehenden Politik nötig ist, um Aufmerksamkeit für das neue image und seine issues zu erzeugen. Gelingt dies, dehnt sich der jeweilige issue auf die makropolitische Ebene aus und entzieht sich damit sukzessive der Kontrolle des etablierten Policy Monopols.

Wandel im Bereich öffentlicher Politik ist damit ein Produkt von Aufmerksamkeitsschüben, die sich nacheinander ereignen (serial shifts). Die Aufmerksamkeit von Individuen und mak-ropolitischen Akteuren, welche Informationen ebenfalls seriell und nicht parallel verarbeiten, kann sich effektiv immer nur auf ein Objekt, ein Problem, eine Angelegenheit richten. Dar-über hinaus erfährt das Objekt der Aufmerksamkeit seitens der individuellen Akteure gene-rell eine eindeutige sowie subjektive Wahrnehmung, d. h. sie ist immer nur geprägt von einer Perspektive, einem Interesse, einer Interpretation. Die Aufmerksamkeit der Entscheider rich-tet sich damit lediglich auf einen Primäraspekt der zu bearbeitenden Angelegenheit, welcher das ist, ergibt sich im Großen und Ganzen aus den subjektiven Präferenzen des jeweiligen Akteurs. Diese können unter Umständen enorm von den Kollektivpräferenzen abweichen.

Eingeschränkte Rationalität:[129]

• Individuen können ihre Aufmerksamkeit immer nur auf ein Objekt richten
• Individuen können immer nur eine Perspektive bezüglich eines Objekts einnehmen

---

[129] Vgl. Simon 1957.

- Individuen streben nicht nach optimalen, sondern nach zufriedenstellenden Lösungen

Die Annahme eingeschränkter Rationalität für das Entscheidungsverhalten makropolitischer Akteure und Institutionen – dort vor allem für die Regierung – bildet nicht nur für die Theorie des Punctuated Equilibrium (PET) ein Fundament, auf dem sich Fragen nach tiefgreifendem Policy Wandel beantworten lassen. Auch andere Ansätze wie das Advocacy Coalitions Framework oder das Multiple Streams Framework weisen den kognitiven Mechanismen von Individuen, welche auch charakteristisch für Organisationen und Regierungen sind, eine zentrale Bedeutung zu. Besondere Betonung erhalten nach der PET allerdings die Implikationen des seriellen Prozessierens. Diese gelten als ursächlich für die Dynamik zwischen den Systemebenen und das Konkurrenzverhältnis einzelner Policy Images untereinander. Zusätzlich wird dem konkreten Aufmerksamkeitsschub eine dynamisierende und mobilisierende Wirkung auf alle Systemebenen sowie die Öffentlichkeit zugemessen. Die macht eine Unterbrechung bzw. Destabilisierung des Equilibriums und daran anknüpfend den radikalen Wandel möglich.

2.3.5   Kritik

Die grundlegenden Annahmen der PET haben allgemeingültigen Charakter und sind damit zunächst auf eine Vielzahl unterschiedlicher politischer Systeme anwendbar. Individuelle Akteure, Regierungen und Organisationen unterliegen in ihrer Operationsweise generell den Beschränkungen, die das serielle Verarbeiten von Informationen und die schubweise Verteilung von Aufmerksamkeit mit sich bringen. Beschränkt-rationale Entscheidungs- und Interaktionsprozesse können ebenfalls für sehr viele politische Verhandlungsarenen attestiert werden und sind keineswegs nur für einzelne Institutionengefüge gültig. Lange Phasen der Stabilität und der inkrementellen Anpassung innerhalb bestimmter Grenzen lassen sich überall beobachten, genauso wie kurzfristig tiefgreifende Punktierungen ansonsten gradueller Politikentwicklung in den unterschiedlichsten Ländern und Politikfeldern eintreten.

Einschränkungen für die Erklärungskraft und Anwendbarkeit der PET ergeben sich jedoch bei der Betrachtung von Systemen, in denen die Subsystem-Ebene weniger klar von der Ebene der makropolitischen Institutionen und dem dort operierenden zentralen politischen Entscheidungssystem abgetrennt arbeitet. Beeinträchtigen starke strukturelle Verflechtungen zwischen den beiden Ebenen die Fähigkeit des Subsystems, Politiken weitgehend autonom und ohne kontinuierliche Konfrontation mit der öffentlichen Aufmerksamkeit zu entwickeln, reduziert sich die Zwischenebenen-Dynamik auf ein geringes Ausmaß. Punktierungen müssen dann auf alternativem Wege erklärt werden, da die Wirkkraft von Aufmerksamkeitsverlagerungen institutionell abgeschwächt wird und somit keinen hinreichenden Ansatz zur ursächlichen Erklärung radikaler Umbrüche liefert. Besonders aussagekräftig erscheint die PET hingegen für Systeme, die aufgrund ihres institutionellen Designs über eine Vielzahl an interagierenden Verhandlungsorten verfügen und damit eine gesteigerte Grunddynamik aufweisen. Sich überlappende Zuständigkeiten und unstete Kompetenzzuweisungen bilden ideale Ausgangsbedingungen für die Aktivierung eines weiten Akteurfelds, wenn es zur Issue-Ausdehnung kommt. Schrittweise Kompetenzverlagerungen und die Errichtung neuer institutioneller Strukturen durch Interessenträger, die die Entwicklung des issues aktiv mitgestalten und einzelne Aspekte gezielt betonen, können hier besonders leicht vorgenommen werden.

Neben dem politischen System der USA, das ein hohes Interaktionsaufkommen zwischen dem Kongress und seinen committees aufweist und zudem über eine stark fragmentierte Exekutivstruktur verfügt, eignet sich das Mehrebenensystem der Europäischen Union hervorragend für die Anwendung der PET. Hier sorgen gleich mehrere, parallel verlaufende Agenda-Setting-Prozesse für außerordentliche Dynamik: Einerseits üben mächtige Institutionen wie der Europäische Rat von oben Handlungsdruck auf das EU-System aus, andererseits drängen von unten unablässig Vorschläge kleinerer und mittlerer Experten-Communities auf die Agenda. Politikentwicklung erfolgt zudem sowohl auf makropolitischer Ebene also auch innerhalb eines äußerst komplexen Policy Subsystems, was für eine Vielzahl an beteiligten Verhandlungsorten sorgt.

Insgesamt liefert die PET ein Analysewerkzeug, das sowohl institutionelle Faktoren als auch Ideen bzw. Leitbilder sowie kognitive Eigenschaften einzelner Individuen in seine Erklärungen mit einbezieht. Drei Aspekten kommt bei der ursächlichen Erklärung tiefgreifenden Policy Wandels besondere Bedeutung zu:

- Die Ausweitung politischer Konflikte über die Grenzen Experten dominierter Subsysteme hinaus auf andere politische Verhandlungsorte.
- Die strukturierende und aktivierende Wirkung von Policy Images.
- Die begrenzten Kapazitäten von Individuen und makropolitischen Institutionen zur Verarbeitung von Informationen und Verteilung von Aufmerksamkeit.

2.3.6   Literatur

Bak, P., 1996: How Nature Works: The Science of Self-Organized Criticality. New York: Copernicus.

Bardach, Eugene, 2008: Policy Dynamics. In: Michael Moran und Robert E. Goodin (Hg.), The Oxford handbook of public policy. Oxford: Oxford Univ. Press, S. 336–366.

Baumgartner, Frank R., Abel Francois und Martial Foucault, 2006: Punctuated Equilibrium and French Budgeting Processes. Journal of European Public Policy 13: S. 1086–1103.

Baumgartner, Frank R. und Bryan D. Jones, 1991: Agenda Dynamics and Policy Subsystems. Journal of Politics 53: S. 1044–1074.

Baumgartner, Frank R. und Bryan D. Jones, 1993: Agendas and Instability in American Politics. Chicago: University of Chicago Press.

Baumgartner, Frank R. und Bryan D. Jones (Hg.), 2002: Policy Dynamics. Chicago: University of Chicago Press.

Baumgartner, Frank R. und Bryan D. Jones, 2002: Positive and Negative Feedback in Politics. In: Frank R. Baumgartner und Bryan D. Jones (Hg.), Policy Dynamics. Chicago: University of Chicago Press.

Baumgartner, Frank R., Bryan D. Jones und Michael McLeod, 2000: The Evolution of Legislative Jurisdictions. Journal of Politics 62: S. 321–349.

Baumgartner, Frank R., Bryan D. Jones und John Wilcerson, 2002: Studying Policy Dynamics. In: Frank R. Baumgartner und Bryan D. Jones (Hg.), Policy Dynamics. Chicago: University of Chicago Press.

Bendor, J., 2004: Bounded Rationality: Theory and Policy Implications. Berkeley: Goldman School of Public Policy.

Boyd, Robert und Peter Richerson, 1985: Culture and the Evolutionary Process. Chicago: University of Chicago Press.

Downs, Anthony, 1968: Ökonomische Theorie der Demokratie. Tübingen: Mohr.

Kiel, L. D. und E. Elliott (Hg.), 1996: Chaos Theory in the Social Sciences. Ann Arbor: University of Michigan Press.

Lindblom, Charles, 1959: The Science of Muddling Through. Public Administration Review 19: S. 79–88

Moran, Michael und Robert E. Goodin (Hg.), 2008: The Oxford handbook of public policy. Oxford: Oxford Univ. Press.

Morcal, Goktug (Hg.), 2006: Handbook on Organizational Decision-Making. New York: Marcel Dekker.

Nohlen, Dieter (Hg.), 1998: Politische Begriffe. München: C. H. Beck.

Rabin, Jack (Hg.), 2005: Encyclopedia of Public Administration and Public Policy. New York: Taylor and Francis.

Richardson, G. P., 1991: Feedback Thought in Social Science and Systems Theory. Philadelphia: University of Pennsylvania Press.

Richardson, Jeremy, 2000: Government, Interest Groups, and Policy Change. Political Studies 48: S. 1006–1025.

Robinson, Scott, 2005: Punctuated Equilibrium. In: Jack Rabin (Hg.), Encyclopedia of Public Administration and Public Policy. New York: Taylor and Francis.

Robinson, Scott, 2006: Punctuated Equilibrium Models in Organizational Decision-Making. In: Goktug Morcal (Hg.), Handbook on Organizational Decision-Making. New York: Marcel Dekker.

Sabatier, Paul A., 1987: Knowledge, Policy Oriented Learning, and Policy Change. Knowledge: Creation, Diffusion, Utilization 8: S. 649–692.

Sabatier, Paul A. (Hg.), 2007: Theories of the policy process. Boulder, Colo.: Westview Press

Shepsle, K. A. und M. S. Bonchek, 1997: Analyzing Politics: Rationality, Behavior, and Institutions. New York: W. W. Norton.

Simon, Herbert A., 1957: Models of Man. Social and rational; mathematical essays on rational human behavior in a social setting. New York: Wiley.

True, James L., Bryan D. Jones und Frank R. Baumgartner, 2007: Punctuated-Equilibrium Theory. Explaining Stability and Change in Public Policymaking. In: Paul A. Sabatier (Hg.), Theories of the policy process. Boulder, Colo.: Westview Press, S. 155–188.

Wlezien, Christopher, 1995: The Public as Thermostat. Dynamics of Preferences for Spending. American Journal of Political Science 39: S. 981–1000.

Wood, Robert, 2006: The Dynamics of Incrementalism. Policy Studies Journal 34: S. 1–16.

Worsham, Jeff, 1998: Wavering Equilibrium. Subsystem Dynamics and Agenda Control. American Politics Quarterly 26: S. 485–512.

2.4   Advocacy Coalitions Framework

Seit den späten 80er Jahren bemüht sich Paul A. Sabatier (in enger Kooperation mit Hank Jenkins-Smith) um die breite Durchsetzung des Advocacy Coalition Frameworks.[130] Dabei handelt es sich um einen mittlerweile in vielen empirischen Studien bestätigten Ansatz, der bereits vorne mehrfach behandelt wurde. Aus diesem Grund können wir uns hier auf die wesentlichen Strukturen dieses Ansatzes und seiner Anwendungsmöglichkeiten beschränken.

Das ACF steht in der bereits ausführlich dargestellten Tradition von Erklärungsversuchen, durch die die Ein- und Vorstellungen von politischen Akteuren im Policy Prozess im Wesentlichen dadurch erklärt werden, dass sie im Rahmen von Tendenzkoalitionen ihre als richtig erkannten Ziele durchzusetzen versuchen. Sabatier selbst spricht von drei so genannten ‚foundation stones' für das ACF:

‚(1) A macro-level assumption that most policymaking occurs among specialists within a policy subsystem but that their behavior is affected by factors in the broader political and socioeconomic system; (2) a micro-level ‚model of the individual' that is drawn heavily from social psychology; and (3) a meso-level conviction that the best way to deal with the multiplicity of actors in a subsystem is to aggregate them into ‚advocacy coalitions'. These founda-tions, in turn, affect our dependent variables, belief and policy change, through two critical paths: policy oriented learning and external perturbations.'[131]

2.4.1   Das Policy Subsystem und Externe Faktoren

Sabatier geht davon aus, dass Policy Subsysteme funktional (also im Wesentlichen themenspezifisch) oder territorial zusammen gehalten werden. Diese früher auch als ‚issue networks' bezeichneten Gruppierungen sind an einem Policy Wandel (der aber durchaus auch eine Policy ‚Stabilität' sein kann) interessiert und orientieren sich dabei an ideologischen Werten und Vorstellungen, die in tatsächliche Policies umgesetzt werden sollen. Weiterhin geht Sabatier davon aus, dass solche Policy Networks in der Regel über einen zehnjährigen perspektivischen Horizont verfügen. Insoweit muss Sabatier, wie in vielen anderen Elitentheorien auch, das Nebeneinander von etablierten und im Entstehen begriffenen Networks berücksichtigen. Es versteht sich, dass so genannte ‚mature' Networks eher zur Bewahrung von Policies neigen und Policy Wandel erschweren, dass auf der anderen Seite neu entstehende Gruppierungen (‚nascent' Networks) an schneller Veränderung interessiert sind. Man kann es durchaus als eine Schwäche der Theorie ansehen, dass dieses Nebeneinander von einzelnen Netzwerken nicht wirklich thematisiert wird. Und auch die Tatsache, dass diese Netzwerke zum Teil auch durch überlappende Mitgliedschaften charakterisiert sind, macht die klare Unterscheidung der jeweiligen Akteure nicht unbedingt leichter.

---

[130] Sabatier 2007.

[131] Ebd., S. 191–192.

Eine zentrale Aufgabe empirischer Studien besteht darin, möglichst exakt die Advocacy Coalitions zu identifizieren, die an der Durchsetzung spezifischer Policies interessiert sind.[132] Das Verhalten der Mitglieder eines jeweiligen Policy Networks unterliegt nach dem ACF zwei exogenen Faktorenbündeln, die zum einen als eher stabil, zum anderen als dynamisch charakterisiert und damit unterschieden werden können.

Zu den stabilen Faktoren rechnet Sabatier:

- Basic attributes of the problem area
- Basic distribution of natural resources
- Fundamental sociocultural values and social structure
- Basic constitutional structure (rules)

Von diesen stabilen Parametern werden externe Bedingungen abgegrenzt:

- Changes in socio-economic conditions
- Changes in public opinion
- Changes in systemic governing coalition
- Policy decisions and impacts from other subsystems.[133]

Eine zentrale Hypothese des ACF besteht darin, dass ein nachhaltiger Policy Wandel nur durch eine Veränderung in den externen Parametern ausgelöst werden kann.

2.4.2   Individuelle Akteure und ihre Belief-Systems

Der eigentliche Kern des ACF besteht in der bereits mehrfach erwähnten Annahme, dass Policy Makers keine beliebige Politik machen, sondern dass sie ihre Entscheidungen letztlich auf normative Vorstellungen, also Ideologien, stützen. Damit ist Sabatier sehr nahe an den sozial-anthropologischen Vorstellungen, die das Political Culture Konzept von Aaron Wildavsky prägen. Beide Autoren wenden sich damit gegen den Rational-Choice-Ansatz mit dem sogenannten homo oeconomicus, der jeweils nach Interessenlage seinen Nutzen zu verwirklichen sucht. Es sind vielmehr individuelle Akteure am Werk, die in jeweils spezifischen Kontexten ihre Vorstellungen umsetzen wollen. Im Einklang mit der Literatur zu Belief-Systems unterscheidet Sabatier drei Gruppen von ideologischen Vorstellungen. Zunächst sind hier die von ihm so genannten 'Deep Core Beliefs' zu nennen, die in aller Regel durch die frühe Sozialisation geprägt sind und insoweit auch kaum Veränderungen unterliegen:

'Deep core beliefs involve very general normative and ontological assumptions about human nature, the relative priority of fundamental values such as liberty and equality, the relative priority of the welfare of different groups, the proper role of government vs. markets in gen-

---

[132] Ebd., S. 217–219.

[133] Ebd., S. 191.

eral, and about who should participate in governmental decisionmaking. The traditional left/right scales operate at the deep core level.'[134]

Auf der nächsten Ebene befinden sich die so genannten ‚Policy Core Beliefs'. Diese sind in der Logik des hierarchischen Konzepts weniger starr als die ‚Deep Core Beliefs', sind aber dennoch, sofern sie einmal angenommen sind, nur sehr schwer zu ändern. Als wichtigste Komponenten der Policy Core Beliefs unterscheidet Sabatier:

‚The priority of different policy related values, whose welfare counts, the relative authority of governments and markets, the proper roles of the general public, elected officials, civil servants, experts, and the relative seriousness and causes of policy problems in the subsystem as a whole.'[135]

Dabei ist es wichtig, dass diese Werthaltungen nicht zwangsläufig den Deep Core Beliefs entsprechen müssen. Ein vom Deep Core her als konservativ zu bezeichnender Policy Maker kann sich durchaus in einer spezifischen Policy mit einem eher liberal-progressiven Akteur verbinden, falls dies aufgrund des jeweiligen Policy Cores nötig wird. Schließlich sind hiervon die sekundären Ideologien abzugrenzen, die sich im Wesentlichen auf konkrete Umsetzungen von Policies und deren Implementation beziehen. Sie sind insoweit erheblich enger als Policy Core Beliefs und dürften weniger den Politikwissenschaftler, sondern den Verwaltungswissenschaftler im engeren Sinne interessieren.

Als Kernaussage des ACF formuliert Sabatier, dass sein System eine Erklärung für das Verhalten von Akteuren innerhalb solcher Koalitionen ermöglicht:

‚The ACF predicts that stakeholder beliefs and behavior are embedded within informal networks and that policymaking is structured, in part, by the networks among important policy participants. The ACF assumes that policy participants strive to translate components of their belief systems into actual policy before their opponents can do the same. In order to have any prospect of success, they must seek allies, share resources, and develop complementary strategies.'[136]

Dass die jeweiligen Mitglieder einer Koalition sich Verbündete suchen, die ähnliche Policy Core Beliefs haben, ist nicht weiter überraschend. Dies können Parlamentsabgeordnete, Mitglieder öffentlicher Behörden, Interessengruppen, Richter und Wissenschaftler auf verschiedenen Ebenen des politischen Systems sein. Sabatiers Annahme indes, dass in jedem gegebenen Policy Subsystem normalerweise zwischen zwei und fünf Advocacy Coalitions vorhanden sind, muss mit einem Fragezeichen versehen werden.

---

[134] Ebd., S. 194.

[135] Ebd., S. 195.

[136] Ebd., S. 196.

2.4.3   Politikwandel

Neben den äußerst stabilen Deep Core Beliefs können, so Sabatier, die Policy Core Beliefs sich durchaus über einen längeren Zeitraum hinweg wandeln. Dabei identifiziert er zwei Wege. Zum einen das ‚Policy orientierte Lernen' und zum anderen ‚externe Schocks'. Mit dem Policy orientierten Lernen ist gemeint, dass Mitglieder einer Koalition ihre Policy Core Beliefs entweder aufgrund neuer Informationen oder aber auch durch Erfahrungen bei der Umsetzung einer Policy behutsam modifizieren. Es ist durchaus fraglich, ob man diesen Anpassungsprozess grundsätzlich als ‚Lernprozess' charakterisieren sollte, da es sich doch letztlich um ganz normale Adaptionsprozesse handelt. Dass durch externe Störungen und Schocks ein Einstellungswandel ausgelöst werden kann, ist eher trivial und hier nicht weiter zu erläutern.

2.4.4   Politische Rahmenstrukturen

Eine der neueren Ergänzungen des ACF besteht in der Adaption politischer Rahmenvorstellungen, die das Modell tatsächlich verbessern, da hiermit eine Generalisierung des zunächst für das amerikanische politische System entwickelten Ansatzes gelingt. Sabatier erkennt an, dass die jeweiligen Charakteristiken politischer Systeme sich danach unterscheiden, ob es sich um plurale, plebiszitäre oder kooperatistische politische Arrangements handelt. In diesem Zusammenhang spricht er von dem nötigen Konsens für einen größeren politischen Wandel, der in partizipatorischen Gesellschaften logischerweise größer ist, als in Konkurrenzdemokratien. Unter Bezugnahme auf Arend Lijphart erweitert er das ACF und fasst zusammen:

‚Pluralist coalition opportunity structures will tend to have moderate norms of compromise and open decision systems. Corporatist structures involve strong norms of consensus and compromise, and relatively restrictive norms of participation. Westminster systems will tend to have weak norms of compromise and relatively restricted norms of participation. Many developing countries will have weak norms of compromise and restricted participation.'[137]

In der folgenden Übersicht sind die jeweiligen Typen vor dem Hintergrund der beiden Dimensionen der Offenheit des politischen Systems und dem jeweiligen benötigten Konsens dargestellt.

---

[137] Ebd., S. 200.

Openness of Political System	Degree of Consensus Needed for Major Policy Change		
	High	**Medium**	**Low**
High	Pluralist	Pluralist	
Medium	Recent Corporatist	Westminster	
Low	Traditional Corporatist		Authoritarian Executive

Abb. 2.4.1 Typology of Coalition Opportunity Structures

2.4.5   Machtressourcen für Advocacy Coalitions

Als letzter wichtiger Bestandteil des ACF ist schließlich auf die Ressourcen einzugehen, die den jeweiligen Akteuren zur Verfügung stehen. Während über die Belief-Systems auch an anderer Stelle bereits sehr umfassend geforscht wurde, bestand hier in der ACF-Literatur bislang eine relativ große Lücke. Dabei geht es um die Frage, welche Möglichkeiten Koalitionen haben, ihre Macht durchzusetzen. In der jüngsten Ergänzung seiner Theorie unterscheidet Sabatier hierbei insgesamt sechs Dimensionen, deren Nachweis durch jeweils spezifische empirische Arbeiten zu erbringen wäre: die formale und legale Macht, Policy Decisions herbeizuführen; der Einfluss auf den öffentlichen Meinungs- und Willensbildungsprozess; wissenschaftlich belastbare Informationen; die Unterstützung der Policy Elites durch so genannte ‚mobilisable troops'; finanzielle Ressourcen; sowie intelligente Führung.

Das Advocacy Coalition Framework von Paul Sabatier stellt nach unserer Meinung ein durchweg überzeugendes Modell zur Analyse des politischen Handelns von Policy Makers dar. Ein entscheidender Vorteil dieses Modells ist, dass die unterschiedlichen Belief-Systems im Gegensatz zum ökonomisch geprägten Rational-Choice-Modell nicht nur unterschieden, sondern als zentral für das Verhalten jeweiliger politischer Akteurskonstellationen angesehen werden.

In der abschließenden Abbildung sind die einzelnen hier dargestellten Dimensionen des ACF noch einmal übersichtlich dargestellt.

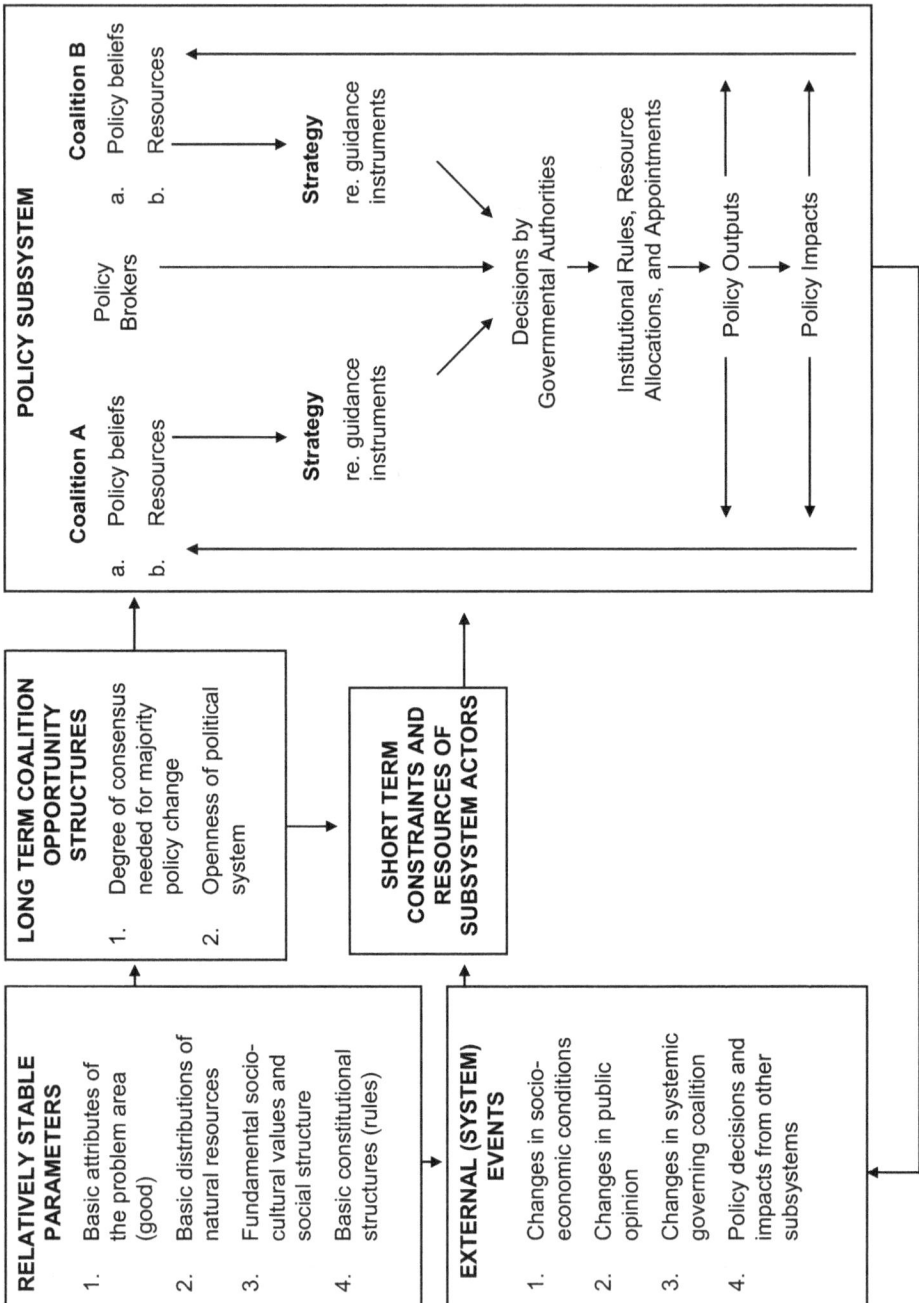

Abb. 2.4.2 *Diagram of the Advocacy Coalitions Framework*

2.4.6   Literatur

Andersson, Magnus, 1998: An Advocacy Cloalition Approach to Long-term Environmental Policy Change in Poland.

Birkland, Thomas A., 1997: After Disaster: Agenda Setting, Public Policy, and Focusing Events. Washington, DC: Georgetown University Press.

Birkland, Thomas A., 1998: Focusing Events, Mobilization, and Agenda Setting, Journal of Public Policy 18 (1), S. 53–74.

Birkland, Thomas A., 2004: Learning and Policy Improvement after Disaster: The Case of Aviation Security, American Behavioral Scientist 48 (3), S. 341–364.

Dolan, C. J., 2003: Economic Policy and Decision Making at the Intersection of Domestic and International Politics: The Advocacy Coalition Framework and the National Economic Council, Policy Studies Journal 31 (2), S. 209–236.

Elliot, C., and R. Schlaepfer, 2001: The Advocacy Coalition Framework: Application to the Policy Process for the Development of Forest Certification in Sweden, Journal of European Public Policy 8 (4), S. 642–661.

Ellison, B. A., 1998a: Intergovernmental Relations and the Advocacy Coalition Framework: The Operation of Federalism in Denver Water Politics, Publius, The Journal of Federalism 28 (4), S. 35–49.

Fenger, M., and P. Klok, 2001: Interdependency, Beliefs, and Coalition Behavior: A Contribution to the Advocacy Coalition Framework, Policy Science 34, S. 157–170.

Freudenburg, W. R., and R. Gramling, 2002: How Crude: Advocacy Coalitions, Offshore Oil, and the Self-Negating Belief, Policy Sciences 35, S. 17–41.

Heclo, H., 1978: Issue Networks and the Executive Establishment, in Anthony King, The New American Political System, Washington D. C., American Enterprise Institute, S. 87–124.

Herron, K. G., Jenkins-Smith, H. G., and C. L. Silva, 2005: Scientists, Belief Systems, and Advocacy Coalitions in Environmental Policy, in Sabatier, P., An Advocacy Coalition Lens on Environmental Policy.

Jenkins-Smith, H., 1990: Democratic Politics and Policy Analysis, Pacific Grove, CA, Brooks/Cole.

Kelman, Steven, 1987: Making Public Policy, New York: Basic Books.

Kingdon, J. W., 1995: Agendas, Alternatives, and Public Policies, 2nd edition, New York: Harper Collins.

Kübler, D., 2001: Understanding Policy Change with the Advocacy Coalition Framework: an Application to Swiss Drug Policy, Journal of European Public Policy 8, S. 623–641.

March, James G. and Johan P. Olsen, 1996: Institutional Perspective on Political Institutions, Governance, S. 247–264.

Mintrom, Michael, and Sandra Vergari, 1996: Advocacy Coalitions, Policy Entrepreneurs, and Policy Change, Policy Studies Journal 24, S. 420–434.

Olsen, Mancur, 1965: The Logic of Collective Action, Cambridge, MA, Harvard University Press.

Ostrom, Elinor, 2005: Understanding Insitutional Diversity, Princeton University Press.

Sabatier, P., 1986: Top-Down and Bottom-Up approaches to implementation research: A critical Analysis and suggested Synthesis, Journal of Public Policy 6, S. 21–48.

Sabatier, P. A., and S. McLaughlin, 1987: The Devil Shift: Perceptions and Misperception of Opponents, Western Political Quarterly 41, S. 449–476.

Sabatier, P. A., S. Hunter, 1989: The incorporation of causal perception into models of elite belief systems, Western Political Quarterly 42, S. 229–261.

Sabatier, Paul, 1993: Advocacy-Koalition, Policy-Wandel und Policy-Lernen. Eine Alternative zur Phasenheuristik? In: Heritier, Adrienne (Hg.): Policy Analyse. Kritik und Neuorientierung (PVS-Sonderheft 24). Opladen 1993, S. 116–148.

Sabatier, Paul/Jenkins-Smith, Hank (Hg.), 1993: Policy Change and Learning. An Advocacy Coalition Approach. Boulder.

Sabatier, P. and A. Basher, 1993: From Vague consensus to clearly-differentiated coalitions: environmental policy at Lake Tahoe, in, Sabatier, Paul and Jenkins-Smith, Policy Change and Learning, S. 149–176, Boulder, CO: Westview Press.

Sabatier, Paul, 1998: The advocacy coalition framework: revisions and relevance for Europe. In: Journal of Public Policy 51, S. 98–130.

Sabatier, P., 1998: The Advocacy Coalition Framwork: Revisions and Relevance for Europe, Journal of European Public Policy.

Sabatier, Paul (Hg.), 1999: Theories of the Policy Process. Boulder.

Sabatier, P. A., and M. Zafonte, 2004: Are Bureaucrats and Scientists Members of Advocacy Coalitions? Evidence from an Intergovernmental Water Policy Subsystem, in P. A. Sabatier, An Advocacy Coalition Lens on Environmental Policy.

Schlager, Edella, 1995: Policy making and collective action. Defining coalitions within the advocacy coalition framework. In: Policy Sciences 28, S. 243–270.

Thatcher, Mark, 1998: The Development of Policy Network Analyses: From Modest Origins to Overarching Frameworks, Journal of Theoretical Politics 10 (4), S. 389–416.

Zafonte, M., P. Sabatier, 1998: Shared Beliefs and Imposed Interdependencies as Determinants of Ally Networks in Overlapping Subsystems, Journal of Theoretical Politics 10 (4), S. 473–505.

Zartman, W. I., 1991: Conflict and Resolution: Contest, Cost, and Change, Annals of the American Academy of Political and Social Science 518, S. 11–22.

2.5   Multiple Streams Framework

Unter dem Titel ‚Agendas, Alternatives, and Public Policies' veröffentlichte der US-amerikanische Politologe und Policyforscher John W. Kingdon im Jahr 1984 erstmals sein Konzept des Multiple Streams Framework, das zu dieser Zeit in der anwendungsorientierten Policyforschung noch wenig Beachtung fand. Obwohl sich die Fachwelt eingehend mit den von Kingdon geprägten Begrifflichkeiten des Policy Windows oder des political entrepreneurs beschäftigte und sein Werk damit zu einem der meist zitierten Publikationen im sozialwissenschaftlichen Bereich werden ließ, musste sich das Gesamtkonzept der Kingdon'schen Perspektive auf politische Entscheidungsprozesse lange Zeit mit einem Außenseiterstatus begnügen. Dies ist wohl vornehmlich der radikalen Andersartigkeit seiner Grundannahmen zum Politikbetrieb geschuldet, die in einer grundsätzlichen Absage an die Kausalität politischer Prozesse und an die Unterstellbarkeit rationaler Verhaltensweisen seitens der beteiligten Akteure bestehen.

‚Collective Choice is not merely the derivative of individual efforts aggregated in some fashion, but rather the combined results of structural forces and cognitive and affective processes that are highly context dependend'.[138]

Die Vorstellung, Politik sei ein Problemlösevorgang, an dem Interessierte mit klaren Zielen und Überzeugungen mitwirken und über Verhandlungen oder Abstimmungen strukturierte Entscheidungsprozesse verwirklichen, wirft Kingdon damit gründlich über den Haufen. Das Entstehen von policies, also von politischen Entscheidungen, ist in seinem Denken nur unwahrscheinlich auf nachvollziehbare rationale Prozesse zurückzuführen, sondern je nach Perspektive immer wieder neu bzw. anders begründbar, sie sind demnach kontingent. Damit grenzt sich der Multiple Streams Ansatz deutlich von anderen in diesem Buch beschriebenen Rahmenwerken und Heuristiken ab, welche Rationalität und Kausalität bis zu einem gewissen Grad voraussetzen.

Entstehungszeitpunkt und -kontext von Politiken misst Kingdon in seinem Werk eine zentrale Bedeutung zu. Während die Zeichen der Zeit für manche politische Ideen günstig stehen, verwehrt der historisch politische Kontext anderen sowohl Thematisierbarkeit als auch Entscheidbarkeit. Dabei bestimmt eine immer wieder neue Kombination aus strukturellen, kognitiven und affektiven Faktoren, ob die Zeit für eine bestimmte Policy gekommen ist. Kingdon begreift die verschiedenen Wirkkräfte und Policy Möglichkeiten in diesem Zusammenhang als drei voneinander unterscheidbare Ströme, denen eine jeweils eigene Dynamik zu Grunde liegt. Treffen sie aufeinander, öffnet sich ein so genanntes Policy Window – eine Policy entsteht.

Bei der Kopplung eines Problems mit einer passenden Lösung unter politischen Umständen, die deren Thematisierung und Entscheidung erlauben, spielt nicht selten der Zufall eine gro-

---

[138] Zahariadis 2007, S.66.

ße Rolle. Institutionelle Machtverhältnisse, nationale Stimmungslage sowie öffentliche Aufmerksamkeit bilden zentrale Bedingungen dafür, ob sich eine Policy in Form einer Entscheidung manifestiert oder im Strom unendlich vieler politischer Lösungen verbleibt. Aber auch die absichtlich herbeigeführte Kopplung aller drei Ströme, also die aktive und willentliche Öffnung eines Policy Windows, ist denkbar. Im Mittelpunkt des Kopplungsgeschehens sieht Kingdon dabei die Figur des so genannten Policy Entrepreneurs. Dieser führt mittels politischer Manipulation Elemente aus dem Problemstrom und dem Lösungsstrom in seinem Interesse und zum richtigen Zeitpunkt zusammen. Da die Sachverhalte, mit denen Politik sich beschäftigt, aus Kingdons Sicht grundsätzlich mehrdeutig sind und damit auf unterschiedliche Art und Weise interpretiert werden können, kommt dem Policy Entrepreneur, der Ambiguität durch klare und eindeutige Zusammenhänge reduziert, eine hervorgehobene Machtposition zu.

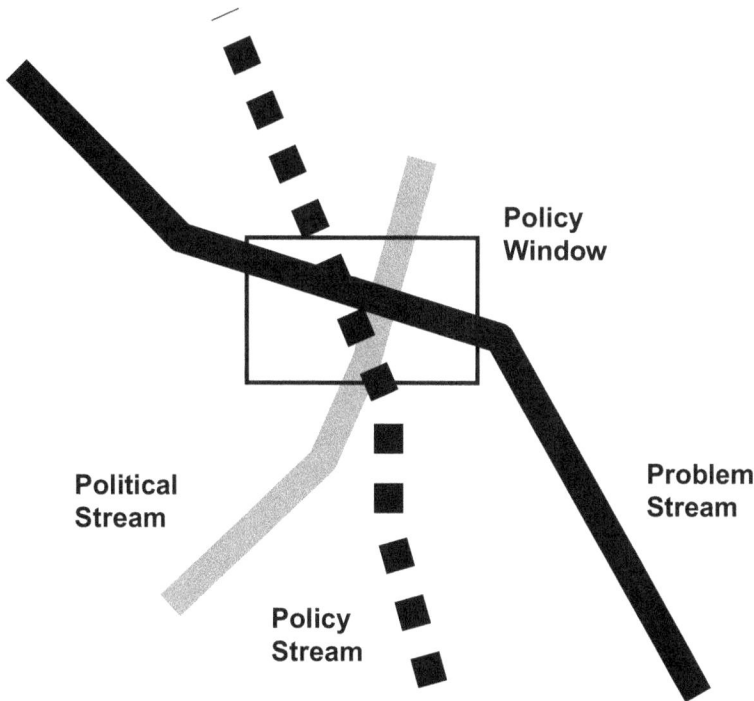

Abb. 2.5.1 *Policy Window*

Der Multiple Streams Ansatz nach Kingdon versteht sich zunächst als heuristisches Rahmenwerk, in dessen Mittelpunkt die Frage danach steht, wie nationale Regierungen angesichts der prinzipiellen Mehrdeutigkeit politischer Sachverhalte Entscheidungen treffen. Wie wird Aufmerksamkeit zugeteilt? Auf welche Weise werden Lösungsalternativen in den politischen Entscheidungsprozess eingespeist? Welche Faktoren beeinflussen, ob eine Policy realisiert wird oder nicht? In der Auseinandersetzung mit diesen Fragen bezieht sich das MSF auf zwei Variablen, denen besondere Erklärungskraft zugemessen wird: der jeweilige Zeitpunkt und die politische Manipulation. Während der richtige Zeitpunkt für eine Policy dann gekommen ist, wenn der gesellschaftliche bzw. politische Kontext mit all seinen strukturellen sowie prozessualen Gegebenheiten die Kopplung eines Problems mit einer politischen Lösung zulässt – die Verknüpfung aller drei Ströme also möglich ist – beschreibt der Ansatz der politischen Manipulation, auf welche Art und Weise eine Kopplung herbeigeführt wird.[139]

Die Verneinung von Kausalität und Rationalität in politischen Prozessen macht das MSF zwar zu einem höchst innovativen Ansatz, bei der genaueren Beschreibung der Stromdynamiken, ihrem Zusammenspiel und dem Vorgang der politischen Manipulation greift Kingdon jedoch auch auf klassische Zugänge zurück. Entscheidungsprozesse sind für ihn nach wie vor auch kollektive Outputs sich ständig wandelnder, dynamischer und bisweilen chaotischer Systeme, deren strukturelle Wirkung volle Berücksichtigung verdient und auch wenn policies nicht als bestmögliche Lösungen für ein objektiv vorliegendes Problem verstanden werden, so kann zumindest ein mehr oder weniger latenter Bedarf nach einer spezifischen Policy festgestellt werden, welcher deren Thematisierung und Entscheidung begünstigt oder erst ermöglicht. Dazu kommt eine starke Gewichtung des Einflusses von Informationen auf Entscheidungsvorgänge, wobei mehr Informationen nicht immer unbedingt als Erleichterung für den Entscheidungsprozess angesehen werden, in stark mehrdeutigen Sachverhalten ist sogar eher vom Gegenteil auszugehen.

2.5.1   Aufmerksamkeit und Zeit

Mit einer Schwerpunktsetzung im Bereich Aufmerksamkeit versteht sich das Multiple Streams Framework einerseits als Agenda-Setting-Ansatz, da er explizit danach fragt, unter welchen Umständen eine politische Idee erfolgreich Beachtung findet. Andererseits gilt das MSF auch als Decision-Making-Ansatz, der die verschiedenen Dynamiken, die zu einer Entscheidung führen, hinterfragt und nachzeichnet. Kingdon greift dabei auf das Garbage-Can-Modell nach Olsen[140] zurück, welches politische Entscheidungen als ‚Mülltonnen' konzeptualisiert. Eine ständig schwankende Anzahl von Entscheidungsteilnehmern mit wechselhaftem Engagement und unbeständigen Überzeugungen ‚wirft' einzelne Problemausschnitte sowie davon unabhängige Lösungfragmente in eine ‚Tonne', ein kausaler Zusammenhang zwischen dem zu bearbeitenden Problem und der letztendlich beschlossenen Lösung kann höchstens nachträglich konstruiert werden, der Prozess selbst verläuft äußerst diffus und weißt eine eigene, schwer zu kontrollierende Dynamik auf.

Kingdon spaltet diese Dynamik in drei Ströme auf, die unabhängig voneinander durch das politische System fließen und über jeweils eigene Dynamiken und Regeln verfügen. Der so genannte Problem Stream beinhaltet eine diffuse Ansammlung der unterschiedlichsten Prob-

---

[139] Vgl. Zahariadis 2007, S. 65.

[140] Vgl. Olsen 2001, S. 191–198.

lemlagen, die auf ihre Artikulation warten. Der Policy Stream umfasst unzählige politische Ideen in Form von mehr oder weniger ausgereiften Lösungspaketen, Gesetzesprogrammen sowie kurz- und langfristigen Vorhaben, die von verschiedenen Akteuren permanent und unabhängig davon, ob ein Problem bereits als solches artikuliert wurde, produziert werden und ihrer Anwendung harren. Schließlich besteht der political stream aus den äußerst wechselhaften institutionellen Machtverhältnissen, die zusammen mit der nationalen Stimmungslage dynamische Kontexte bilden. Diese stehen der Benennung einzelner Probleme und Lösungen entweder günstig oder ungünstig gegenüber.

Die auf diese Weise differenzierten Stromdynamiken erscheinen nach wie vor als schwierig kontrollierbar, auch wenn die Dreiteilung die Erfassung der Gesamtkomplexität von Entscheidungsprozessen übersichtlicher strukturiert. Politische Unternehmer, die im MSF eine Sonderrolle über und zwischen den Strömen einnehmen, auch wenn sie formal dem political stream zugerechnet werden dürften, koppeln diese in konkreten Entscheidungssituationen zu einem Kompaktpaket. Die tatsächliche Entscheidung treffen die political entrepreneurs allerdings nicht, vielmehr versuchen sie auf diese Weise, ihre policies so genannten Policy Makern im politischen System – also den Parlamentsabgeordneten – schmackhaft zu machen.

Das Konzept der Ambiguität
Politische Entscheidungsprozesse finden laut Kingdon immer unter den Bedingungen der Ambiguität statt. Ambiguität meint generell, dass eine Vielzahl von Möglichkeiten besteht, über einzelne Sachverhalte oder Phänomene nachzudenken und Zusammenhänge oder Bedeutungen zu konstruieren. Eine einzigwahre, objektive Realität existiert nicht, was wahrnehmbar ist, lässt immer auch mehrere Deutungen zu. Damit kann Ambiguität nicht wie Unsicherheit oder Ungewissheit durch mehr Informationen oder mehr Wissen reduziert werden, dies wäre nur in Situationen mit eindeutigen Ursache-Wirkung-Zusammenhängen der Fall. Für Zustände der Ambiguität gilt sogar eher das Gegenteil: mehr Informationen bedeutet mehr Inhalte, die ihrerseits immer wieder neue Deutungen zulassen, der Spielraum für Interpretationen wird damit größer und nicht kleiner.

Regierungen arbeiten unter den Bedingungen der Ambiguität, Kingdon begreift sie als ‚organisierte Anarchien‘, die sich vor allem durch Unbeständigkeit und Flüchtigkeit auszeichnen. Regierungsmitglieder, Bürokraten und Verwaltungsbeamte wechseln von Zeit zu Zeit, eher sprunghaft als geplant wenden sie sich immer neuen Sachverhalten zu, über die sie in meist knapper Zeit Entscheidungen treffen sollen. Die hohe Teilnahmefluktuation und wechselhafte Aufmerksamkeitsspannen tragen zu enormer Unruhe im Regierungsbetrieb bei, Regierungen sind damit keineswegs die geordneten und planungsvoll vorgehenden Handlungsstrukturen, für die sie gemeinhin gehalten werden. Zum inneren Chaos kommt eine Fülle an Forderungen und Ansprüchen, die beständig von Außen durch Interessengruppen an die Regierung herangetragen werden. Unbeeinflusst von Verbänden, Gewerkschaften und Nichtregierungsorganisationen bleibt keine Regierungsentscheidung und auch deren Mitglieder und Vertreter verfolgen ihre Ziele mit wechselhaftem Engagement oder haben selbst zeitweise Regierungsämter inne.

Nicht nur der große Zeitdruck, unter dem zu einzelnen Sachverhalten Entscheidungen getroffen werden müssen, beeinträchtigt die Möglichkeit der Regierungsmitglieder, absichtsvoll und rational zu agieren. Hinzu kommt, dass auch die Art und Weise, wie die einzelnen Personen Problemlagen wahrnehmen und welche Präferenzen sie zu deren Bearbeitung herausbilden, höchst instabil ist und sich im Laufe der Zeit ändert. Ferner stehen einige Politiker den zu behandelnden Thematiken aufgrund mangelnder Kenntnisse zunächst indifferent gegenüber, es fällt ihnen daher schwer, einen politischen Willen auszuprägen geschweige denn, eigene Ziele klar zu formulieren. Obwohl die Zeit meist nicht ausreicht, sich in die zur Disposition stehenden Materien umfassend einzuarbeiten und eigene Zielsetzungen zu entwickeln, nehmen die Regierungsmitglieder kontinuierlich an Entscheidungsprozessen teil. Die Resultate können damit nur unwahrscheinlich als Produkte eines geordneten Vorgangs gelten, sie sind vielmehr Outputs eines anarchischen Gebildes, das größten Teils chaotisch operiert.

Zur inhaltlichen Unklarheit kommt die Schwierigkeit der Teilnehmer, ihre eigene Rolle und die Tragweite ihres Tuns innerhalb des Entscheidungskomplexes angemessen zu reflektieren. Auch wenn der Einzelne meist weiß, wo seine individuellen Verantwortlichkeiten liegen, fällt es ihm oft schwer, die Bedeutung seines Beitrags für die Gesamtzielsetzung der Regierungsarbeit abzuschätzen. Das stark bürokratisierte Handlungsumfeld schafft einen Zustand der anomischen Arbeitsteilung, in dem gemeinsame Referenzen fehlen und eine am Kollektiv der Organisation orientierte Sinnbildung für das eigene Handeln nahezu unmöglich erscheint. Dieser Umstand bildet eine zusätzliche Quelle für Dysfunktionalitäten innerhalb des Regierungsgebildes, Fehlinterpretationen bezüglich der Kompetenzen ziehen Streitereien zwischen den einzelnen Abteilungen nach sich – die organisationsinterne Unruhe steigt.

Der Faktor Zeit
Angesichts der Bedingungen, unter denen Regierungen arbeiten – wechselhaftes Engagement, unklare Präferenzen, fehlende gemeinsame Orientierungsmöglichkeiten – ist schwer vorstellbar, dass diese zu optimalen Entscheidungen kommen. Die Bearbeitungszeiten fallen in der Regel immer zu kurz aus, für rationale Beschlussfassungen bliebe auch dann wenig Raum, wenn die einzelnen Politiker dazu in der Lage wären. Ambiguität besteht von Beginn des Entscheidungsvorganges an, denn wer kann schon klar sagen, wie das zu behandelnde Problem zu definieren ist? Ein und derselbe Gegenstand wird von den Betroffenen höchst unterschiedlich weil subjektiv wahrgenommen, mehrere Ursachen und Auswirkungen mit dem Problem verknüpft und Zusammenhänge in den verschiedensten Kombinationen hergestellt. Den Entscheidungsteilnehmern fällt es daher schwer, relevante von irrelevanten Informationen zu unterscheiden, was schnell zu Trugschlüssen und Fehlinterpretationen führen kann. Widersprüchliche Ausgangsannahmen und Paradoxien verursachen weitere Unsicherheit darüber, wie das Problem eigentlich aussieht.

Eine Entscheidung stellt daher weniger die geeignete Lösung für ein konkretes Problem dar, sondern ist vielmehr als Versuch der Sinnkonstruktion in einer ‚begrenzt begreifbaren Welt‘ zu verstehen. Von den Materien, über die entschieden werden soll, ist demnach keine ordnende Wirkung auf den Entscheidungsvorgang selbst zu erwarten, die Inhalte tragen eher zu noch mehr Ambiguität innerhalb der organisierten Anarchie ‚Regierung‘ bei. Die einzige, den Entscheidungsvorgang zuverlässig strukturierende Konstante ist die Zeit. Von der Erstbenennung eines Problems bis zur Entscheidung konfrontieren sich Politiker mit den unterschiedlichsten Dimensionen und Bestandteilen eines Sachverhalts und nicht selten sogar mit mehreren Thematiken gleichzeitig. Bedeutsam für das Endresultat ist daher vor allem, wem oder was die Entscheidungsteilnehmer wann Aufmerksamkeit schenken.[141]

Während Informationen zu den einzelnen Sachverhalten oft inflationär zur Verfügung stehen und von den verschiedensten Akteuren innerhalb und rund um den Entscheidungsvorgang angeboten werden, ist eine Ressource immer Mangelware: die Zeit. Zeit wird benötigt, um Inhalte aufzunehmen, in einen subjektiven Sinnzusammenhang zu bringen – oder dies zumindest zu versuchen – und letztendlich eigene Beiträge in den Entscheidungsprozess einfließen zu lassen. Die Investition von Zeit will wohl überlegt werden, denn jede Minute vergeht unwiederbringlich und keine verschwendete Stunde kann auf irgendeine Art ersetzt werden. Zeit hat damit einen eigenen, einzigartigen Wert, der sich nicht nach den Regeln des Marktes aus Angebot und Nachfrage richtet, sondern vielmehr selbst die strukturierende Determinante innerhalb der Entscheidungsökonomie darstellt. Es erscheint vor diesem Hintergrund nur allzu verständlich, dass die oberste Sorge von Entscheidungsträgern der effiziente Umgang mit Zeit ist, danach erst kommen bestmögliche Aufgabenerfüllung oder Rationalität.

Zusammenfassend lassen sich drei zentrale Annahmen formulieren, die dem Multiple Streams Framework zu Grunde liegen:

- Aufmerksamkeitskapazitäten sind beschränkt: Hinsichtlich der Fähigkeit, Aufmerksamkeits- und Verarbeitungspotenziale zu verwirklichen, lassen sich deutliche Unterschiede zwischen Individuen und Systemen bzw. Organisationen feststellen. Individuen sind kognitiv beschränkt, Aufmerksamkeit bringen sie immer nur für eine Angelegenheit auf. Dies gilt auch für Policy Maker und Policy Entrepreneurs: Die Anzahl der Themen, mit denen sich Policy Maker bewusst beschäftigen, ist begrenzt, Polic Entrepreneure können nur eine geringe Anzahl an Projekten verfolgen. Während individuelle Aufmerksamkeit und Verarbeitung seriell erfolgen, arbeiten Systeme bzw. Organisationen parallel. Aufgrund der internen Arbeitsteilung sind sie dazu in der Lage, simultan mehreren Sachverhalten Aufmerksamkeit zu schenken bzw. mehrere Angelegenheiten zu bearbeiten – ein Vorgang, der von einem Individuum aufgrund seiner Beschränktheit auf serielles Arbeiten nie komplett und in ‚Echtzeit' nachvollzogen oder überblickt werden kann. Die Arbeitsprozesse innerhalb von Organisationen werden zwar im Allgemeinen durch Regeln koordiniert, sind aufgrund ihrer Simultaneität insgesamt jedoch eher schwer kontrollierbar. Systemische Aufmerksamkeits- und Bearbeitungsprozesse sind daher nicht vollständig rational und bringen unter Umständen Resultate hervor, die nicht mit der Gesamtzielsetzung des Systems bzw. der Organisation übereinstimmen.
- Entscheidungen werden unter Zeitdruck getroffen: Nicht alle zu bearbeitenden Thematiken weisen eine inhaltliche Dringlichkeit auf, die eine sofortige Entscheidung notwendig macht. Zeitdruck wird eher durch die ungeheure Menge an Sachverhalten, welche auf die Regierungsmitglieder einströmen, erzeugt. Sie alle wollen benannt und entschieden werden und stehen dabei in starker Konkurrenz um die knappe Zeit der Politiker, Ministeri-

---

[141] Vgl. Kingdon 1984.

albeamte und Bürokraten. Da diese um einen effizienten Umgang mit Zeit bemüht sind, kann davon ausgegangen werden, dass nicht allen Angelegenheiten dasselbe Maß an Aufmerksamkeit zuteil wird. Anzahl und Tiefe der Einarbeitung in einen Sachverhalt sind beschränkt. Der beständige Mangel an Zeit prägt also den gesamten Entscheidungsvorgang und wirkt sich – neben anderen Faktoren – eher abträglich auf die Rationalität des Prozesses aus.

• Ströme fließen unabhängig voneinander: Da das politische System und insbesondere die Regierung als organisierte Anarchie parallel und auf mehreren Ebenen operieren, sind ihre Arbeitsprozesse nur schwierig und niemals vollständig zu kontrollieren. Sie weisen daher ein Eigenleben auf, was auch für die durch das System und die Regierung fließenden Ströme gilt. Der Problem Stream beinhaltet die Anliegen von Individuen innerhalb und außerhalb des politischen Systems, diese konkurrieren um die Aufmerksamkeit der Entscheider, während im Policy Stream die unterschiedlichsten politischen Lösungen schwimmen. Policies werden permanent in Netzwerken und so genannten Policy Communities produziert und zwar unabhängig davon, ob gerade Bedarf besteht oder nicht. Der political stream repräsentiert letztendlich die politische Stimmungslage als Randbedingung des Entscheidungsvorgangs, sie drückt sich unter anderem im öffentlichen Meinungsklima oder den parlamentarischen Mehrheitsverhältnissen aus und besitzt ebenfalls eine starke innere Dynamik.

2.5.2 Die Logik der politischen Manipulation

Ambiguität ist in politischen Entscheidungsprozessen allgegenwärtig, Ursache-Wirkungszusammenhänge innerhalb der zu bearbeitenden Sachverhalte werden immer wieder aufs Neue konstruiert und die Frage danach, welchen Faktoren besondere Bedeutung zukommt bzw. was als irrelevant erachtet werden kann, beantworten die Entscheidungsteilnehmer in der Regel höchst subjektiv und ohne ausreichende Kenntnis der Materie. Anstelle von klaren Problemlagen hat Politik mehr mit diffusen Ideenwolken zu tun, die formlos im Raum schweben und aus denen Regierungsmitglieder, Abgeordnete und Bürokraten die unterschiedlichsten Schlüsse ziehen. Eine objektive politische Realität, auf die sich alle Entscheidungsteilnehmer in eindeutiger Weise beziehen, existiert demnach nicht, vielmehr wird sie erst im Moment der Entscheidung geschaffen.

‚Decision making may, in many ways, be better conceived as a meaning factory than as an action factory.'[142]

Auf dem Weg dorthin muss Ambiguität zumindest teilweise reduziert werden, dies geschieht mit Hilfe der politischen Manipulation. Die Reduktion von Mehrdeutigkeit ist zunächst notwendig, weil die Verarbeitungsstrukturen des politischen Systems nur auf halbwegs klare Sinnstrukturen und Deutungsmuster reagieren können, Probleme müssen konkretisiert werden, damit sie von den jeweils zuständigen Institutionen aufgenommen werden. Bleibt unklar, in wessen Kompetenzbereich eine Materie fällt, bleibt auch die zuständige Struktur –

---

[142] Zahariadis 2007, S. 69.

das jeweilige Ministerium, die Abteilung, das Referat – untätig. Die Überführung eines Sachverhalts in eindeutige Wirkungszusammenhänge schafft zudem Identitäten, indem Betroffene benannt und darüber hinaus in Gewinner und Verlierer eingeteilt werden. Dies führt zwangsläufig zu Interessenkonflikten unter den Betroffenen sowie ihren politischen Repräsentanten, die diese über die Systemstruktur austragen.

Da Sinnzusammenhänge gemäß dem Prinzip der Kontingenz immer auch anders hergestellt werden können, besteht in der Durchsetzung einer eindeutigen Interpretation politischer Sachverhalte ein enormes Machtpotenzial. Dieses machen sich die so genannten Polic Entrepreneurs zueigen, indem sie mit den Mitteln der politischen Manipulation Klarheit schaffen und den Policy Makern mit problematischen Präferenzen überzeugende Sinnpakete zum richtigen Zeitpunkt zur Verfügung stellen. Durch einen strategischen Umgang mit Informationen, die sie an den richtigen Stellen im Policy Prozess platzieren, verwirklichen die Entrepreneurs schrittweise ihre Eigeninteressen.

Der Entscheidungsprozess wird also erst durch politische Manipulation ermöglicht, die Realität ist immer komplexer und dynamischer als die eindeutigen sowie statischen Sinnformen, die vom System bearbeitet werden. Da Sinn und Bedeutung nicht durch mehr Informationen hergestellt werden können und darüber hinaus einzelne Akteure Informationen strategisch einsetzen oder auch zurückhalten, um die Herstellung politischer ‚Realitäten' in ihrem Interesse zu beeinflussen, befindet sich ein Großteil der am Policy Prozess beteiligten in einem Zustand der vollkommenen Unklarheit. Unklarheit und Zeitdruck behindern die Individuen bei der Formulierung eigener Ziele, in der Folge ist es ihnen auch nicht möglich, diese effizient anzustreben.

Die Rational-Choice-Theorie stellt im Multiple Streams Framework demnach keinen brauchbaren Erklärungsansatz für das Verhalten von Individuen dar, ebenso wenig erscheinen konstruktivistische Erklärungsmodelle geeignet. Policy Making ist kein deliberativer Prozess, in dem Gruppen von Individuen mit konfligierenden Zielsetzungen durch Argumentation und Überzeugung eine gemeinsame politische Realität erschaffen. Die Mehrheit der Entscheidungsteilnehmer verfügt weder über die notwendigen klaren Präferenzen, die ihre Zuordnung zu einer Interessengruppe gestatten würde, noch hat sie die Zeit zur Herausbildung eigener Überzeugungen, die Gegenstand eines Argumentations- oder Verhandlungsprozesses sein könnten.

Das Multiple Streams Framework nimmt daher eine Einteilung der am Entscheidungsvorgang beteiligten Individuen entlang des Aktes der politischen Manipulation vor. Die erste Gruppe besteht aus wenigen Policy Entrepreneurs, die klare Ziele haben und diese durch die strategische Nutzung von Information zum richtigen Zeitpunkt und in einem günstigen institutionellen Kontext aktiv kommunizieren. Geschickt betonen sie einzelne Aspekte möglicher politischer Problemlagen und etablieren Deutungsmuster, die bei Entscheidungsteilnehmern mit problematischen Präferenzen die gewünschten kognitiven und affektiven Wirkungen erzeugen.

Adressaten der aktiven Manipulationsversuche von Policy Entrepreneurs sind die Policy Maker, welche die zweite relevante Gruppe im Multiple Streams Framework bilden. Policy Maker realisieren Entscheidungsprozesse im politischen System, bilden dabei aber keine

eigenen stabilen Zielsetzungen und Präferenzen heraus, die Angriffsflächen für Überzeu-
gungs- oder Überredungsversuche darstellen könnten. Unter den gegebenen Umständen –
Ambiguität und Zeitdruck – streben Policy Maker nicht danach, die bestmögliche Entscheidung zu treffen, sondern sie wählen aus mehreren Entscheidungsalternativen diejenige aus,
die ihnen angemessen erscheint. Welche Alternative das ist, hängt im Wesentlichen vom
Manipulationserfolg der Policy Entrepreneurs ab.

2.5.3   Das Multiple Streams Framework

Das Multiple Streams Framework besteht im Wesentlichen aus fünf zentralen Strukturelementen. Da wären zunächst die drei Ströme – der Problem Stream, der Politics Stream und
der Policy Stream – die unabhängig voneinander und mit einer spezifischen Eigendynamik
durch das politische System fließen. Politische Unternehmer – die Policy Entrepreneurs –
verknüpfen diese an einem günstigen Zeitpunkt durch die Mittel der politischen Manipulation miteinander. Waren die Manipulationsversuche erfolgreich, öffnet sich ein so genanntes
Policy Window und der Entscheidungsprozess bringt eine Policy hervor, die im Interesse des
Policy Entrepreneurs liegt. Ein genauer Blick auf die einzelnen Strukturelemente soll den
Ablauf dieses Vorgangs verdeutlichen.

Problem Stream
Der Problem Stream beinhaltet eine Vielzahl von Anliegen, Forderungen und Bedürfnissen,
die in der Gesellschaft permanent existieren und auf eine Bearbeitung durch die Politik warten. Da die Verarbeitungskapazitäten des politischen Systems bzw. der Policy Maker begrenzt sind, können nicht alle Anliegen gleichzeitig formuliert und behandelt werden. Die
vielen möglichen Inputs konkurrieren um die Aufmerksamkeit der Policy Maker, diese kann
durch verschiedene Stimuli hervorgerufen werden.[143]

Indicators
Zahlen eignen sich besonders gut, um Aufmerksamkeit für ein mögliches politisches Problem zu erzeugen, denn sie sprechen eine eindeutige Sprache: Meinungsumfragen und Statis-
tiken übersetzen komplexe gesellschaftliche Thematiken in messbare Werte und zeigen an,
ob und in welchem Ausmaß sich ein bestimmter Sachverhalt im Laufe der Zeit entwickelt
hat. Mit Hilfe von regelmäßigen Erhebungen und speziellen Studien wird fortlaufend Zah-
lenmaterial zu den verschiedensten sozialen, ökonomischen und kulturellen Themenkomple-
xen – darunter beispielsweise die Arbeitslosenzahlen, die Staatsverschuldung oder die allgemeine Demokratiezufriedenheit – produziert und auf diese Weise ein quantifiziertes Abbild
der gesamtgesellschaftlichen Realität geschaffen.

Die Messung allein führt jedoch nicht automatisch zu politischer Aufmerksamkeit für den
jeweiligen Gegenstand. Erst wenn bestimmte Grenzwerte über- oder unterschritten werden
und die Entwicklung eines Zahlenwertes vor dem Hintergrund subjektiver Normvorstellun-

---

[143] Vgl. Zahariadis 2007, S. 71 ff.

gen Diskrepanzen zwischen dem gemessenen Ist-Zustand und dem angestrebten Soll-Zustand anzeigen, eröffnet dies den notwendigen Interpretationsspielraum für die anschließende Problematisierung der Messergebnisse im politischen Diskurs.

Focusing Events

Neben den langfristig beobachtbaren Phänomenen mit Problempotenzial lenken von Zeit zu Zeit einzelne Ereignisse, die in der Regel über die Medien ins Bewusstsein der Öffentlichkeit getragen werden, die Aufmerksamkeit der Policy Maker auf mögliche Problemkomplexe. Akute Bedrohungszustände wie terroristische Anschläge, Naturkatastrophen oder Epidemien aber auch spontane Eskalationen sozialer Konflikte, die sich unter anderem in Form von Streiks oder Unruhen manifestieren, schaffen kurzfristig politischen Handlungsdruck. Versierte Policy Entrepreneurs verstehen sich darauf, die Aufmerksamkeitsspannen für diese Ereignisse strategisch zu verlängern oder zu verkürzen und für die Verwirklichung ihrer Eigeninteressen nutzbar zu machen.

Feedback

Politische Programme aus der Vergangenheit erweisen sich nach einer gewissen Zeit oftmals als ungeeignet oder fehlerhaft – dies wird vor allem dann offensichtlich, wenn Problemzustände fortbestehen oder erst durch das Versagen einzelner Policies verursacht werden. Evaluation und Feedback stellen damit einen weiteren Aufmerksamkeitsstimulus im Problem Stream dar.

Problem load

Zu Zeiten in denen eine hohe Anzahl schwerwiegender Probleme die Aufmerksamkeit der Policy Maker beansprucht, ist der Zugang zur ohnehin begrenzten politischen Agenda für Sachverhalte mit geringerem Handlungsdruck überdurchschnittlich stark eingeschränkt. Gleichzeitig erfährt auch die Fähigkeit der Policy Maker zur effizienten Aufnahme und Verarbeitung von Informationen aufgrund der notwendigen Streuung ihrer Kapazitäten eine vorübergehende Beeinträchtigung. Ein sensibles Gespür der Policy Entrepreneurs gegenüber dem aktuellen problem load ist daher entscheidet für die zeitlich günstige Platzierung von Themen.

Policy Stream

Im Policy Stream tummelt sich eine Vielzahl an politischen Ideen, die unablässig und ohne konkreten Anlass in so genannten Policy Communities produziert werden. Fachpolitiker, Akademiker und sachkundige Beamte erstellen Konzeptpapiere, tauschen sich in Foren aus oder treiben die Entwicklung ihrer Programmideen in Stiftungen, Ideenagenturen oder Forschungsinstituten weiter. Die Ergebnisse dieser kreativen Entwicklungsprozesse konkurrieren im Policy Stream mit dem Ziel ihrer Verwirklichung um die Aufnahme in den Policy Making Prozess.

Kritische Hürden für den Zugang von policies zum Entscheidungsprozess bestehen nicht nur in der Prämisse der technischen Machbarkeit oder der normativen Akzeptanz ihrer Inhalte, sondern auch in ihrer grundsätzlichen Vereinbarkeit mit den Vorstellungen und Ideen der Policy Maker selbst. Ist beispielsweise aufgrund der aktuellen Machtverhältnisse in den politischen Institutionen oder eines ungünstigen öffentlichen Meinungsklimas mit erheblichen Durchsetzungsschwierigkeiten zu rechnen, stehen die Chancen für eine Aufnahme der Idee durch die Policy Maker eher schlecht.

Darüber hinaus beeinflusst die organisatorische Strukturiertheit von Policy Communities die Entwicklungsgeschwindigkeit und Dringlichkeitswahrnehmung einzelner politischer Ideen. Policy Communities sind netzwerkartig organisiert und unterscheiden sich einerseits hinsichtlich der Tiefe ihrer institutionellen Verfasstheit sowie andererseits hinsichtlich ihres Integrationsgrades:

Tabelle 1.3: Policy Communities

	Netzwerkgröße	*Diskursmodus*	*Administrative Kapazitäten*	*Zugang*
Wenig integrierte Netzwerke	groß	kompetetiv	gering	wenig beschränkt
Stark integrierte Netzwerke	klein	konsensual	hoch	stark beschränkt

Politics Stream

Die Dynamik im Politics Stream speist sich im Wesentlichen aus zwei Kraftquellen – dem öffentlichen Meinungsklima einerseits und der Leitideologie der jeweiligen Regierungspartei andererseits. Sie schaffen für die Artikulation einzelner Ideen und damit für den Zugang konkreter Sachverhalte zur öffentlichen Agenda entweder günstige oder hinderliche Rahmenbedingungen – sie legen fest, welche Positionen öffentlich vertretbar sind und welche nicht.

Die nationale Stimmungslage erweist sich immer wieder als höchst wandlungsfähig. Neben externen Effekten, die beispielsweise in Form von ökonomischen Krisen, Katastrophen oder Skandalen ihren Niederschlag im öffentlichen Meinungsklima finden, haben auch gezielte Kampagnen einzelner Interessengruppen einen gewissen Einfluss. Ob die öffentliche Stimmung spezifischen Ideen und Positionen gewogen ist oder eher ablehnend gegenüber steht, lässt sich zum Einen an der gesellschaftlichen Unterstützung einschlägiger Interessenorganisationen – beispielsweise Gewerkschaften, Umweltverbände und Bürgerinitiativen – ablesen, zum Anderen spiegelt sie sich in den Ergebnissen repräsentativer Meinungsumfragen wieder.

Die Erfolgsaussichten politischer Ideen ändern sich darüber hinaus häufig mit der Verschiebung parlamentarischer Mehrheitsverhältnisse nach Wahlen und der anschließenden Neubesetzung von Regierungsämtern. Darüber hinaus spielt die Besetzung zentraler Stellen in der Ministerialbürokratie eine große Rolle, wenn es darum geht, welche Ideen Gehör finden und welche nicht. Dabei sind es oft weltanschauliche Überzeugungen und subjektive Realitätskonstruktionen Einzelner, die die Aufnahme einer Policy in den Entscheidungsprozess entweder befördern oder verhindern.

Die grundsätzlichen Überzeugungen der regierenden Partei bzw. der Regierungskoalition sowie der administrativen Kräfte manifestieren sich in einem spezifischen Policy Stil und bilden damit die strukturelle Grundlage für die Öffnung so genannter windows of opportunity. Für Policy Entrepreneurs ist das richtige Timing der entscheidende strategische Faktor, die erfolgreiche Kopplung eines Problemzusammenhangs mit der gewünschten politischen Lösung ist nur dann möglich, wenn neben dem öffentlichen Meinungsklima auch die legislativen und administrativen Rahmenbedingungen günstig stehen.

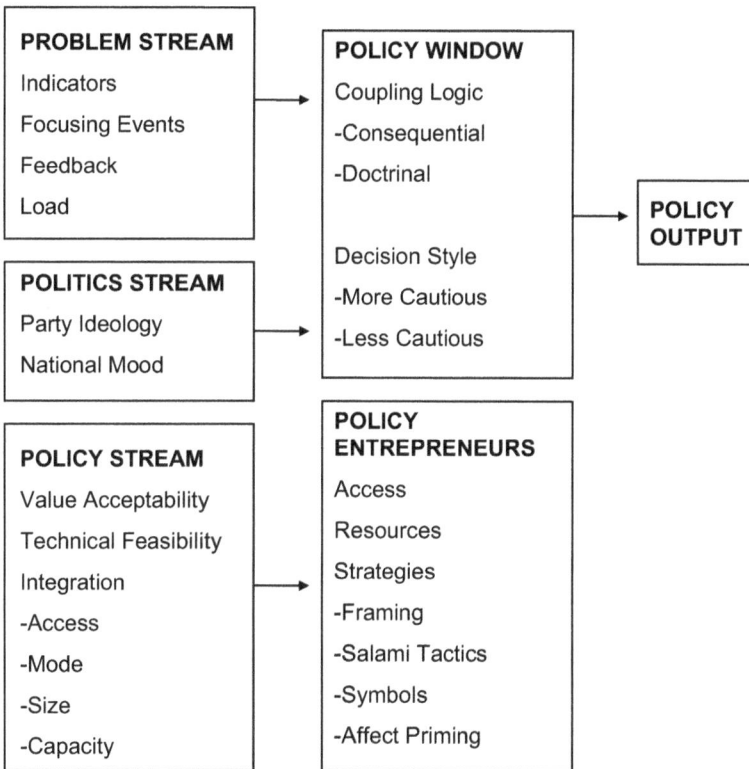

PROBLEM STREAM
Indicators
Focusing Events
Feedback
Load

POLITICS STREAM
Party Ideology
National Mood

POLICY STREAM
Value Acceptability
Technical Feasibility
Integration
-Access
-Mode
-Size
-Capacity

POLICY WINDOW
Coupling Logic
-Consequential
-Doctrinal

Decision Style
-More Cautious
-Less Cautious

POLICY ENTREPRENEURS
Access
Resources
Strategies
-Framing
-Salami Tactics
-Symbols
-Affect Priming

POLICY OUTPUT

Abb. 2.5.2 *Multiple Streams Framework*

Policy Windows
Angesichts der Vielzahl kritischer Faktoren, von denen die Chance auf Durchsetzung einer spezifischen Policy abhängt, wird die Flüchtigkeit von Gelegenheiten für die Kopplung der drei Ströme durch Policy Entrepreneurs deutlich. Deren wichtigste Eigenschaft besteht in einer ausgeprägten Sensibilität gegenüber den Entscheidungsstilen der Policy Maker in Parlament, Regierung und Verwaltung. Während sich manche Politiker bzw. Ministerialbeamte durch große Vorsicht oder gar Zögerlichkeit auszeichnen und nur mit umfassenden Informa-

tionsangeboten aktiviert werden können, gelten andere als besonders entscheidungsfreudig und impulsiv. Je nachdem, welches Policy Ziel ein entrepreneur verfolgt, erscheinen manche Policy Maker als mehr und andere als weniger geeignete Adressaten für politische Manipulationsversuche.

Die Öffnung eines Policy Windows ist daher in erster Linie davon abhängig, ob die passenden Personen an den entscheidenden Stellen im decision-making-process sitzen. Da Personenkonstellationen durch den regelmäßigen Turnus von Wahlen oder aufgrund spontaner Ereignisse, die eine außerordentliche Neubesetzung von Ämtern und Positionen nach sich ziehen, einem ständigen Wandel unterliegen, ergeben sich Gelegenheiten zur Verwirklichung eines Politikprojektes oft nur kurzfristig und relativ unvorhersehbar. Ebenfalls äußerst unplanbar stellen sich von Zeit zu Zeit Situationen ein, in denen akuter Handlungsbedarf politische Entscheidungen auf einem Gebiet erfordern, die im Interessenbereich von Policy Entrepreneurs liegen. Naturkatastrophen, Finanzkrisen oder soziale Unruhen katapultieren einzelne Themen für kurze Zeit auf die obersten Ränge der politischen To-do-Liste und erfordern schnelle Reaktionszeiten bei den entrepreneurs, die handeln müssen, bevor sich das Gelegenheitsfenster für manipulative Eingriffe in den Entscheidungsprozess wieder verschließt.

Günstige Gelegenheiten müssen nicht nur zeitnah wahrgenommen sondern auch richtig als solche erkannt werden, wenn eine Policy erfolgreich durchgesetzt werden soll. Die Vorschnelle Nutzung falscher Policy Windows kann Policy Entrepreneurs langfristig gesehen weiter von ihrem Ziel entfernen als sie ihm näher zu bringen, eine Verknüpfung von Problemen und Lösungen macht nur innerhalb der Kategorie Sinn, in der sich ein Fenster geöffnet hat – auch wenn inhaltliche Überschneidungen existieren, passen beispielsweise nicht alle innenpolitischen policies durch ein sicherheitspolitisches Window.

Diese kurzen Zeitspannen, in denen ein Policy Window für eine Entscheidung offen steht, bilden den Aktionsrahmen für politische Unternehmer. Unter Berücksichtigung der Entwicklungen im Politics Stream verknüpfen sie Elemente aus dem Problem und Policy Stream, dabei stellen sie Problem-Lösungszusammenhänge entweder als sachlich notwendige Konsequenz dar oder nutzen grundsätzliche Überzeugungs- bzw. Deutungsmuster, die bei den entscheidenden Policy Makern bereits vorhanden sind.

Policy Entrepreneurs
Politische Unternehmer sind in der Regel individuelle Akteure mit einem spezifischen politischen Anliegen, das sie über einen längeren Zeitraum hinweg verfolgen. Dabei handeln sie keineswegs immer auf der Grundlage rein persönlicher Überzeugungen sondern als Mitglieder korporativer Akteure – beispielsweise Verbände, Unternehmen oder Gewerkschaften – oft auch in deren Namen und mit der Möglichkeit des Rückgriffs auf die Ressourcen der jeweiligen Organisation. Die damit erleichterte Verfügbarkeit von Informationen oder finanziellen Mitteln ermöglicht den Policy Entrepreneurs einen besonders effektiven Umgang mit Zeit und Energie – ein strategischer Vorteil, der entscheidend für den Erfolg ihrer Vorhaben ist und den ihre Adressaten, die Policy Maker, nicht besitzen.

Langfristige Kontaktpflege und bereits erzielte Erfolge verschaffen den Policy Entrepreneurs einen Status mit besonders leichtem Zugang zu Policy Makern. Diesen nutzen sie zum richtigen Zeitpunkt – nämlich dann, wenn sich eine Gelegenheit für eine spezifische Entscheidung ergibt – und fügen passende Ideen aus dem Policy Stream mit artikulierbaren Anliegen oder Forderungen aus dem problem stream zusammen.

Die problematischen Präferenzen der tatsächlichen Entscheidungsteilnehmer, die aufgrund des permanenten Zeitdrucks und der latenten Unklarheit über ihre eigene Rolle im Entscheidungsprozess offen für Deutungsangebote sind, machen sich die politischen Unternehmer für die Verfolgung ihrer Ziele zu eigen. Dabei greifen sie auf das Mittel der politischen Manipulation zurück. Sie setzen klare Interpretationen für mehrdeutige Sachverhalte und Situationen durch, indem sie eindeutige Zusammenhänge herstellen und diese durch eine bildhafte Sprache oder die geschickte Bezugnahme auf nationale Symboliken mit emotionalen Prägungen versehen.

Symbole verweisen häufig auf die nationale Identität, die einerseits von außen konstruiert wird und sich andererseits aus national geteilten Normen und einer gemeinsamen historischen Vergangenheit konstituiert. Das nationale Selbst enthält damit Vorstellungen darüber, welche Handlungen in welchen Situationen als angemessen empfunden werden und eignet sich damit besonders für politische Manipulationsstrategien. Der emotionale und kognitive Impact nationaler Symbole verdrängt rationale Argumente leicht aus dem politischen Diskurs und erreicht weite Teile der Gesellschaft, ohne dass erst inhaltlicher Klärungsaufwand betrieben werden muss.

2.5.4   Der Entscheidungsprozess

Drei Dimensionen des Entscheidungsprozesses haben für das Multiple Streams Framework besondere Relevanz. Im Mittelpunkt stehen folgende Fragen:

- Wie wird Aufmerksamkeit zugeteilt?
- Wie verläuft die Suche nach Lösungen?
- Wie verläuft die Auswahl von Lösungen?

Aufmerksamkeit
Die größten Chancen auf eine erfolgreiche Kopplung der drei Ströme in ihrem Sinne haben politische Unternehmer dann, wenn der Aufmerksamkeitsgrad für die jeweilige Angelegenheit besonders hoch ist. Haben die Policy Maker bereits angefangen, sich mit einem Thema zu beschäftigen, ist es sehr wahrscheinlich, dass früher oder später auch eine Entscheidung getroffen wird. Aufmerksamkeit schafft demnach also Gelegenheiten für die Öffnung eines Policy Windows. Dabei hat die institutionelle Struktur, in der die Policy Maker arbeiten, großen Einfluss darauf, wie sich die Aufmerksamkeitskapazitäten insgesamt verteilen.

Zur Vermeidung von Überlastungen, welche aufgrund des allgegenwärtigen Problemdrucks und der ansteigenden Komplexität der zu regelnden Sachverhalte ständig drohen, hat das politische System einige Subsysteme hervorgebracht, die auf einzelne Policies spezialisiert sind. Solche Subsysteme bestehen beispielsweise in Form von Arbeitsgruppen, Kommissionen oder regelmäßigen Diskussionsforen und Policy Communities, die einzelne Problemzusammenhänge aufnehmen bzw. politische Lösungspakete produzieren und die Anzahl der möglichen Inputs auf ein bearbeitbares Ausmaß reduzieren.

Sie fungieren damit einerseits als Filter, da sie Probleme und Policies so lange speichern, bis diese von einzelnen Politikern aufgenommen werden. Andererseits vergrößern sie durch Arbeitsteilung die Oberfläche des politischen Systems und verstärken damit dessen Aufnahme- und Aufmerksamkeitskapazitäten. Policy Entrepreneure werden auf einer Zwischenebene aktiv, indem sie die Aufmerksamkeit der Policy Maker auf einzelne Probleme und Policies aus den Subsystembereichen lenken oder bereits vorhandene Aufmerksamkeit der Policy Maker nutzen, um ihnen Interpretationen und Deutungen zu dem betreffenden Sachverhalt anzubieten.

Strukturelle Unterschiede im weiteren Verlauf des Entscheidungsprozesses ergeben sich je nach dem, in welchem stream ein Gelegenheitsfenster durch fokussierte Aufmerksamkeit geöffnet wurde. Ereignisse im Problem Stream – Katastrophen, Krisen o. ä. – ziehen in der Regel Problemlösungsprozesse nach sich, d. h. Aufmerksamkeit erzeugt Problembewusstsein mit Handlungsdruck, der sich in der Entwicklung geeigneter Lösungen entlädt. Öffnet sich ein opportunity window im Politics Stream, indem die institutionellen Kräfteverhältnisse und das nationale Klima einer politischen Idee günstig gegenüberstehen, zielt der weitere Prozess auf die Formulierung des Problems. Dieser ist dann – mit dem Ziel einer möglichst umfassenden Implementation des Policy Pakets – häufig ideologisch geprägt und verfolgt weniger die effiziente Behebung eines problematischen Zustands.

Suche nach Lösungen
Die Produktion politischer Lösungen erfolgt maßgeblich in den Subsystemen des politischen Systems, in so genannten Policy Netzwerken, diese sind in der Regel auf einzelne Sachbereiche wie beispielsweise Gesundheitspolitik oder Finanzpolitik spezialisiert. Manche von ihnen bringen echte Policy Innovationen hervor, andere entwickeln bereits bestehende Policy Programme weiter und auch bezüglich der Geschwindigkeit, mit der sie policies produzieren, lassen sich die einzelnen Netzwerke voneinander unterscheiden. Die Art und Weise, auf die Policy Maker nach Ideen und Lösungen suchen, hängt maßgeblich davon ab, wie die jeweiligen Netzwerke, in denen die Suche stattfindet, strukturiert sind. Während manche Lösungen langsam und beständig weiterentwickelt werden, entstehen andere innerhalb kurzer Zeit. Kingdon konstruiert anhand dieser Kriterien vier Typen der Ideenentwicklung:

Tabelle 1.4: Vier Typen der Ideenentwicklung

Typ	Entwicklungsprozess	Integrationsgrad des jeweiligen Netzwerks
Quantum	Schneller Vertrieb neuer Ideen	Niedrig
Emergent	Graduelle Reifung neuer Ideen	Hoch
Convergent	Schnelle Reifung alter Ideen	Hoch
Gradualist	Langsame Reifung marginaler Weiterentwicklung bestehender Politik	Niedrig

Findet die Suche nach Ideen in wenig integrierten Netzwerken statt, ist es sehr wahrscheinlich, dass eine durch Quantum- oder Gradualist-Prozess entwickelte Lösung von den Policy Makern aufgenommen wird. Dagegen ist bei einer Suche in stark integrierten Netzwerken mit Policy Ergebnissen aus einer Emergent- oder Convergent-Entwicklung zu rechnen.

Auswahl von Ideen

Die beständigen Manipulationsaktivitäten der Policy Entrepreneurs haben – sollten sie erfolgreich gewesen sein – maßgeblichen Einfluss darauf, welche Ideen für den weiteren Entscheidungsprozess ausgewählt und in der Folge auch umgesetzt werden. Politische Unternehmer benötigen nicht nur genügend Zeit und Energie, um ihre Projekte Ziel führend voranzutreiben, sondern auch umfassende Ressourcen zur Erzeugung von Informationen sowie geeignete Zugangsmöglichkeiten zum Entscheidungsprozess, um diese gewinnbringend zu platzieren. Policy Maker mit problematischen Präferenzen sind selten dazu in der Lage, die Bedeutung neuer Informationen richtig einzuschätzen – genau hier setzen die Policy Entrepreneurs an. Framing, Priming, Salami-Tactics und die Nutzung von Symbolen stellen dabei das strategische Standard-Equipment der politischen Unternehmer zur Erzeugung von Aufmerksamkeit und zur Durchsetzung ihrer Deutungsmuster dar:

Framing

Die Umsetzung einer politischen Idee bringt nicht automatisch Gewinner und Verlierer mit sich, entscheidend ist die Darstellung eines Sachverhalts als lösbares Problem, das entweder Gewinne oder Verluste nach sich zieht. Gelingt es dem Policy Entrepreneur, einen Sachverhalt als Problem mit hohem Verlustrisiko zu präsentieren, stehen die Chancen auf die Akzeptanz von Lösungspaketen hoch und zwar sogar dann, wenn diese als eher riskant gelten. Vor allem Problemszenarios, bei denen Prestige oder Glaubwürdigkeit der Regierung auf dem Spiel stehen, sind besonders geeignet, die Aufmerksamkeit der Policy Maker auf sich zu ziehen und diese mit ‚passenden' Lösungspaketen zu versorgen.

Priming

Die von den politischen Unternehmern angebotenen Informationen und Zusammenhänge stellen in der Regel keine rein rationalen Argumentationsbausteine dar, sondern enthalten subtile, affektive Appelle mit deren Hilfe die Policy Maker ‚aktiviert' werden. Ein manipulativer Umgang mit Sprache, der direkt auf die Emotionen der am Entscheidungsprozess beteiligten abzielt, versetzt die Policy Entrepreneurs in die Lage, die Handlungen ihrer Adressaten in eine bestimmte Richtung zu lenken. Durch gezieltes Betonen emotional gefärbter Konzepte und Begrifflichkeiten wie beispielsweise ‚Solidarität' oder ‚Verantwortung' wecken sie individuelle Überzeugungsstrukturen und Rolleninterpretationen, die wiederum Anstoß für die Diskussion zum jeweiligen Sachverhalt sein können. Verweise auf ein allgemein schlechtes öffentliches Meinungsklima eignen sich darüber hinaus, dem Entscheidungsprozess konfrontativer zu gestalten.

Salami Tactics
Vor allem politische Unternehmer, die aufgrund ihrer Fähigkeiten und Ressourcen Zugang zu den oberen Entscheidungsebenen der Regierung haben, greifen auf so genannte Salami Tactics zurück. Da sich die hier operierenden Policy Maker durch ein gesteigertes Risikobewusstsein auszeichnen, können manche Ziele nur schrittweise über sequentielle Entscheidungsetappen erreicht werden. Die manipulativen Aktivitäten richten sich dabei also nicht nur auf die Entscheidung selbst sondern auch auf eine Aufteilung des Prozesses in kleinere Abschnitte, deren Konsequenzen und Risiken für die Policy Maker überschaubar dargestellt werden können.

Nutzung von Symbolen[144]
Der Einbezug von Symbolen stellt eine weitere affektive Strategie aus dem Werkzeugkasten der Policy Entrepreneurs dar. Symbole enthalten als Gefühls geladene Bedeutungsträger leicht vermittelbare Botschaften und sind besonders dazu geeignet, sachliche Diskussionen auf ein emotionales Level zu hieven. Durch den geschickten Umgang mit Symbolen erhalten politische Unternehmer damit die Möglichkeit, von ungünstigen Aspekten der Debatte abzulenken und den Fokus auf Bereiche der Materie zu lenken, in denen es ihnen leichter fällt, Deutungsmuster durchzusetzen. Symbole setzen Sachverhalte in einen emotionalen Kontext, indem sie beispielsweise latente Ressentiments in der Gesellschaft berühren, nationale Befindlichkeiten bzw. Patriotismus aktivieren oder kollektive Ängste wecken. Dadurch wird Aufmerksamkeit für spezifische Aspekte einer Thematik erzeugt und damit die Wahrscheinlichkeit der Auswahl von policies, die zu diesen Themenbereichen passen, erhöht.

Zusammenfassend gilt für den Entscheidungsprozess:
• Entscheidungen werden von Kontexten beeinflusst
• Aufmerksamkeit richtet sich auf eine begrenzte Anzahl von Kontextaspekten
• Kontexte beeinflussen die Art, wie Individuen über Probleme denken
• Je nach Kontext werden unterschiedliche Präferenzen aktiviert

Policy Entrepreneurs nutzen Aufmerksamkeitsfenster als Gelegenheiten zur politischen Manipulation. Diese richtet sich auf den Kontext politischer Entscheidungsprozesse und wirkt

---

[144] Vgl. Zahariadis 2007, S.78ff.

sich damit direkt auf die Entscheidungsvoraussetzungen und darauf aufbauend indirekt auf das Entscheidungsverhalten der Policy Maker aus.

2.5.5   Kritik

Insbesondere die Annahme grundsätzlicher Unabhängigkeit der drei Ströme, auf deren Grundlage die Rationalität politischer Prozesse angezweifelt wird, ist immer wieder Gegenstand von Kritik. Laut Kingdon werden Lösungen unabhängig von politischen Problemen entwickelt und weisen vor allem eine Affinität zur Wahrnehmungs- und Sinnrealität derjenigen Akteure auf, die sie produzieren. In einen direkten Zusammenhang treten Probleme und Lösungen erst nach deren Verknüpfung durch einen Policy Entrepreneur zu einem strategisch günstigen Zeitpunkt, d. h. Interaktion zwischen den Strömen findet lediglich während eines geöffneten Policy Windows statt.

Diese klare Trennung der Ströme wird von Kritikern bezweifelt. Zum Einen geben sie zu bedenken, dass der Vorgang der Policy Entwicklung nicht ausnahmslos auf so genannte Policy Communities beschränkt werden kann, in diesem Zusammenhang wenden sich die Kritiken auch gegen den kategorischen Ausschluss einer problembezogenen Produktion von Lösungen. Zum Anderen bleibt fraglich, ob Interaktion zwischen den Strömen tatsächlich auf den Vorgang der Kopplung reduzierbar ist. Kritiker gehen vielmehr davon aus, dass Veränderungen in einem Strom auch ohne die Aktivitäten eines Policy Entrepreneurs Wandel in den anderen Strömen verursachen.

Vor dem Hintergrund derartiger Einwände erscheint es sinnvoll, die Unabhängigkeit der Ströme nicht als unumstößliches Faktum zu postulieren sondern als Konzept zu begreifen, mit dessen Hilfe rationalistische Prämissen zum Policy Prozess grundsätzlich hinterfragt werden können. Darüber hinaus ermöglicht die Annahme der Stromunabhängigkeit überzeugende Erklärungen dafür, dass Probleme nicht selten ungelöst bleiben oder erst durch politische Lösungen verursacht werden und dies, obwohl der Policy Making-Prozess insgesamt rational nachvollziehbar war.

Ein weiterer kritischer Einwand bezieht sich auf die empirische Überprüfbarkeit von Hypothesen, die aus dem Multiple Streams Framework abgeleitet werden. Da der Ansatz analog zum Garbage-Can-Modell weitgehend ohne Kausalzusammenhänge auszukommen versucht bzw. deren Erklärungskraft für die Entwicklung und Durchsetzung von policies dekonstruiert, erscheint es so gut wie unmöglich, das MSF mit einer empirisch-analytischen Methodik zu verbinden. Es handelt sich hierbei also mehr um eine Rahmenheuristik, welche die etablierten Ansätze der Policyforschung auf erfrischende Weise kontrastiert und sich vorrangig für qualitative Forschungsvorhaben eignet, denn um ein präzises Messgerät, das vergleichbare Ergebnisse hervorbringt. Dies scheint im Übrigen auch zu erklären, warum Kingdons Multiple Streams als einer der meistzitierten Ansätze der Policyforschung nur selten Anwendung findet.

2.5.6   Literatur

Anderson, James E., 2000: Public Policy Making. An Introduction, Boston: Houghton Mifflin.

Arrow, K. J., 1992: Rationality of self and others in economic systems, in: Mary Zey (Hg.): Decision making: Alternatives to rational choice models, Newbury Park: Sage.

Bendor, Jonathan/ Moe, Terry M./ Shott, Kenneth W., 2001: Recycling the Garbage Can: An Assessment of the Research Program, in: American Political Science Review 95, S. 169–190.

Birkland, Thomas A., 1997: After Disaster: Agenda Setting, Public Policy and Focusing Events, Washington DC: Georgetown University Press.

Brunsson, Nils, 1985: The Irrational Organization, New York: John Wiley & Sons.

Cohen, Michael D./ March, James G., 1974: Leadership and Ambiguity, New York: McGraw-Hill.

Cohen, Michael D./ March, James G./ Olsen, Johan P., 1972: A Garbage Can Model of Organizational Choice, in: Administrative Science Quarterly 17, S. 1–25.

Deutsch, Karl W., 1963: The Nerves of Government: Models of Political Communication and Control, New York: Free Press of Glencoe.

Elder, Charles D., 1983: The Political Uses of Symbols, New York: Longman.

Foucault, Michel, 1991: Die Ordnung des Diskurses, Frankfurt: Fischer.

Hayes, Michael T., 2006: Incrementalism and Public Policy, University Press of America.

Jones, Bryan D., 2001: Politics and the Architecture of Choice: Bounded Rationality and Governance, Chicago: University of Chicago Press.

Jones, Bryan D./ Baumgartner, Frank R., 2005: The Politics of Attention, Chicago: University of Chicago Press.

Greven, Michael Th., 2009: Die politische Gesellschaft. Kontingenz und Dezision als Probleme des Regierens und der Demokratie, Wiesbaden: VS Verlag.

March, James G./ Lingen, Thomas von, 1990: Entscheidung und Organisation. Kritische und konstruktive Beiträge, Entwicklungen und Perspektiven, Wiesbaden: Gabler.

Kingdon, John W., 1984: Agendas, Alternatives, and Public Policies, Boston: Little&Brown.

Kingdong, John W., 1994: Agendas, Ideas, and Policy Change, in: Lawrence C. Dodd/ Calvin Jillson (Hg.): New Perspectives on American Politics, Washington DC: CQ Press, S. 215–229.

Kingdon, John W., 2003: Agendas, Alternatives, and Public Policies, Longman Inc., U.S.

Nullmeier, Frank/ Rüb, Friedbert W., 1997: Die Transformation der Sozialpolitik. Vom Sozialstaat zum Sicherungsstaat, Frankfurt: Campus Verlag.

Olsen, Johan P., 2001: Garbage Cans, New Institutionalism, and the Study of Politics, in: American Political Science Review 95, S. 191–198.

Rüb, Friedbert W., 2008: Policy Analyse unter den Bedingungen von Kontingenz. Konzeptionelle Überlegungen zu einer möglichen Neuorientierung, in: Frank Janning/ Katrin Toens (Hg.): Die Zukunft der Policy Forschung. Theorien, Methoden, Anwendungen, Wiesbaden: VS Verlag, S. 88–111.

Sabatier, Paul A., 1993: Advocacy-Koalitionen, Policy Wandel und Policy Lernen: Eine Alternative zur Phasenheuristik, in: Renate Mayntz (Hg.): Policy Analyse. Kritik und Neuorientierung, PVS Sonderheft 24, S. 116–148.

Sabatier, Paul A., 2007: Theories of the Policy Process, Boulder U.S.

Zahariadis, Nikolaos/ Allen, Christopher, 1995: Ideas, Networks, and Policy Streams: Privatization in Britain and Germany, in: Policy Studies Review 14, S. 71–98.

Zahariadis, Nikolaos, 1998: Comparing Three Lenses of Policy Choice, in: Policy Studies Journal 26, S. 434–448.

Zahariadis, Nikolaos, 2003: Ambiguity and Choice in Public Policy. Political Decision Making in Modern Democracies, Washington, S. 1–23, S. 152–190.

Zahariadis, Nikolaos, 2007: The Multiple Stream Framework: Structure, Limitations, Prospects, in: Sabatier, Paul A. (Hg.): Theories of the policy process, Boulder, S. 65–92.

3   Abbildungsverzeichnis

4   Personenverzeichnis

5   Sachverzeichnis

Externe Einflussvariablen 80f.

Externe Ereignisse 108

Externe Schocks 124

Fatalistisches Denken 23ff., 27

FAZ 25, 29, 32, 47

Federalist Papers 18

Feedback 108, 110, 115, 139

Finanzielle Steuerung 64

Finanzkrise 29

Focusing Events 139

Forschungsheuristik 82, 90

Foundation stones 121

Frameworks 76, 78

Framing 145

Frankreich 17, 37, 68

Freiwillige Kooperation 64, 74

Garbage-Can-Modell 132, 147

Gelegenheit 141ff., 146

Gemeinschaftliche Ressourcen 79, 80, 82

General Theory 13

Geschichte 12, 17, 20

Geschichtsschreibung 14

Geschlossener Akteur 79

Gesellschaft 14, 17, 19, 22ff., 32ff., 44ff., 50, 57, 61f., 74f., 86f., 89, 109, 124, 132, 138, 143, 146

Gesellschaftliche Teilsysteme 74

Gesellschaftsstruktur 74

Gesellschaftsvertrag 26

Gesetz 15f., 20, 25, 64, 69, 89, 112, 133

Gesetzgeber 14f., 68, 85

Gewaltenteilung 14ff., 37, 110

Gewaltenverschränkung 37

Gewerkschaft 12, 48, 95, 133, 140, 142

Gewinne 34, 39, 45ff., 79f., 85, 88, 137, 145,

Glaubwürdigkeit 21, 23, 30, 36, 50, 145

Good Governance 15, 17, 34,

Governance 10f., 15, 74, 76

Governance-Perspektive 10f.

Governance-Strukturen 74

Governance-System 76

Governing the commons 81

Gradualist-Prozess 145

Graduelle Politikentwicklung 109, 112f., 117

Großbritannien 21, 37, 68

Grundgesetz 16

Gruppe 12f., 23f., 26, 32f., 47f., 60, 69, 79, 86, 90f., 109, 111, 113, 115, 122, 137, 143

Güterverwaltung 82

Handlungsbedarf 142

Handlungsdruck 111f., 115, 118, 139, 144

Handlungsebene 75f., 81, 91, 93

Handlungseinheiten 79, 83f., 89ff.

Handlungsfähigkeit 90f., 93, 97

Handlungsintention 89

Organisierte Anarchie 136

Orientierungswissen 37, 50

Oszillation 109f.

Outcomes 28, 78ff.

Outputs 58, 132, 134

Outside initiation 62

Paralleles Prozessieren 112f., 116, 118, 135f.

Parlamentarismus 83

Parochiale Kultur 25

Partei 10f., 14ff., 34ff., 40, 45ff., 50, 62, 83f., 86ff., 95, 110, 140f.

Parteiensystem 83

Parteistiftungen 48

Partizipation 21

Patrimoniale Strukturen

Patriotismus 26, 146

Patterns 78

People V, 9, 44

Phase 38, 41, 45, 48, 56ff., 62ff., 68ff., 108ff., 113, 115, 117

Phasenheuristik 70f.

Phasenmodell 57, 69f.

Phasensequenz 70

Physical world 78

Planning, Programming and Budgeting System (PPBS) 18, 33, 41

Planungseuphorie 9, 34

Planungsphase 66

Planungspolitik 87

Planungsprozess 63

Pluralismus 18, 36

Policy Analysis 9, 33f., 77

Policy Broker 40

Policy Communities 136, 139f., 143, 147

Policy core 123f.

Policy Cycle V, 27, 41, 56ff., 82

Policy Decisions 34, 122, 125

Policy Dynamik 67

Policy Entrepreneur 31, 37, 48, 131, 135, 137ff., 141, 142ff.

Policy Forschung V, 9ff., 18, 28, 34, 41

Policy Initiation 43

Policy issue-networks 41

Policy Koalition 27

Policy Maker 23, 30, 110, 122f., 125, 135, 137ff.

Policy Making-Prozess 108f., 147

Policy Monopol 109f., 112, 114ff.

Policy Newcomer 110

Policy Professionals 27

Policy Prozess V, 12, 18, 28, 32, 36f., 39f., 42, 74, 78, 81, 121, 137, 147

Policy Shift 112

Policy Stil 113, 141

Policy Subsystem 111, 113, 115, 118, 121, 123

Policy Wandel 108f., 113, 115, 117f., 121f.

Policy Window 130f., 138, 141ff., 147

Sinn 11f., 14ff., 20ff., 26f., 30, 33ff., 38, 40f., 79, 84f., 88f., 92, 123, 134ff., 142f., 147

Sitten 20f.

Soll-Zustand 60, 62, 66, 139

Sorbonne-Erklärung 68

Souveränität 15f.

Sozialanthropologie 13

Soziale Bewegung 92

Soziale Gerechtigkeit 63

Soziale Interaktion 95

Soziale Sphäre 78

Sozialisation 21, 81, 87, 122

Sozialisationserfahrungen 87

Sozialismus 88

Soziokultur 22f., 26, 27

Soziologie 9, 31

Spatial Model of Party Positioning 110

Spezialisten 109

Spiel 15, 64, 77, 80, 82, 85f., 88, 97f., 133, 145

Spieltheorie 77, 80, 82, 85ff., 97

Staat 10ff., 14ff., 20f., 25f., 32f., 35f., 38, 43f., 46, 56, 62ff., 68, 70, 74, 81, 83, 110, 138

Staatsgebiet 15

Staatsgewalt 15, 64

Staatsräson 16

Staatsrecht 10, 15

Staatsvolk 15

Stabile Faktoren 122

Stabile Parameter 122

Stabilität 27, 40, 108, 110, 115, 117, 121

Stages 56, 59

Stagism 70

Status-Quo 60

Steuern 16, 34, 57

Steuerung 10f., 66, 70, 74, 86, 91, 110

Steuerungsaufgabe 74

Steuerungskompetenz 86

Steuerungsleistung 74

Steuerungslücken 74

Steuerungsmonopol 74

Steuerungsobjekte 74

Steuerungsproblem 10

Steuerungstheorie 11

Stiftung Marktwirtschaft 47

Stiftung Wissenschaft und Politik 34, 46

Stimuli 57, 138

Strategieoptionen 97

Strategiewahl 85, 88, 98

Strategische Eliten 38

Strategische Interaktion 86

Stromdynamik 133

Ströme 130ff., 136, 138, 141, 143, 147

Studienqualität 68

Subgovernments 41, 109

Subjektivität 87, 89

www.ingramcontent.com/pod-product-compliance
Lightning Source LLC
Chambersburg PA
CBHW080359030426
42334CB00024B/2935